# 教师职业压力与管理

JIAOSHI ZHIYE YALI YU GUANLI

饶淑园 ◎著

暨南大學出版社
JINAN UNIVERSITY PRESS
中国·广州

图书在版编目（CIP）数据

教师职业压力与管理/饶淑园著. —广州：暨南大学出版社，2010.8
ISBN 978-7-81135-611-3

Ⅰ.①教…　Ⅱ.①饶…　Ⅲ.①教师心理学　Ⅳ.①G443

中国版本图书馆 CIP 数据核字（2010）第 161866 号

出版发行：暨南大学出版社

地　址：中国广州暨南大学
电　话：总编室（8620）85221601
　　　　营销部（8620）85225284　85228291　85228292（邮购）
传　真：（8620）85221583（办公室）　85223774（营销部）
邮　编：510630
网　址：http：//www. jnupress. com　http：//press. jnu. edu. cn

排　版：暨南大学出版社照排中心
印　刷：广州市怡升印刷有限公司

开　本：890mm×1240mm　1/32
印　张：11.375
字　数：339 千
版　次：2010 年 8 月第 1 版
印　次：2010 年 8 月第 1 次

定　价：26.00 元

谨以此书
献给像我的爸爸、妈妈、公公、婆婆
那样的默默奉献的广大老师

# 序

近年来，教师职业压力已经成为影响教师身心健康和工作质量的重要因素之一。不少研究者开始关注该问题的研究，并提出解决问题的办法。其中，饶淑园老师所著的《教师职业压力与管理》别具特色、富有创意，具有重要的理论价值和实践意义。该书从心理学、管理学、组织行为学、社会学的视角，以珠江三角洲地区中小学、幼儿园教师职业压力的调查数据为根据，吸收了心理健康教育、教师人力资源管理、政府社会管理等研究成果，采用理论分析和实证研究相结合的方法，从社会、组织和个人三个维度深入系统地研究了关于教师职业压力及其管理问题。

该书首先以调查为依据。作者对地处改革开放前沿的珠三角地区的中小学、幼儿园近 2 000 名教师进行调查，获取珠三角地区中小学、幼儿园教师压力状况的最新数据和材料，为国内的教师职业压力问题研究提供一些新的素材。在此基础上，细致分析了中小学、幼儿园教师的压力致因。本研究既有面上的调查，又有教师职业压力的个案剖析报告，点面结合，真实、全面地呈现了教师的压力状况。

其次，在理论上进一步分析了教师压力原因与管理策略，探讨了影响教师职业压力产生的心理因素，在前人研究的基础上进一步完善了教师职业压力产生的心理机制分析图。职业压力不仅关系到教师的身心健康，而且对教师个人及组织的工作绩效都有很大的影响。作者特别关注职业压力对教师的负面影响，提出教师压力管理的三维策略。

再次，该书为教育主管部门制定教师政策提供了重要依据，提出了教师职业压力管理具体的实施策略，为学校缓解教师职业压力提出了具体的方法，为教师个体自我压力管理提出了可操作办法。

同时该书也启发我们在更大范围内关注教师职业压力及问题解

决。如教育发展水平与教师素质之间的矛盾导致的教师职业压力，社会信息化与学校教育之间的矛盾导致的教师职业压力，不科学的考试评价制度导致的教师职业压力，等等。

教师职业压力与管理还是一个崭新的研究领域。作者在理论和实践上做了十分有益的、创新性的探索，拓展了该领域研究的视野，为我们思考和探讨教师职业压力与管理提供了重要参考。我十分期待作者在此基础上有新的探索。

黄　崴

2010 年 8 月 1 日于中山大学

# 目 录

# 第一部分

# 教师职业压力与管理：理论研究

# 第一章　教师职业压力概述

## 一、什么是压力

### （一）压力的概念

压力（stress），我国专业工作者也将其翻译成“应激”，最早来源于物理学和工程学，指物体所承受的与表面垂直的作用力。20 世纪初，压力的概念才出现在医学界，表示人体的过度负荷①。哈佛大学著名的生理学家沃特·坎农把“压力”这个术语引入社会领域，他提出了“稳态”的思想，即有机体维持体内环境的平衡状态。他的学生汉斯·雪利继承了他的理论，提出适应综合征理论，此后“压力”这一名词被广泛地使用。近半个世纪以来，西方心理学和医学工作者对压力问题进行了广泛深入的研究。针对压力的来源、压力对人体健康产生影响的生理机制和压力的有效应对策略等问题，研究者们积累了大量实验数据并形成了各种各样有关压力的理论②。

### （二）压力理论

学者们发展出许多理论来解释什么是压力，同时他们也从不同的视角研究压力是如何运作的。

美国心理学家赖斯认为，最近几年中，有三种压力的定义被使用过：压力是来自外部的；压力是内部的紧张；压力是躯体的唤醒。每种概念都包含了压力的一个方面，但是每种概念都又可以被整合到第四种定义之中，成为压力的认知—交互作用模式的一部分。

---

① 王以仁．教师心理卫生［M］．北京：中国轻工业出版社，1999. 80

② ［美］赖斯．压力与健康［M］．石林等译．北京：中国轻工业出版社，1999. 20

（1）压力是来自外部的：物质力量的观点。

"压力是来自外部的"这种观点是最简单明了的，它提示压力存在于外部事件中。这种把压力看成外部的观点提示所有人只能承受压力，认为外部刺激就是施加于人们身上的沉重压力，人们只能在压力下求生存。

（2）压力是内部的紧张：心理学观点。

这种观点认为压力是一种内部的精神挣扎、紧张、焦虑，甚至涉及感知到危险或伤害时的惊恐。压力是当我们努力应对某些使人不知所措的事情时发生在内心的战争，我们也许会利用像否认或退缩等一般认为是消极的防御机制，我们也许会采用积极的方法与压力作斗争以解决困难和问题。不管采用何种方式，心理上的冲突都要消耗时间与精力。如果这种冲突长时间持续，让人感到永无结束之日，压力就会耗竭我们的精力并影响我们的动机。

（3）压力是躯体的唤醒：生理学观点。

这种观点最早由雪利（Selye）于1956年提出，认为压力是"躯体对所施加的任何需求所作出的非特异性反应"。雪利用不良压力（distress）表示使人不愉快的、坏的、破坏性的压力，并且用良性压力（enstress）来表示正性的、积极的、令人满意的、好的压力。在他的压力模式中，压力依赖于一些需求，但是需求不管是坏是好并没影响。不过，压力并不是用需求本身来定义的，而是为了满足某些需求，躯体就会在某一较高唤醒水平来反应，并消耗更多能量，正是躯体的唤醒与消耗能量才构成了压力。

（4）压力是一种交互作用：认知的观点。

由拉扎罗斯及其同事所构建的这一压力模式叫认知—交互作用模式。这一模式是20世纪70年代早期提出的，虽然它一直不断地演变着，但一直是非常有影响的理论。这一模式较准确地阐述了压力的定义，其把压力描述为"既不是环境刺激，也不是个人的性格，更不仅仅是一种反应，而是在需求与不以疯狂或死亡为代价的处理需求的能力之间的关系"。换句话说，压力只有在环境的需求超过了个人处理需求的能力之时才存在。如果某人应对能力很强，压力便不会产生，即使别人可能把这种需求看成了应对的极限。反过来说，如果某人应对能力很弱，压力就会产生，即使在别人看来这种需求会轻易解决①。

当前，比较成熟的压力理论大致有八种：② 适应综合征、素质与压力互动模型、心理动力学模型、学习理论、社会压力理论、控制论、交互作用论、整体健康理论。下面对这八种理论作一比较。

**表1　各类应激模型的主要特点之比较**

| 应激模型 | 应激的定义 | 应激的来源 | 模型的优点 | 模型的缺点 |
| --- | --- | --- | --- | --- |
| 适应综合征 | 对身体的非特异性需要；破坏身体的平衡 | 各种环境的压力；慢性疾病；用尽贮存的能量 | 具有实证性，并得到大量验证 | 过分强调生物性；用同一方式对待好的或坏的应激源；忽略了应激的认知社会因素 |
| 素质与压力互动模型 | 没有给出明确的定义 | 生理天赋与环境应激源的不匹配 | 交互作用模型；平等对待内部因素和外部因素 | 是间接证据而不是直接检验；很难给出术语的操作性参考 |
| 心理动力学模型 | 主要参考焦虑的定义 | 威胁与内心冲突的信号 | 该模型构造了少量的却强有力的概念；具有直觉的吸引力 | 适用范围不够大；几乎没有考虑生物因素和社会因素；很难去检验 |

① ［美］赖斯．压力与健康［M］．石林等译．北京：中国轻工业出版社，1999. 134～141

② ［美］赖斯．压力与健康［M］．石林等译．北京：中国轻工业出版社，1999. 11～12

（续上表）

| 应激模型 | 应激的定义 | 应激的来源 | 模型的优点 | 模型的缺点 |
| --- | --- | --- | --- | --- |
| 学习理论 | 错误的条件反射引起的条件性的情绪反应 | 一些条件刺激或强化刺激的出现 | 具有实证性；基本名词和步骤过程有明晰的操作定义；试图解释有关的应对行为 | 适用范围太有限；过分忽略一些生物因素；社会背景因素考虑太少；忽略或否认了认知过程的重要性 |
| 社会压力理论 | 顺应或适应社会系统（准则）的压力 | 社会冲突或压迫；社会变化或生活条件；缺乏使用的资源 | 合并了许多与应激有关的社会因素 | 很难给出术语的操作性参考；忽略了生物变量；忽略了个体差异 |
| 控制论 | 在反馈弧中参照价值与比较价值之间的干扰 | 任何引起系统不平衡性的数据 | 有能力把影响应激反应的各种不同的系统都包含在内 | 操作和检验存在困难 |
| 交互作用论 | 需要与应对之间的关系 | 真实存在的或感觉到的心理社会压力 | 生物模型与社会模型能共存；不断涌现出大量的支持性证据 | 其循环性受到批评；有些构成成分定义不好；没有明确地指出心理是怎样影响身体过程的 |

（续上表）

| 应激模型 | 应激的定义 | 应激的来源 | 模型的优点 | 模型的缺点 |
|---|---|---|---|---|
| 整体健康理论 | 没有给出明确的定义 | 认为应激是由把人错看成是功能体而导致 | 该模型普遍适用；默认了生理、心理和社会因素之间的交互作用 | 不是一个正式理论；缺乏正式的操作定义；缺乏明确的支持性研究 |

在上述八种理论中，得到普遍认可和广泛应用的是雪利（Selye）的适应综合征理论，本书也是以该理论作为理论基础的。

适应综合征理论可以总结为以下四点：

（1）所有生物有机体都有一个先天的驱动力，以保持体内的平衡状态，这种保持体内平衡的过程就是稳态。一旦有了稳态，那么维持体内平衡就成为一个毕生的任务。

（2）压力源如病菌或过度的工作要求，会破坏内部的平衡状态。无论压力源是愉快的还是不愉快的，人体都会用非特异性生理唤醒来对压力源作出反应，这种反应是防御性的和自我保护性的。

（3）压力的适应是按阶段发生的，各阶段的时间进程和进度依赖于抗拒的成功程度，而这种成功程度则与压力源的强度和持续时间有关。

（4）有机体贮存着有限的适应能量，一旦能量用尽，有机体则缺乏应付持续压力的能力，甚至导致死亡。

雪利的研究程序使他提出了一个称之为 GAS，即适应综合征的三个阶段过程。这三个过程如下：

第一，警觉反应阶段。警觉反应阶段由各种生理变化所组成，这些生理变化使受到威胁的有机体能迅速地恢复正常的功能。无论压力来源是身体方面（如睡眠不足、不当的饮食、疾病或是身体受伤），还是心理方面的（如没有安全感或是失去所爱的人），警觉反应都是由几个相同的一般生理变化所组成，这可以解释为什么患有不同疾病的人，却有相同的症状，如头痛、发烧、疲倦、没有食欲等。警觉反应是动用身体的防御系统来恢复体内的平衡。首先，人会感到心跳加速，体温与血压会降低，肌肉松弛，这与人感觉害怕、惊恐的时候一样，这称为“震荡期”，震荡期维持的时间很短。随即进入“反震荡期”，在这期间，身体开始动员精力去应付外来的压力。精力是通过身体储藏的养料供应到身体不同的部分的，如肝脏会发放大量的糖供应于肌肉，各类激素使身体的脂肪与蛋白质能更快地分解成糖分，使整个身体新陈代谢的能力提高，部分激素则具有镇痛的功能。另外，呼吸趋向急促，这是为了增加氧气的供应，使养料能更快地由肝脏传达到肌肉。其他辅助性的功能，包括消化系统放缓，唾液减少，增加肺部空气流通。所以人紧张时会感到口干，肌肉也有紧绷的感觉。总而言之，警觉反应是由大脑控制使身体作出应付压力的准备。

第二，抗拒阶段。如果个体继续置身于这个压力的情境中，则警觉反应之后，会跟着进入“抗拒阶段”。在这个阶段中，个体已经发展出对压力来源的抗拒，即使压力的刺激继续出现，但第一阶段所出现的症状却都消失了；另外，在警觉反应阶段被搅乱的生理历程，这时也都恢复到了正常状态。脑垂体前叶与肾上腺皮质分泌大量激素，有助于增加个体对压力来源的抗拒力。在第二阶段中，虽然个体对原先的压力来源有了较大的抗拒力，然而对其他压力来源的抗拒力反而降低了。此时，即使是较低的压力来源也可能会造成强烈的反应，这是由于个体的大部分资源都消耗于抵抗先前的压力来源了。在这个阶段，受到威胁的人会开始通过实际行动去尝试解决问题，包括采取积极的方式和消极的方式。如果问题能够在一段时间内解决，则身体可以恢复到正常的平衡状态。

第三，衰竭阶段。如果个体暴露于有伤害性的压力来源中过久的话，很可能无法维持其抗拒反应，这时就进入了一般适应症状的第三个阶段——衰竭阶段。脑垂体前叶和肾上腺皮质无法再继续加速分泌那些激素，这意味着有机体再也无法适应长期压力，许多警觉阶段的症状又重新出现；假使压力来源仍然持续下去的话，将会导致死亡。

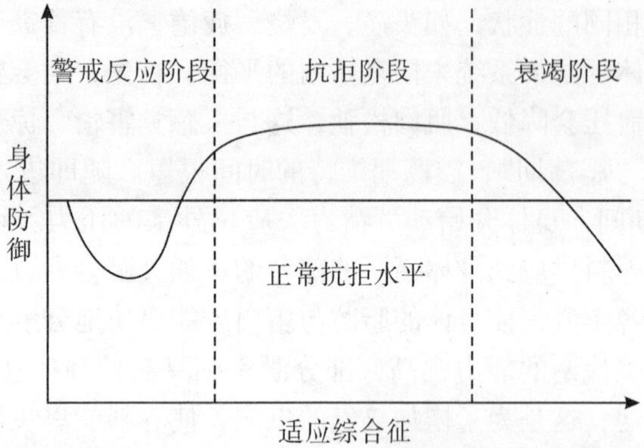


**图1　压力源的持续时间与相应的压力反应曲线图**[①]（Selye，1956）

## 二、职业压力

职业压力（occupational stress）的研究在西方已经开展了几十年了，对职业压力的研究影响最大的是美国心理学家拉扎罗斯提出的交互理论。这种理论全面地反映了职业压力的构成要素，受到很多职业压力研究者的重视。

采用这种理论可将职业压力定义为：在工作环境中，使个人目标受到威胁的压力源长期地、持续地作用于个体，在个性及应付行为的影响下，形成一系列生理、心理、行为反应的过程[②]。

职业压力的这个定义表明：①职业压力是一个过程。从个体受到外部压力源的刺激，到感受到压力以及个体产生一系列身心及行为的反应，这是一个复杂的过程，受多种因素的影响。②在压力源存在的情况下，个体并不一定产生相应的压力反应。在此过程中，个体的个

① ［美］赖斯．压力与健康［M］．石林等译．北京：中国轻工业出版社，1999. 14

② 徐长江．工作压力系统研究：机制、应付与管理［J］．浙江师范大学学报（社会科学版），1999（5）：70

性及应对是起着重要作用的中介变量。③职业压力的反应是多方面的，紧张只是职业压力反应的一种，即当压力源的存在使个人目标受到威胁，并且个体没有能力应付时所产生的身心和行为的消极反应[①]。

## 三、教师职业压力

从20世纪50年代汉斯·塞里对心理压力进行首次研究之后，“压力”一词便广泛应用于社会科学领域。到了60年代，有研究开始涉及教师由于工作问题而产生焦虑不安的事实；另外，教师职业满意度研究也开始关注造成职业不满的根源。但直到70年代中期，才有直接谈到“教师职业压力”的文章发表。1977年，基里亚克（Kyriacou）和萨克利菲（Sutcliffe）在《教育评论》（*Educational Review*）杂志上发表了一篇探讨教师职业压力的文章，这是“教师职业压力”首次作为论文中心议题出现。此后，教师职业压力逐渐成为有关教师职业研究领域的重要课题之一。

教师职业压力的概念源自于一般职业压力的研究。职业压力的有关研究多从人与环境交互作用的观点出发，教师职业压力的研究亦然。研究教师职业压力的著名学者柯礼柯夫和苏利夫于1989年定义教师职业压力为：由教师的工作而产生之负向情感（如生气或沮丧）的反应症状。该定义实质上把教师职业压力当作一种负面的情绪经历，这种经历是由于教师认为他们的工作境况对他们的自尊或健康构成了威胁而产生的。依据以上定义可知，对于教师职业压力的研究包含两大方面：教师压力情境和压力反应。压力情境是指产生压力的外在客观环境或事件，它是一种或数种刺激；而压力反应是指个人主观对外界刺激所做的适应或引起的紧张压迫感。弗伦奇认为，职业压力是指与工作有关的因素与工作者发生相互作用，因而改变工作者身心

---

① 徐长江．工作压力系统研究：机制、应付与管理［J］．浙江师范大学学报（社会科学版），1999（5）：70

状态，致使其失去正常功能。国内学者张建卫认为①，职业压力是由不良的工作、环境或个体因素引起的伴随躯体机能及心理活动变化的紧张状态。盖乃诚认为②，职业压力一般是指在某种职业条件下，因为客观工作需要超出个体主观应对能力而出现的一系列生理和心理变化。

综合我们对“压力”和“职业压力”含义的分析，本书对教师职业压力作如下定义：教师职业压力是教师个体对付那些自认为很难应付的与其教育、教学活动及生活状态相关的情况时，所产生的心理和身体上的紧张状态。它是教师个体和环境相互作用的结果。这一界定意味着对教师职业压力的研究，离不开下列三个方面：①引起教师个体偏离正常工作的外部情境；②影响教师个人知觉评估的个别差异因素；③教师因职业压力产生的紧张反应。

## 四、教师职业压力管理

教师职业压力管理是指对教师职业压力的调节、控制及应对的策略。教师职业压力管理可以分为三个维度：教师个体的压力应对、学校有效的组织管理和社会网络支持③。

### （一）社会网络支持

社会支持系统是个体应对压力的社会资源，系统中个体能进行各种信息、情感、观点的交流，这些交流使个体相信自己是被关心的、有人支持的，归属于一个互惠的、能互相交流的社会网络。包括政府心理支持系统、学校心理支持系统、社区心理支持系统和家庭心理支持系统。学校心理支持系统主要由职前职后教育、学校环境、学校文

---

① 张建卫．论工作压力与白我调控［J］．心理学，2003（5）：19

② 盖乃诚．中小学教师职业紧张状况与对策分析［J］．当代教育科学，2003（17）：39

③ 陈明丽，许明．国外关于教师职业压力的研究［J］．福建师大学报（社哲版），2000（3）

化建设、学校内部的管理机制、心理服务机构和人际关系组成。其中人际关系又包括：与管理者关系、师生关系、师师关系、与专家关系、家校关系等。社区心理支持系统主要包括社区环境、社区资源、生源特点、家长层次和希望以及社区相关的心理援助建设等。政府心理支持系统主要包括政府相关法令、教育政策、教育改革、媒体的宣传、心理咨询机构建设、心理保健热线等。家庭心理支持系统主要包括家庭环境、家庭成员关系等。

**（二）学校的有效组织管理**

首先，学校要更多地考虑按什么样的特征来形成健康的组织功能，并进行与此相一致的个体和组织的实践，以便能够自然地降低学校教师压力。其次是改善工作条件，具体表现在优化学校的人员配置（在我国特别提到要改善班级人数超编引发的压力）、通过管理机制为教师提供更多的时间（减少行政会议与事务）、增设必要的教学条件等。再次是提供咨询、治疗和培训，学校应该提供校内外咨询服务，以减轻教师的心理压力。

**（三）个人的积极应对**

面对压力，不同的人会采取不同的应对方式。应对是个体的一种自我防御机制，是个体为了减轻或解除压力源可能会对自己造成的负面影响而做出的努力。因此，良好的应对方式是个体避免压力伤害的一个重要手段，有助于缓解精神紧张，帮助个体保持心理平衡，从而维护个体的身心健康。

# 第二章　教师职业压力的研究现状

近几年来，学者对教师职业压力的研究逐渐深入。研究方向主要集中在以下几个方面：

## 一、关于教师职业压力普遍性的研究

确认教师职业压力的广泛存在是进行教师职业压力研究的重要前提。在这方面，国内外都曾有学者采用问卷调查辅以访谈等方法研究了教师职业压力的表现形式及后果，比较客观地确定了教师职业压力存在的普遍性。Kyriacou 和 Sutcliffe 调查发现①，20% 的教师自称作为一名教师压力很大。瑞士日内瓦大学哈伯曼（Huberman）的研究表明②，40% 的教师有过度疲惫的经历。Borg 等对马耳他的小学教师压力情况的研究显示③，32.6% 的教师认为自己的工作很有压力或极其有压力。

近年来，国内学者的一些研究也得出了类似的结论。于红晖（1996）和徐长江（1998）的研究发现④，有半数的教师面临较大或

---

① Kyriacou, C. & Sutcliffe, J. Teacher Stress: Prevalence, Sources and Symtoms [J], *British Journal of Educational Psychology*, Vol. 48, 1978. 159 - 167

② Michael Huberman. Burnout in Teaching Careers. *European Education* [J], Vol . 25 No. 3, 1993. 47 - 69

③ Borg, Mark G. Occupational Stress in Britsh Educational Settings: A Review, *Educational Psychology*, 1990, Vol. 10, Issue 2

④ 徐长江．中学教师职业紧张状况及其原因调查［J］．浙江师范大学学报（社科版），1998（6）：122

很大的职业压力。徐富明、朱丛书等的研究结果则表明[①]，有近七成的教师自认为有较大或很大的职业压力。邵光华和顾怜沉（2002）对我国 246 名青年教师的调查表明[②]，37.8% 的教师感到“很有压力”，14.2% 的教师报告自己“极其有压力”。北京教育科学院基础教育研究所对北京市教师的一份调查显示：93.1% 的教师感到当教师越来越不容易，压力很大，50.8% 的教师表示如果有机会将考虑调换工作，只有 17.5% 的教师表示喜欢这一工作。上海市师资培训中心、上海市精神卫生中心和上海师范大学的联合调查显示：教师存在心理障碍的检出率竟高达 48%，其中 12% 有明显的心理障碍，2% 较严重，表现症状为焦虑、郁悒、烦躁、神经衰弱、记忆力下降等。虽然这些统计数据各不相同，但却说明了一个共同的事实：教师职业压力普遍存在。

Cooper 等人对英国 1985—1997 年间 104 种职业进行了压力评估：职业压力程度呈上升趋势，其中压力感上升居于前列的职业依次是军人、社会工作、语言学工作、教学工作、救护工作、地方政府工作、护理工作……教学居于第四位。

## 二、关于教师职业压力影响力的研究

职业压力对人的身心健康、行为以及工作效率等都有重要影响。最近在美国《心理学展望》杂志上发表了以色列心理学家研究的结果[③]：有安全感的人反应慢，危机感有助于生存。研究人员把实验参与者分成多组，让各小组分别进入单独房间，房间里藏有制烟机，开

---

① 徐富明等．教师职业压力与应对策略研究［J］．中小学学校管理，2003（1）：38

② 邵光华等．关于我国青年教师压力情况的初步研究［J］．教育学，2003（1）：80

③ 俞韫烨．以色列研究：有安全感的人反应慢，危机感有助于生存［J］．教育文摘周报，2010，6（9）

启后可造成起火假象。研究结果显示，有“高度不安全感”的成员的小组更快注意到烟雾并做出反应。具体来说，“有高度焦虑型”成员小组最快注意到烟雾，有“高度逃避型”成员的小组最快对危险做出反应，比如逃离房间等。耶基斯—多德森（Dodson）定律第一次概括总结了压力与绩效之间的关系①。该定律表明，不同性质的工作或者说难度不同的工作，最佳作业成绩的取得与心理压力存在着较为密切的关系：从事简单容易的工作，则较高的心理压力对最佳作业成绩的取得有利；从事复杂困难的工作，则较低的心理压力更有利于最佳作业成绩的取得；工作难度适中，心理压力适中，作业成绩最佳。也就是说，压力具有两重性，压力有时可以使人感到兴奋又干劲倍增；有时也可让人感到困惑不安，感到威胁或无力。因此，压力的影响可能是积极的，也可能是消极的。压力究竟是利还是弊，取决于压力的大小，也取决于个体对压力的认识和对压力的心理承受能力。

但大量研究表明，教师职业压力的消极影响一般甚于积极影响。教师职业压力的消极影响主要表现在三个方面：第一，职业压力过重导致教师情绪不稳定和心理不健康。具体表现是经常出现莫名的焦虑不安、担忧、受挫感、无助感，性格脆弱，自信不足，对工作不满意，疲倦，以致经常发脾气，自我效能感低。第二，职业压力导致教师生理疾病增多。有研究表明②：持续的压力会伤害人们的循环系统、消化系统功能，导致心脏、肺、肌肉、关节等出现各种疾病，并加速其衰老过程。株洲市一医院妇科门诊和内分泌门诊调查发现，内分泌失调的女性患者中从事教师职业的占36%。第三，职业压力导致教师消极行为增多：情感失控、失眠、食欲不振、抽烟喝酒等，不仅损害了教师的身体健康，降低了教师的生活质量，而且直接影响学校教育工作，导致许多教师旷教、改行、提前退休。Dunham的调查

---

① 夏国新. 新编实用管理心理学［M］. 北京：中央民族大学出版社，1999. 187

② ［美］赖斯. 压力与健康［M］. 石林等译. 北京：中国轻工业出版社，1999. 52，82，83

表明，20世纪90年代教师由于疾病问题离开教学岗位的数量几乎是80年代的3倍。以上三个方面相互联系、相互影响，形成一种恶性循环，加剧教师心理危机，进而对学生与教育教学产生直接或间接的消极影响：教师把不良情绪带到学校，不但影响教师在课堂上的积极性和创造性，导致教育教学效率降低，而且影响课堂气氛和师生关系。有些教师迁怒于学生，动辄训斥，甚至辱骂、体罚学生，使学生产生心情压抑、紧张不安等不良情绪，进而影响学生的心理健康。近年来教师惩罚、打骂、侮辱学生的事故时有发生。尽管这些只是极少数教师的恶劣行为，但他们的所作所为却投射到了许多学生的心灵之上，影响极坏。

## 三、关于教师职业压力源的研究

压力源是指那些使人感到紧张的事件或环境刺激。国外关于教师职业压力源的研究成果主要有以下这些：Trendall（1989）研究发现，教师由于工作负担过重造成的压力大于由角色冲突造成的压力，其中四项最明显的压力源是负担重、学生行为不良、缺乏时间、班额大。Kyriacou（1989）总结了六种重要的压力来源[①]：时间紧迫感、社会地位低、学生无纪律、工作环境差、学生缺乏学习动机、同事间的冲突。Dunham（1992）列举出十项重要压力来源：缺乏政府支持、经常变革、对这些变革缺乏信息、教师得不到应有尊重、国家课程、报酬和工作量不成比例、学生评价、学生问题行为、缺乏非接触时间、教学与升职之间缺乏联系。Cooper（1998）对教师压力来源的研究比较有代表性：缺乏动机的学生、维持纪律、时间压力及工作担子重、应付变革、被他人评价、维持自尊和地位、管理与组织、角色冲突及角色模糊、工作条件差。Borg等将这些压力来源总结为五大类：学生行为（如无纪律、不服从、不良行为、缺乏学习动力、学习态度不端）；工作量及时间压力（如需要做太多工作、遭遇最后期限紧急

---

① 陈德云．教师压力分析及解决策略［J］．外国教育研究，2002（12）：54

加班）；工作条件（如仪器设备差或者不充足，班额过大）；与同事关系（如与同事发生冲突、得不到同事的支持以及管理问题）；学校客观因素（如缺乏一致性及标准）。澳大利亚的 John McCormick 等人将教师压力归于五个领域①：学生领域、学校以外的领域、时间要求、学校领域和个人因素。曼彻斯特大学的玛丽·布朗等人②利用质的研究方法对中小学教师进行了为期两学年的研究，结果为，虽然不同教师及不同教师群体的压力起因可能各不相同，但是有些与工作相关的因素是具有普遍性的，它们被分为八类：师生关系、与同事关系、与家长及其他团体的关系、改革和变化、学校管理和行政工作、时间因素、学校环境、教师个人知觉。

近年我国的一些学者也调查了国内教师承受的压力来源以及相关问题。徐长江（1998）的研究发现③，排在前 10 位的教师职业压力来源依次是：报酬少，在经济上感到窘迫；教师的社会地位低下；学校把学生考试成绩作为衡量教师工作能力的标准；学生的能力水平参差不齐；学生动机缺乏，对学习没有兴趣；对学生的考试成绩负有责任；对学生期末考试成绩担心；担心考生的升学率；缺少从事个人兴趣和爱好的时间；缺少设备和必要的教学条件。邵光华（2002）、朱从书（2002）、徐富明（2003）的调查发现④，教师的主要压力来源是学生因素、工作负荷、考试压力、自我发展需要、职业期望、学历职称和人际关系等，其中前三项对教师职业压力水平具有显著预测作

---

① McCormick, John, Solman, Robert. Teachers' Attributions of Responsibility for Occupational Stress and Satisfaction: an Organisational Perspective [J], *Educational Studies*, 1992, Vol. 18, Issue 2

② Marie Brown etc.. Change-linked work-related Stress in British Teachers, *Research in Education* [J], No. 67

③ 徐长江. 中学教师职业紧张状况及其原因调查［J］. 浙江师范大学学报（社科版），1998（6）：122

④ 徐富明等. 教师职业压力与应对策略研究［J］. 中小学学校管理，2003（1）：38；邵光华. 关于我国青年教师压力情况的初步研究［J］. 教育学，2003（1）：80

用。张勇（2002）对约200名吉林省中小学教师进行了开放式问卷调查也发现①，工作条件差，包括收入低、拖欠工资、缺乏足够的教学及教辅资料和设施等，是教师压力的主要来源。陈德云（2004）的研究②更为细致：我国中小学教师的压力来自于工作负荷重、升学指挥棒的压力、经济待遇低、社会赋予教师角色太多、课程改革、人事制度改革（聘任制）、校长负责制、对教师人身权的侵害等。

## 四、关于教师个人背景对应职业压力的研究

教师个人背景特征也是影响教师职业压力的重要因素。具有不同背景特征的教师对压力事件的感受程度各不相同。目前已有的研究一般认为，影响教师职业压力的个人背景因素主要有性别、年龄、教龄、学校类别、任课学年段和教师的人格特征、自我效能感、自我期望值、能力素质等。但是对于这些因素所产生的具体影响和作用，各种研究的结论并不一致。王秋绒的研究③发现，教师的性别、年龄、教龄，在角色冲突上无显著差异，只是在职务上有显著差异，兼任行政工作的教师在角色冲突、角色过度负荷、整体角色压力方面比专任教师小。台湾师大学生辅导中心在调查台北市中学教师压力时发现，在性别方面，女性教师在压力总分及工作负荷上比男性教师大。这点与大陆的杨阿丽对中等职业学校教师职业压力的研究结果④是一致的。而蔡先口在研究台北县教师压力与专业教育关系时却发现，性别、职务类别在教师压力上无显著差异，只有教龄指标显著，教龄在

---

① 张勇．中小学教师工作压力管理策略［J］．现代中小学教育，2002（3）

② 陈德云．教师压力：来源分析与应对策略［D］．华东师范大学硕士学位论文，2008.16～27

③ 王以仁．教师心理卫生［M］．北京：中国轻工业出版社，1999.95，97

④ 杨阿丽．中等职业学校教师职业压力研究［J］．沈阳师范大学学报，2005（5）

5 年以内的教师压力较大。彭驾辟的研究[①]也发现，男性教师较女性教师有更多的心理压力，年长教师较年轻教师有更多的压力，已婚教师较未婚教师有更多的压力，城市教师比乡镇教师有更多的压力。徐长江的研究[②]：中年教师在工作因素、学生因素、考试因素上感受到的压力均明显高于老年教师；在考试因素上，中年教师也明显高于年轻教师；初中教师在学生因素方面的压力明显高于高中教师。邵光华对青年教师的研究[③]发现，乡村教师在生活和心理担忧方面比县（市）教师压力大，普通学校教师在生活和学生因素方面比重点学校教师压力大，乡村教师和普通学校教师在政府行政行为方面的压力比重点学校大。

越来越多的研究发现，即使客观的外部环境相同，个体对压力的感知与反应也是不同的。这是因为在个体面对压力时，人格特征起着非常重要的作用（Boyle，1983；Evans，1986；Krohne，1990；Ormel&Wohlfarth，1991）。从柯利柯夫和苏利夫对教师职业压力的定义就可以看出，人格特征和个体对压力的知觉是相互作用的。在对压力的知觉和感受上，个体之间存在着相当大的差异。和外向的人相比，低水平的压力更易对内向的人产生消极影响（Eysenck，1991）。这就意味着个体的人格特征和认知评价扮演着调节变量的角色。压力反应不仅仅是外在压力源影响的结果，也在很大程度上取决于个体对压力的知觉和解释。内向的人对压力性刺激的感受性和反应性更高，具有明显神经过敏倾向的人更易受到压力的影响，而且恢复得很慢（Eysenck，1991；Schmitz，1992）。目前研究得比较多的是 A 型人格和 B 型人格与压力的关系。

具有 A 型人格的人是适应过剩的人，精力旺盛，做事迅速，在

---

① 刘维良．教师心理卫生［M］．北京：知识产权出版社，2001.115

② 徐长江．中学教师职业紧张状况及其原因调查［J］．浙江师范大学学报（社科版），1998（6）：121~122

③ 邵光华．关于我国青年教师压力情况的初步研究［J］．教育学，2003（1）：80

生活和工作中常给人以好竞争、攻击性强和野心勃勃的印象。不管遇到什么样的难题都喜欢从正面迎战，不轻易服输，不愿在他人面前示弱，对自己无论怎样努力也不能达到的目标有时缺乏清醒的认识，不愿承认现实，对于困难总是希望比他人先一步解决，因而常被认为过分积极。但当问题无法解决时，他们的压力感会很大。A型人格的人易得心脏病、冠状动脉障碍、脑出血、中风、强迫症倾向等病。

B型人格的人被认为是松弛型，动作缓慢、谨慎、稳重、随大流，富有耐心，比较随和且放松随意。对待生活的态度是悠然自得，喜欢享受生活，一旦压力过重会产生抑郁状态。B型人格的人易患忧郁神经症。

孟慧、陈吉吉、李永鑫等[①]通过对教师的问卷调查，研究人格与工作压力、职业倦怠的关系及其对客观绩效的影响。结果表明：工作压力与情感耗竭、人格解体显著正相关，工作压力与客观绩效显著负相关，情感耗竭在工作压力和绩效之间起部分中介的作用；外向性与情感耗竭、成就感低落显著负相关；尽责性与人格解体、成就感低落显著负相关；宜人性与工作压力、人格解体维度显著正相关；工作压力是宜人性与情感耗竭、人格解体、工作绩效间的中介变量。

李永鑫，李艺敏[②]采用中式工作倦怠量表、简式艾森克人格问卷和内在、外在心理控制源量表对350名教师进行测试。结果表明教师轻度工作倦怠的检出率为38.16%，中度工作倦怠的检出率为19.17%，重度工作倦怠的检出率为41.3%；精神质对人格解体有显著的预测作用（$P<0.01$），内外向对耗竭（$P<0.05$）、人格解体（$p<0.01$）和成就感降低（$P<0.01$）均有显著的预测作用；神经质对耗竭（$P<0.01$）有显著的预测作用；心理控制源对耗竭（$P<0.01$）和人格解体（$P<0.05$）有显著的预测作用。

① 孟慧，陈吉吉，李永鑫．教师人格特质与压力和倦怠的关系［J］．心理科学，2009，32（4）：846～849

② 李永鑫，李艺敏．教师工作倦怠与人格特征关系［J］．中国公共卫生，2007（5）

郑晓芳（2004）的研究结果①显示，教师职业倦怠与人格特征的精神质和神经质显著正相关，说明性格孤僻、与他人难以相处、情绪反应强烈、经常焦虑的教师容易发生职业倦怠；教师职业倦怠与人格特征内外向性、掩饰性显著负相关，说明性格外向开朗、社会环境适应良好的教师不容易发生职业倦怠。进一步的研究还发现，教师的人格特征在一定程度上可以预测其职业倦怠的程度。这与认知 ABC 理论不谋而合，个体对事件的认知决定了个体最终的感受，从而影响个体的身心状态。因此，对于同样的职业压力情境，具有良好的人格品质的教师能更好地面对和调节。

J. A. Ross 研究发现，自我效能感高的教师在教育改革中往往更能接受挑战，使用难度较大的教学方式；而自我效能低的教师改革动机不强烈，工作不努力且普遍感觉紧张和压抑。R. Schwarzer 等也发现②，自我效能低的教师往往倾向于焦虑与担忧。

其他诸如教师对成功的认识、归因机制、自我概念以及对压力的评估等都会影响教师对压力的反应。克拉克等人和美国大学教师的研究认为“强加于自己的高期望值”是主要压力源之一。可见，自我期望值越高，目标不切合实际，与现实的冲突越激烈，则产生的压力也越大。教师的能力素质是压力产生的重要因素。Fimian&Santoro, Terry（1997）的研究显示了教师在特定的工作和组织环境中缺乏职业自信时就会感到压力。社会和科学技术的迅速发展、教育教学改革的高要求导致许多教师感到难以胜任工作而产生压力，是由于他们自身的能力、素质与形势发展要求不能保持一致而造成的。

此外，我国学者申继亮、徐富明等探索了中小学教师的职业压力

---

① 郑晓芳．中小学教师职业压力、人格特征与职业倦怠的关系［D］．吉林大学硕士学位论文，2004. 42～45

② Ross, J. A.（1995）Strategies for Enhancing Teachers' Beliefes in Their Effectiveness: Research on a School Improvement Hypothesis［J］, *Teachers College Record*, 97, 227－251

应对策略与其人格特征的关系，结论是[①]，它们之间存在显著的相关关系，人格各维度对不同应对策略具有不同的预测作用。

研究表明，以上的各种因素并不是独立存在的，而是交互作用于教师而产生压力。但是，这些因素对于不同地区、不同群体、不同个人的影响是不相同的。

## 五、关于教师职业压力管理的研究

教师职业压力管理这方面的研究较多，综观研究材料，不论是国内还是国外，学者多是从教师个体、学校和社会三个维度去分析[②]。

### （一）教师个体对压力的应对

1. 应对类型

教师对压力的应对可以分为主动认知、主动行为和回避型应对三种。主动认知应对表现为从有利方面看待压力，回忆和吸取过去的经验，考虑多种变通方法等。主动行为应对是指不等待而采取积极行动，做有益于事态发展的事情。回避型应对表现为封闭情感，自我忍受等。

应对还可分为情绪定向应对和问题定向应对。情绪定向应对与个体内在的自我防御机制有关，以情绪体验和情绪表现为其特征，如伤心痛哭、借故发火、自我安慰等。问题定向应对是指去处理引起压力的事件本身，采取分析问题、思考解决问题的方法，最后付诸行动。

心理学研究表明，主动认知和主动行为应对会对压力事件造成不良影响，而回避型应对会加重压力事件对身体的消极影响；问题定向应对比情绪定向应对更能减少身心症状和疾病。在压力面前，女性比男性更容易采取回避型应对和情绪定向应对，所以女性比较容易焦

---

① 申继亮等．中小学教师的职业压力应对策略与其人格特征的关系研究［J］．中国临床心理学杂志，2002（2）

② 陈明丽，许明．国外关于教师职业压力的研究［J］．福建师范大学学报（社哲版），2000（3）

虑、忧郁、不安，也容易患神经衰弱、胃溃疡等疾病。

2. 应对策略

在应对方式中，应对策略是一个很重要的方面。教师应对职业压力的策略通常可以分为两类：①直接行动，它包括积极地处理压力源的所有策略；②使用缓解技术，即试图减轻由压力引起的情绪体验，如放松、运动等。

考克伯恩（Cockburn）通过研究发现，教师自身意识到应对职业压力的策略有35种，其中被教师认为最有效的应对策略依次是：确保自己能理解自己所从事的教育工作，进行更充分的课程准备，在压力情境中发现其幽默的一面，放弃进行不下去的事情，优先解决当前的最大压力事件。（转引自徐富明等，2002）

具体的应对压力措施还有：①进行身体锻炼。强壮的身体是抵抗压力的物质基础，特拉弗斯和库珀把它称之为教师的一种“保护机制”。②提高自我认知评价水平、能力，正确地理解和看待问题。③采取积极的态度，首先要正视压力、接受压力，其次探究根源，最后采取解决措施。④改变行为特征，教师的职业特点让许多教师具有A型人的特征，改变行为方式在一定程度上可以改变自己的窘境，从而让自己减轻压力，活得轻松。⑤提高利用时间的技巧，现在国内外许多人在研究时间学，相信这方面的研究会有助于缓解教师的压力。⑥学会自我调节与放松，善于控制自我情绪。⑦保持健康、和谐的生活方式，在家庭和工作之间保持一种平衡。

**（二）学校的有效组织管理**

（1）建立健康的学校组织特征。学者们研究出健康学校的特征通常是：教职工之间的良好交流，强烈的集体感，基于磋商的管理决定，建立在关键价值和标准上的一致性，整个学校政策的适当，明确划定职责和期望，教师们得到积极的反馈和表扬，高水平的资源和设施提供给教师，对解决问题提供方便的支持，易履行的政策程序，使繁文缛节和日常文书工作减到最低程度，与教师能力相配的额外任务，营造一个愉快的工作环境，对就职与职业发展提出建议等。

英国的D. Torrington和J. Weightman指出，以下这些管理容易造成教师的压力，需要改良：教职工是管理中可利用的资源但经常未被充分利用；学校经常生搬硬套企业的管理模式，而忽视其特殊性。领导方式过于单一化。海锐斯曾运用威尔逊压力框架（stress profile）在美国3所中小学评估教师压力与领导方式之间的关系，发现如果一个学校的教师对校长工作和人际关系上的评价很高，那么这个学校教师的压力就明显低于同类学校。

（2）改善工作条件。具体表现在优化学校的人员配置（在我国特别提到要改善班级人数超编引发的压力）、通过管理机制为教师提供更多的时间（减少行政会议与事务）、增设必要的教学条件等。

（3）提供咨询、治疗和培训。学校应该提供校内外咨询服务，以减少教师的心理压力。在英国，一个重要的新方法是为教师建立"帮助热线"，叫做"教师热线"，其网址为 www. teacherline. org. uk。这种服务由政府、教育当局和教师协会投资，使得任何一个教师都能够就与压力有关的问题进行免费咨询。一些国家开办旨在帮助教师降低压力水平的研讨班（Workshops），训练使用放松练习作为缓和技巧。

**（三）争取社会的支持**

人是社会性动物，他们的存在与发展离不开人类社会，人际关系的好坏、社会支持的多少不可避免地成为影响人们工作态度、状态和效能的重要因素。孤立、封闭和寂寞常常是造成压力的主要因素之一。社会的支持对人类健康的积极作用已得到许多研究证实。已有的研究显示，社会的支持可以减轻由压力带来的各种影响，包括对心理健康、工作满意度以及患疾病的危险指数。Greenglass 等①（1996）认为同事间的支持对于缓和教师压力的作用要大于其他方面的社会支持，包括来自朋友和家人的支持。Van Dick 对来自德国各级学校的424 名教师进行测试，发现社会支持与教师健康状况和教师工作压力

① Janyne Griffith, Andrew Steptoe, Mark Gropley. An Investigation of Coping Strategies Associated with Job Stress in Teachers [J], *Brithish Journal of Educational Psychology Dec.* 1999, Vol. 69, 517 - 532

直接相关，即拥有较多社会支持的教师健康状况良好，而且压力水平较低。杜尔斯特（1999）曾对1 100名加拿大教师进行测定，发现压力和孤独之间显著正相关。美国的一份调查（1997）研究也发现，那些受到同事、家庭、朋友较少支持的教师感受到的压力很大。当一个人感到有压力的时候，朋友或同事的安慰和支持是很有效的，能对压力起疏导缓解的作用。此外，Dick & Wagner（2001）的研究①也特别证实了领导支持对减轻工作压力是一个重要的因素。在研究中还将全体社会支持作为一个调节变量，结果发现与支持感高的教师相比，支持感低的教师的压力和紧张之间相关程度更高。

国内的张海芹（2005）采用SSPS对250名中小学教师进行了社会支持调查②，结果在主观支持上的均分，乡村中小学教师高于城市中小学教师（$p<0.05$），小学教师高于中学教师（$p<0.01$）。她还发现中小学教师社会支持总分、社会客观支持、主观支持和对社会支持的利用度与其心理压力显著负相关（$p<0.01$），这说明中小学教师获得的社会支持越多，其心理压力就越小，社会支持是心理压力的减压阀。黄晶莹、翁淑琴（1996）的研究发现：教师的社会支持和工作价值观对其工作满意具有显著的预测作用，两个预测变项共可解释工作满意总变异量的43.86%。黄喜珊、王永红（2005）③研究得出社会支持与个人教学成就感显著的正相关、家庭支持和朋友支持对个人教学成就具有预测作用。这说明来自各方面的支持越多，教师对个人在教育教学方面的能力越有信心；而且如果一个教师从家庭和朋友那里得到足够的尊重和理解，那么他就会对自身的教育教学能力作出高的判断，反之，假若一个教师很少感受到来自家庭和朋友的支持，则可推测出其个人教学成就感是低的，对工作的满意度也是很

① 赵立芹，张海燕．教师压力成因分析［J］．外国教育研究，2004（2）

② 张海芹．小学教师的社会支持及其相关研究［J］．洛阳师范学院学报，2005（4）

③ 黄喜珊，王永红．教师效能感与社会支持的关系［J］．中国健康心理学杂志，2005（1）

低的。

为发挥社会支持的有效性，需要营造一个激励教师公平竞争、积极向上的社会大环境，需要教师周围的亲人、同事、朋友给予教师充分信任、支持和爱护。建立一个和谐的工作环境，发展相互信任的关系，与领导、同事、学生、学生家长建立良好的人际关系，从同事、上级、家人、朋友和其他人那里寻求支持是减轻压力的有效方法之一。

综上所述，近年来国际、国内对教师职业压力的研究热点主要放在教师职业压力普遍性、影响力、压力源、教师个人背景因素对职业压力的影响、职业压力管理等方面的研究上。

# 第三章　教师职业压力的影响因素和心理机制

学者们发展出许多理论来阐述什么是压力，它是如何产生、运作并对人带来怎样的影响。教师职业压力研究也不例外，Kyriacou 和 Sutcliffe（1978）在 Lazarus 的职业压力模型基础上，最早提出了教师职业压力模式①；Brenner、Dick 和 Wagner（2001）在对 Kyriacou 和 Sutcliffe 研究的基础上做了进一步的修订和补充，建立教师职业压力的扩展模式②。在前人研究的基础上，本书就影响教师职业压力产生的内部心理因素、外在社会因素——社会支持系统和教师职业压力的内在心理运作机制作进一步的探讨，以助于人们更深入地理解教师职业压力的本质和压力产生的一般规律，为压力管理提供理论依据。

## 一、影响教师职业压力产生的心理因素

教师职业压力的形成一方面是外在的客观紧张刺激引起的，另一方面是内部的主观感受。一般情况下，外在的客观刺激越大，压力感受越大。但是，在同样的刺激条件下，具有不同个性特质的人，主观感受到的压力却不相同。"外在刺激只有通过内在因素才能起作用"，教师的职业压力体验是因人而异的。然而，人的哪些个性特质影响教师职业压力内部机制的运行呢？我们认为，主要涉及的心理因素有：需要和动机、认知方式、人格特征、能力素质、自我期望、经验、心理准备状态等。

---

① Kyriacou, C. & Sutcliffe, J. Teacher Stress: Prevalence, Sources and Symtoms [J], *British Journal of Educational Psychology*, Vol. 48, 1978. 159 – 167

② Dick R, Wagner U. Stress and Strain in Teaching: A Structural Equation Approach [J], *The British Journal of Educational Psychology*, 2001, 71 (2): 243

### （一）需要和动机

作为一个现实的人，有各种需要，教师也不例外。与其他行业成员相比，教师需要的结构有共同的一面，即由生理性需要、社会性需要等组成的。美国心理学家马斯洛的“需要层次理论”① 将人的需要分成五个层次，即生理需要、安全需要、友爱需要、尊重需要、自我实现需要。“作为一个人的教师”当然也有这些需要。而“作为一个教师的人”，他们的教育教学工作本身存在着一个需要体系的运行机制，以至于形成教师的需要的独特风格，如物质需要的朴实性、发展需要的稳定性、自尊需要的迫切性、成就需要的强烈性等。而需要是动机产生的必要条件。教师需要的活动过程是：需要→欲念（主观追求）→动机（目的）→实践活动→实践结果（需要对象）→需要的满足→新的动力→新的需要。在这里，需要与动机表现为人的实践活动的内在动因和根本动力。当人的需要获得满足后，便会产生新的动力，并成为推动实践活动的巨大力量，使人进入新一轮需要与实践过程的良性循环。相反，当一个人的某种需要长期得不到满足时，这条需要的循环链也长期处于中断状态，便会使人产生压抑、挫折、焦急的消极情绪体验，形成职业压力。

### （二）认知方式

认知方式（cognitive style）是个体持续的带有个性特征的思维方式，它决定了个体对所见、所思事务的处理和组织风格。现有的大量研究②发现教师个体认知方式会影响其对压力的感知。事件本身是中性的，其刺激造成的压力源于主体赋予它的意义，即个体如何评价它：同一个环境事件对某些人来讲可能产生焦急、压抑等情绪的体验，因为主体赋予它消极的意义；而其他人赋予它积极的意义则可能没有这种体验。由此看来，压力是个体对事件主观感受后的心理体验。当人的某种需要得不到满足，动机不能付诸实践时，就成为可能

---

① 张积家. 普通心理学［M］. 广州：广东高等教育出版社，2004. 439

② Harre，Lamb. *The Dictionary of Personality and Psychology*［M］，Oxford：Nasil Blackwell，1986

的压力源，这些可能的压力源经过教师个人的认知评估，成为实际的压力源，从而引起个体适应性的反应。因此压力的产生过程从认知角度可简要概括为：环境刺激（可能的压力源）→个人的认知评估（变成实际的压力源）→压力反应（症状）。其中个体对事件的解释是形成压力的关键。

归因模式是个体认知方式之一。归因模式影响对事件的评估进而影响压力的感受是马丁·塞利格曼在他关于习得性无助的研究基础上发展而来的[①]。当我们恒定地对不利事件做内部的、稳定的和一般的解释时，是悲观归因模式。他认为悲观归因模式是我们解释发生的坏事件时习惯使用的方式，有这种归因倾向的人一般都较消极、被动，压力感受大。

**（三）人格特征**

人格是关于人的行为、思想、情感、态度、信念、价值、动机的动力组织。戴维德和瑞德使用艾森克人格问卷研究教师压力水平与人格之间的关系，发现人格特征是引起教师压力的一个重要因素[②]。内向的人对压力刺激的感受性和反应性更高，具有明显神经过敏倾向的人更易受到压力影响，产生消极反应，而且恢复很慢。不同性格特征的人对压力的感受不同。那些竞争意识强、工作努力、争强好胜、缺乏耐心、成就动机高、说话办事讲求效率、时间紧迫感强、成天忙忙碌碌的A型性格特征的人，在面对压力时，性格中的不利因素就会显现出来；B型性格的特征是个性随和、生活悠闲、要求不高、对成败得失看得淡薄，因此压力感较小。

自我效能是对自己能力的知觉，相信自己拥有某种能力，能在特定的情境中正确而成功地完成任务，它是一种对个人能力及技巧的自

---

① ［美］赖斯（Rice）．压力与健康［M］．石林等译．北京：中国轻工业出版社，2000. 62～64

② 赵立芹，张海燕．教师压力成因分析［J］．外国教育研究，2004（2）

我图式。J. A. Ross 和 R. Schwarzer 等研究发现①，自我效能感首先影响教师对工作情境的初级评价，在面对困难时，自我效能感低的教师视为威胁，从而产生心理压力，而自我效能感高的教师可能将其视为挑战，反而变得更富有激情。即使这两类教师都将在工作中的困难视为威胁，那自我效能感低的教师倾向于认为自己的能力不足，无法控制和处理这些困难，从而倾向采取消极的应对方式，如逃避或退缩；反之，自我效能感高的教师相信自己有能力战胜工作中的压力源，从而采取积极的应对方式，如保持平静的心情，主动寻求解决的方案。

自尊是指一个人全面的自我评价或自我价值感。自尊强的教师往往自我感觉良好，认为自己聪明、成功、有魅力，从而行事主动，心态达观；而自尊弱的教师则经常感到无望和无价值感，容易陷入抑郁、焦虑、孤独感等情绪困扰中，也更容易有药物滥用、饮食失调以及行为过失等问题。当一个教师的自尊受到威胁时（比如遭遇社会拒绝事件），自尊脆弱的教师（往往来源于地位、长相、财富以及他人的赞扬等“身外之物”）比自尊可靠的教师（根植于对自己内在品质的良好感觉）感受到的心理压力更大，也更容易采取不恰当的方式对待这种压力，比如暴力攻击、自我夸大。具有可靠自尊的教师对社会的拒绝以及外界的批评则没有那么敏感，他们不会因为受到褒奖而得意忘形，也不会因为遭到否认就厌恶他人。这些具有可靠自尊的教师比具有脆弱自尊的教师更善于应对压力，也更容易获得持久的幸福感。

控制感指一个人在多大程度上认为事情的结果是内控的或者外控的。所谓内控，就是认为事情的结果是受自己的努力和行动所控制的；所谓外控，是指事情的结果是受机遇或者外在的力量所控制的。外控型的教师往往将自己视为“受害者”，当面临困难和压力时，他们倾向于责备糟糕的外部环境，或者责怪自己太笨等，总之他们认为

---

① Ross，J. A. Strategies for Enhancing Teachers' Beliefes in Their Effectiveness：Research on a School Improvement Hypothesis ［J］，*Teachers College Record*，1995，97，227－251

困难和压力是自己无法控制的因素造成的；而内控型教师则相信坚持不懈的努力、良好的习惯和自律能克服困难和压力。

我国学者申继亮的研究①表明：教师压力应对策略与教师的人格特征有关，人格各维度对不同应对策略具有不同的预测作用。当潜在的压力源变成现实的压力源时，教师的应付机制就显得尤为重要，因为它决定教师自己能否减缓压力。如果教师未能运用有效的无论是行为的、身体的还是心理的应付机制，那么压力的反应就会加重，并最终导致职业倦怠和慢性的身心症状。

**（四）能力素质和自我期望**

能力素质是压力产生的重要因素。Fimian&Santoro，Terry（1997）的研究显示：教师在特定的工作和组织环境中缺乏职业自信时就会感到压力。当今社会新知识、新观念、新技术层出不穷，由于教师个人获得信息的有限性和学生获得信息的多渠道性之间的差距，使教师的知识和学术权威在不断受到冲击和质疑。教育教学改革的高要求导致许多教师感到难以胜任工作而产生压力。

克拉克等人和美国大学教师的研究认为"强加于自己的高期望值"是主要压力源之一。教师被作为知识和道德的化身，常把完美作为自己的价值追求。但他们容易忽视自身条件的限制，一旦自己预定的目标不能实现，就会产生较强的挫败感，心理失去平衡。

**（五）经验和心理准备状态**

当面对同一事件或情境时，经验常常影响人们对压力的感受。对两组跳伞者的压力状况进行调查发现，有过100次跳伞经验的人不但恐惧感小，而且会自觉地控制情绪；而无经验的人在整个跳伞过程中恐惧感强，并且越接近起跳越害怕。同样的道理，一帆风顺的人一旦遇到打击就会惊慌失措，不知如何应付；而人生坎坷的人，同样的打击却不会引起重大伤害。可见，增加经验是提高抗压能力的一个有效途径。

---

① 申继亮等．中小学教师的职业压力应对策略与其人格特征的关系研究［J］．中国临床心理学杂志，2002（2）

对即将面临的压力事件是否有心理准备也会影响压力的感受。心理学家曾对两组接受手术的患者做实验。对其中一组在术前向他讲明手术的过程及后果，使患者对手术有了准备，对手术带来的痛苦视为正常现象并坦然接受；另一组不做特别介绍，患者对手术一无所知，对术后的痛苦过分担忧，对手术是否成功持怀疑态度，结果手术后有准备组比无准备组止痛药用得少，而且平均提前三天出院。因此，有应付压力的准备也是减轻伤害的重要因素。

研究表明，以上的各种因素并不是独立存在而是交互作用于教师而产生压力。当然，这些因素对于不同地区、不同群体、不同背景的个人的影响是不相同的。

## 二、影响教师职业压力产生的社会因素

社会支持系统对个体身心有普遍的增益作用，它不一定在压力情境下才发挥作用，而是在平时就能帮助个体维持良好的情绪体验和身心状况。当然，在压力情境下，社会支持系统就更能发挥积极的作用。首先，它能起到屏蔽或者缓冲的作用，防止或减缓压力事件对个体直接的消极影响；其次，它通过人的内部认知系统起间接的调节作用；同时也通过增强个体资源，使个体应对压力的能力得到提高，进而改善教师的心理健康水平和提升教师的生命质量，使教师获得更多的幸福体验，更好地做好教育教学工作。

与其他职业群体相比，教师群体是一个比较孤立、封闭的群体，与社会的联系较少。国外研究发现，教师的心理行为问题与教师缺乏社会支持的知觉有很大的相关性，因此，帮助教师在学校内部乃至整个社区建立高质量的社会支持系统，对于教师应对职业本身存在的压力能起到积极的促进作用，如国外的“工作组”和“教师中心”便可为我们所借鉴。所谓的“工作组”类似于国内中小学的科研小组、语文组、数学组等形式，是同事之间提供社会支持的主要形式，可以说在我国已普遍存在。格林格拉斯等在1997年的研究中发现，来自同事的信息支持（如提供某些必要的知识）、实践支持（如帮助完成

工作任务）以及情感支持（如鼓励、安慰）能增强教师对工作情境的控制感，从而降低压力水平和人格解体水平，提高个人成就感和工作表现。而国外的“教师中心”是一种由几个学校或整个学区组织形成的服务于该学区教师的机构，其主要目的是为教师提供一个可以与同行讨论种种教学问题，获得新的教学技巧和心理支持的场所。虽然这些教师中心的确切内涵随场所的不同而各异，但在那里，教师与教师之间可以进行丰富的信息交流和思想交流。同时笔者的研究发现①，家庭成员的支持理解对缓解教师职业压力有重要作用。这里特别需要指出的是，国外许多研究发现②，学校领导的帮助和支持是教师社会支持系统中很重要的成分，学校管理者尤其是校长的支持与关心能有效地减轻教师的心理压力，减少心理行为问题的发生。

## 三、教师职业压力产生的心理机制分析

压力是个体的主观体验，压力的感受因人而异，那是因为压力的产生是一种复杂的心理运作过程。关于压力是如何产生的，又是如何运作并对人带来怎样的影响，前人作过许多研究。

### （一）Kyriacou 和 Sutcliffe（1978a）的教师职业压力模式

Kyriacou 和 Sutcliffe（1978a）在 Lazarus 的职业压力模型基础上，最早提出了教师职业压力模式（见图2）。按照这个模式，潜在压力源被看作是教师压力的原因，而且研究者明确区分了物理压力源（如班级学生多）和心理压力源（如不良的同事关系）。这些压力源的影响是通过应对机制调节的，应对能帮助处理压力环境，也就是减少对这些情境的威胁感知。如果应对机制不恰当，压力就发生了。从

① 饶淑园．对一例中学教师职业压力的个案研究［J］．中小学心理健康教育，2008（9）

② 陈明丽，许明．国外关于教师职业压力的研究［J］．福建师范大学学报（社哲版），2000（3）；邵光华．国外教师压力研究综述［J］．比较教育研究，2002（11）

这个模式可以看出，教师压力主要被看作是与不良心理、生理和行为有关的消极情感。这些消极压力情感会导致身体和心理变化以及诸如冠心病之类的慢性症状。另外，个体教师特征被认为是影响了这个过程，在核心个体特征之下有相当多的因素，例如自我效能或社会支持的感知。这个模式中还包括了一些其他变量，如评估或潜在的非职业压力源。

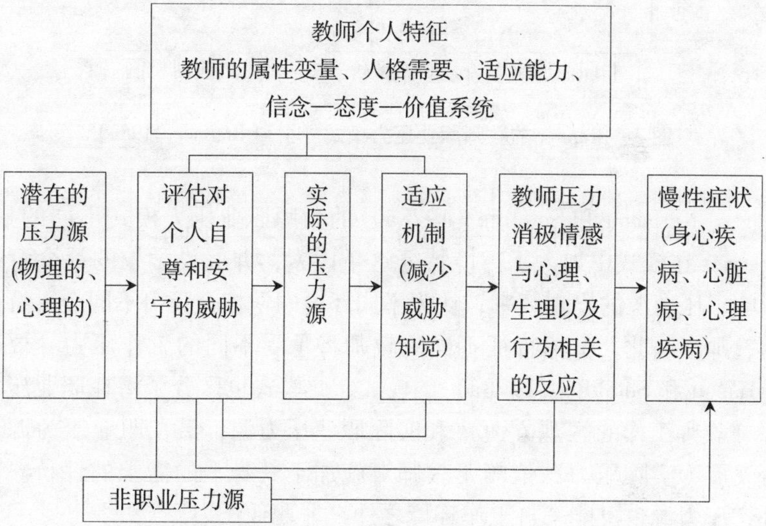


图2　Kyrlacou 和 Sutcliffe 的教师职业压力模式（引自 Kyriacou 和 Sutcliffe，1978a）

### （二）Brenner 的教师职业压力模式[①]

Brenner 在对 Kyriacou 和 Sutcliffe（1978a）的教师职业压力模式进行分析的基础上做了进一步的修订和补充（如图3）。

---

① Tellenback S.，Brenner S.，Lofgren H. Teacher Stress：Exploratory Model Building［J］，*Journal of Occupational Psychology*，1983，56，19－33

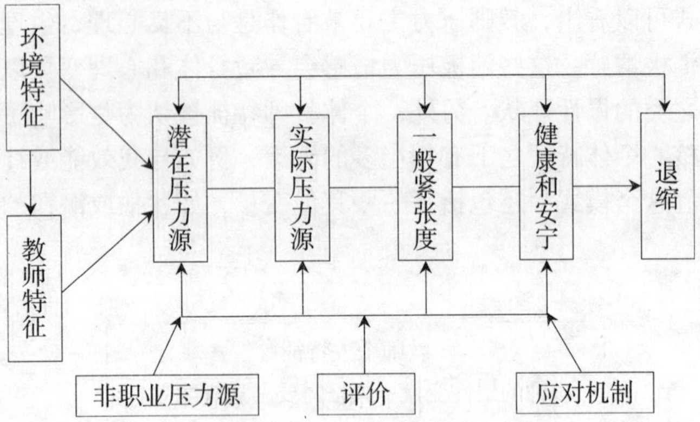


**图 3　Brenner 的教师职业压力模式（引自 Brenner，1983）**

与 Kyriacou 和 Sutcliffe（1978a）的教师职业压力模式不同的是，Brenner 在模式中加入了环境特征这个因素，并假设学校的社会背景影响了压力源的出现频率，认为不同环境的学校会吸引不同个人特征的教师。因此，个体特征不同的教师将承受不同的工作压力。根据 Kyriacou 和 Sutcliffe（1978a）的模式，此模式也区分了潜在职业压力源（教师工作的客观方面）和实际职业压力源，潜在职业压力源是否发展为实际压力源依赖于教师对施加于其身上的需求的评价。另外，压力源也可能来自工作环境之外（非职业压力源）。

与 Kyriacou 和 Sutcliffe（1978a）的教师职业压力模式的另一个不同之处是，Brenner 使用了一般紧张度的概念，他假设实际压力源能形成一般紧张度状态，这里一般紧张度类似于负荷超载。研究者认为一般紧张度影响了教师的健康和安宁，这里的健康既包含了精神障碍，也包含了身体症状。因此，这个模式中的"健康"对应着 Kyriacou 和 Sutcliffe 模式中的教师压力（消极情感）和慢性症状，在 Brenner 的这个模式中还有退缩，包括缺勤和心理上的退缩，其中心理退缩被看作是对工作不满意的表现。

在 Brenner 的这个模式中，压力本身被看作是描写从刺激到反应整个过程的一个相关概念。Brenner 认为，在这个过程中，各种应对机制减轻了压力的影响。例如，社会支持可能会阻止潜在的压力源变成实际压力源。个体的个性也许在决定实际压力源是否积累成为一般紧张度状态中起到重要作用。一般紧张度也许能够或不能导致精神障碍或身体症状，在这个过程中的这一点上，补偿性的应对机制可以是休闲活动、锻炼、睡觉和合理的营养。除了应对机制，还有非职业压力源和评价都调节了职业压力的整个过程。

**（三）Dick 和 Wagner（2001）的教师压力模式**

Dick 和 Wagner（2001）采用几个具体变量并使用结构方程验证了 Kyriacou 和 Sutcliffe 的教师压力模式，成功地测量了压力（工作负担和他人非议排挤，Mobbing）、紧张度（身体症状和倦怠）以及一些调节变量（自我效能、社会支持和应对策略）之间的关系，验证了工作负担和他人非议排挤带来了更多的身体症状。在一般的压力模式中认为个性和环境因素在应对压力环境中是具有积极影响的资源，Dick 和 Wagner（2001）的研究将这两个潜在的资源具体化为自我效能和社会支持，其中特别证实了领导支持对减轻工作压力是一个重要的因素。研究中还将全体社会支持作为一个调节变量，结果发现与支持感高的教师相比，支持感低的教师的压力和紧张度之间的相关关系更高。

Dick 和 Wagner（2001）的研究中额外增加了几个概念，在 Kyriacou 和 Sutcliffe（1978a）的教师职业压力模式基础上建立了一个扩展模式（见图 4）。研究者增加了应对策略作为压力模式的重要变量（Central variable），结果发现应对策略是工作负担和倦怠之间的调节变量，采用适应性应对策略的教师在倦怠水平上比采用忽略或避免问题情境应对策略的教师要低。在这个模式中使用的另一个概念是倦怠，它充当了压力源（工作负担和他人非议排挤）和身体症状之间的调节变量，发现教师遭受的压力越多，表现出的倦怠症状越多，紧接着表现出越多的身体症状，而遭受倦怠和身体症状导致更多的缺勤现象的出现。

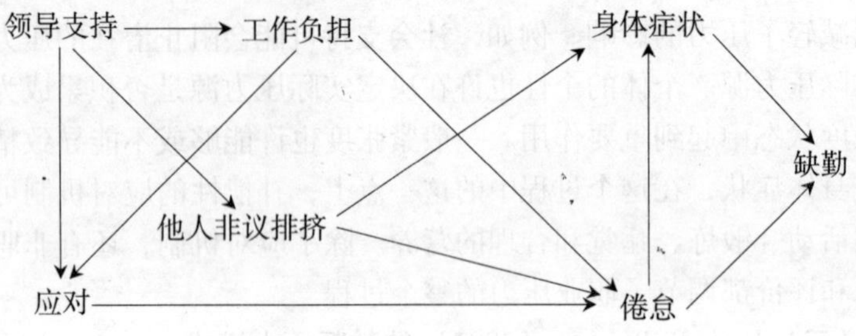


图 4　Dick 和 Wagner 的教师压力扩展模式（引自 Dick 和 Wagner，2001）

基于以上对影响教师职业压力内外因素的分析，整合教师职业压力模式的鼻祖 Kyriacou&Sutcliffe 的理论及后来研究者布伦纳（Brenner，1983）、迪克、魏格纳、辛普森（Simpson）、麦克法登（McFadden）和莫雷克（Moracco）提出的教师职业压力的模型（转引自 Yu，Cheong Ning Lawrence，2002），结合自己对教师职业压力的观察、思考，笔者把这过程用一新的模式图表示（见图 5）。

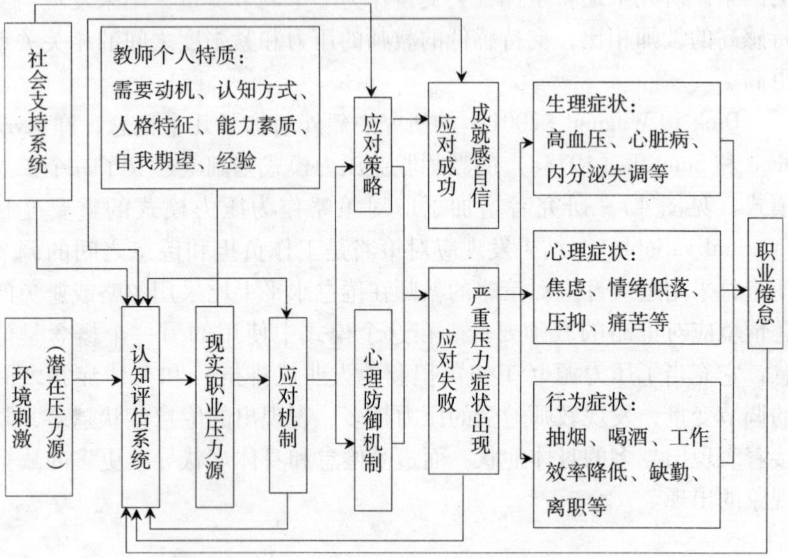


图 5　教师职业压力的内在机制模式图（Rao Shuyuan，2010）

下面对压力产生内在的心理机制做具体分析。

从图5我们可以看出，教师职业压力从产生到进一步发展，要经过以下几个阶段：

1. 环境刺激（教师个体与环境的相互作用）

教师个体与环境的相互作用是压力产生的起点。环境刺激源于外在的压力情境和个体内在的心理需求。教师作为学校组织的一员，必然要受到组织环境的影响，并以自身的行为反作用于组织；同时“作为一个人的教师”，也有他自己的内在的需要、期望和目标，当然，这些需要和目标可能是受组织环境（外在刺激）影响内化产生的。需要是个体欲求达到心理状态，一旦产生，就在内心形成某种紧张感，而这种紧张感进而生成内驱力，驱使个体追求需要的满足。教师职业压力往往源于教师内在需要与外在环境刺激的相互作用。

2. 对压力情境的评估

当环境刺激作用于个体并使之有所感受时，刺激仅仅是潜在的压力源；只有当个体把这种潜在压力评价为一个压力事件时，它才真正变成现实的压力源。

如果教师深受环境组织系统中的压力源影响，即与环境发生冲突，个体将对压力源是否威胁个体目标或需要进行评估。如果不构成威胁，则不会产生压力；反之，当个体感到环境将威胁到目标的实现或需要的满足时，压力就产生了。所以，压力的产生的关键在于个体对自身应对的环境刺激的认知评价。认知评价是个体觉察事件对自身影响性质的认知和判断，也就是面对压力，人们首先考虑“我是否遇到了麻烦”，然后考虑“我怎么应付”。包括感知、判断和评价在内的一系列心理活动，它既受教师个体特征诸如认知风格、需要动机、人格、能力素质、自我效能、自我期望、归因模式、经验等影响，也与教师的社会支持系统有关，是个体在同样条件下产生不同体验并导致不同压力效果的基本原因。如果个体认为自身资源与刺激所要求的应对能力相当，则会将这种刺激看作为一般的挑战；如果对环境的适应性要求被认为需要个体调动额外的资源介入，或超出了自身资源与能力水平，这种要求就会变成威胁，引发紧张反应，产生危机感或压力感。

3. 应付策略的运用

感受到压力的教师将从应付资源中选取最有可能减轻压力的策略。在这里，应付资源有来自自身内在的资源，如经验、心理准备、自我效能感、能力素质、归因模式等；也有来自于外在的资源——社会支持系统。应付的策略有三种[①]：第一种是采取直接的行动以消除或减少压力及增加处理压力的资源，称为问题取向的应对；第二种是重新认识压力，称为认知评估取向的应对；第三种是处理由压力所导致的紧张、焦虑等应对方式，称为情绪取向的应对。

如果应付成功，将增强自我效能感，在认知水平上增强将来应付同类问题甚至是不同压力源的信心，使教师个体与学校组织的效能得以提升。

反之，如果应付行为并未导致威胁的减轻，个体便会自觉、不自觉地采取心理防御机制的应对策略，如攻击、焦虑、冷漠、退化、固执、投射、否定、压抑、逃避等。

个体所产生的心理防御策略，常见的消极、不适应的行为有以下几个方面：

（1）攻击。

个体遭受挫折后，常常引起愤怒的情绪，为了将愤怒情绪发泄出去，便可能出现攻击行为。攻击是一种破坏性行为，这种行为可分为直接攻击和间接攻击。直接攻击多数是把愤怒的情绪直接发泄到使之受挫的人或物身上，例如一个人无故受指责，他可能怒目而视、反唇相讥或还以拳头；间接攻击不是直接攻击造成挫折的一方，而是将其他人或物作为发泄的对象，例如有的老师在学校受挫无法发泄，回到家里把气发到配偶和孩子身上，家人成了“替罪羔羊”。

（2）焦虑。

心理焦虑是指由心理冲突或个人遭受挫折以及可能要遭受挫折而产生的一种紧张、恐惧的情绪状态。就像挫折难以避免一样，焦虑也

① 姚立新．教师压力管理［M］．杭州：浙江大学出版社，2005. 90

是我们生活的一部分。适度焦虑，如考试前适度紧张，对提高效率、发挥潜能有一定积极作用。而过度的焦虑对教师会产生消极影响，它不仅会抑制教师的正常思维，而且使教师的注意力难以集中，记忆力明显减退，从而影响正常的工作和生活，严重的会导致心理疾病，发展成焦虑症。

(3) 冷漠。

冷漠是个体在受到挫折后出现对挫折情境的漠不关心与无动于衷的态度和行为，是一种与攻击相反的行为反应。冷漠并非不包含愤怒的情绪成分，只是个体把愤怒暂时压抑，内心深处则往往隐藏着巨大的痛苦，是一种压抑极深的反应，它对个体的心理损伤最大。所谓"哀莫大于心死"就是这种行为反应的生动写照。

(4) 退化。

退化是指个体遇到挫折时表现出与自己的年龄、身份极不相称的幼稚行为，是一种反成熟的倒退现象。例如，已养成良好生活习惯的儿童，因母亲生了弟妹或家中突遭变故，而表现出尿床、吸吮拇指、好哭、极端依赖等婴幼儿时期的行为。其根本目的在于发泄心中的不满和博取别人的同情和关注。退化行为有时也发生于成人。例如，平常如有重大事情发生时，有时我们会大叫一声"妈呀"；夫妻吵架，妻子跑回娘家向母亲哭诉，都是退化的行为。有一位教师在成长过程中被母亲管教得十分严格，加上母亲的蛮横无理，令她对权威人物产生极大的恐惧，甚至到她成年后，虽然学有所长，但在权威人物面前，她就会变得毫无主张。在学校，她是一位极受欢迎的教师，但校长约见她时，她却总感到毫无自信，不但张皇失措，而且校长每要求她做任何事，她都说不会做，要求校长教她，并请求校长详细告诉她如何做，所有表现就像一个无知愚昧的小女孩。

(5) 固执。

一般而言，个体受挫后需要有一种随机应变的能力来摆脱所遭遇的困境。但是有人在重复碰到类似的困境后，依旧用先前的方法，盲目地解决已经变化了的问题。"碰鼻子后还不知转弯"就是固执的最好注释。最为明显的案例是有些失恋者，明知"流水落花春去也，天上人间”，但是仍然心存侥幸，念念不忘。

（6）投射。

投射是把自己内心不被允许的冲动、态度和行为，加诸他人或其他事物，以保护自己，并以此为自己的行为辩护。也就是我们常说的“借题发挥”、“以小人之心，度君子之腹”。例如，把自己的错误、失误归咎于他人，或把自己的欲望态度转移到他人身上，认为别人也是如此，从而掩盖着自己那些不受欢迎的特征。

（7）否认。

否认是指把已经发生的挫折和不愉快的情境加以否定，从根本上认为它从没发生过，以避免心理上的不安和痛苦。沙漠中被追赶的鸵鸟把头埋在沙子里，自己看不见了，以为就没事了。现实中的“鸵鸟政策”经常出现，“眼不见为净”、“掩耳盗铃”就是这种防御机制的表现形式。

（8）压抑。

压抑是各种防卫机制中最基本的方法。此机制是指个体将一些自己所不能接受或具有威胁性、痛苦的经验及冲动，在不知不觉中从个体的意识中排除、抑制到潜意识里去，是一种“动机性的遗忘”。例如，李老师的岳母相当势利，又爱挑剔，因为她一直觉得李老师配不上自己的女儿，故此多年来每次见到李老师就总是冷嘲热讽的，令李老师十分难受和尴尬。上星期日李太太生下儿子，李老师通知各至亲好友居然忘了致电岳母大人。李老师用“压抑”的防卫方式来逃避面对岳母的痛苦。压抑有时也会导致失去记忆，例如，有一些在汶川地震中目睹当时惊恐情境的人，会把那次经历忘得一干二净，无法再回想起来。

（9）逃避。

个体不敢面对沉重的压力情境而采取回避的方式。逃避的主要表现形式有：①逃向另一现实，如回避没有把握的工作，而埋头于与此无关的爱好或娱乐，如沉溺于网络游戏，以排除心理上的焦虑与苦闷。②逃向幻想世界，即所谓做“白日梦”。“白日梦”偶尔做一回并无大碍，还能减轻紧张和不安，但一旦形成了以幻想来对付现实中的挫折，希求从幻想中得到现实中得不到的满足的习惯，将是十分危险的。它会增加人对现实的适应困难，并可能形成病态的行为反应。③逃向生理疾病。个人以生理上的某种机能障碍为理由以避免面对困难，这种疾病的产生往往是无意识的。

（10）合理化。

有只狐狸看到一串甜熟的葡萄，垂涎欲滴，但因葡萄架太高，三跃而不得。为了维护自己的面子，它就对旁边的动物说："这葡萄是酸的，我才不想吃呢。"

另一个狐狸原想找些可口的食物充饥，但它找了好长时间都没有找到，只找到一个酸柠檬，它对嘲笑它的动物们自豪地说："这只柠檬是甜的，正是我想吃的。"

以上故事就是心理学中的防御机制之一——合理化作用，分别叫酸葡萄心理和甜柠檬心理。吃不着的葡萄就是酸的，达不到的目标就是不喜欢或自己本来就没想要的，这就是酸葡萄心理。如容貌平凡的女子特别爱说"自古红颜多薄命"；追不到女朋友的男孩说"这种女人品德不端、水性杨花，嫁给我，我都不要"；有的老师科研能力较弱，写不出一篇像样的论文，就说："教师教好书就行了，写那些夸夸其谈的文章有何用?"也就是我们平常所说的阿Q精神胜利法。甜柠檬心理是夸大既得东西的好处，以减轻达不到目的时的失望和痛苦。比如，娶了姿色平平的妻子，说她有内在美；嫁给木讷寡言的丈夫，说他忠厚老实；孩子资质平庸，说他"傻人有傻福"。这些都是一种"塞翁失马，焉知非福"、"知足常乐"的心态。

心理防御机制作用具有二重性。消极心理防御机制虽然有助于挫折情绪的缓冲，暂时缓解痛苦与不安，但从根本上说，现实存在的矛盾并没有真正解决，只不过是一种"自我欺骗"。如果一个人只依赖于消极心理防御机制而不去学习更为有效的克服挫折的方法，使心理防御机制成为个人应付问题起支配地位的反应方式，终日在曲解、掩盖或否定的现实中生活，就会使人格发展受到影响，形成病态心理。积极的心理防御机制有助于适应挫折，化解困境，是克服挫折的有效方法。

4. 严重压力症状的产生

如果应付失败后没有新的有效策略可以采用，压抑痛苦继续存在，就将导致进一步的后果——严重压力症状（生理的、心理的和行为的症状）产生。心理上表现为焦虑、情绪低落、担忧、无助感，性格脆弱，自信不足，疲倦，以致经常发脾气、自我效能感降低等症状。如果进一步发展将产生高血压、溃疡、内分泌失调等生理症状和情感失控、失眠、食欲不振、工作效率下降、缺勤、离职、抽烟喝酒等失调行为。如果教师的职业压力长期得不到有效的控制和缓解，压力导致的生理、心理和行为反应进一步发展将产生另一个更严重的后果——教师职业倦怠。

5. 反馈机制的制约

教师的应付机制、应对状况（无论成功还是失败）反过来又会影响到教师对潜在压力源的评估（个体经验因素起作用），以及将来压力及紧张产生的可能性和程度。

压力的产生是一种复杂的心理运作过程。从以上教师职业压力内在心理机制过程分析中我们可知，社会支持系统是影响压力评估及应对的重要的间接因素，而教师个人特质（如需要和动机、认知方式、人格特征、能力素质、自我期望、经验、心理准备状态等心理因素）直接影响其对压力的认知评估和感受，也影响教师对压力的应对，是压力产生的决定性因素。当然，这些心理因素具体怎样影响、在何种情境中发生影响、能起多大作用等问题，有待于我们进一步研究。

# 第四章　教师职业压力管理的理论基础、原则与模式

教师压力管理必须以一定的理论为其学理基础，遵循一定的管理原则，并形成一定的管理模式。

## 一、教师压力管理的理论基础

教师压力管理以教师人力资源管理原理为基础，是教师管理指导思想的反映。人力资源管理理论很多，如人际关系理论、双因素理论、公平理论、期望理论、权变理论、强化理论、需求层次论等。而与教师压力管理关联较大的是下面几大理论：

### （一）马克思主义“人的本质”理论①

马克思主义“人的本质”理论是唯物史观的重要内容，也是教师压力管理的基本理论依据之一。人及其本质属性就是以人的需要为原初本质、人的类本质（自由自觉的活动）、社会本质（一切社会关系的总和）和单个人的本质（自我独特性）的统一。需要是人的一切活动的源泉与动力。马斯洛的需求层次论②将人的需求从低到高分为生理、安全、归属、受尊重、自我实现五种类型，教师也存在这些需要。但教师需要的特殊性，要求管理者必须考虑如何更好地从心理上去满足教师的高层次需求，从精神、文化上对教师加以调控和引导，帮助他们实现自己的愿望。人的类本质表现为一切自由自觉的活动，这是对人的主体性的象征性表述，教师的压力管理应立足人的主体性。因为教师职业压力的形成，一方面是外在的客观紧张刺激引

① 马克思恩格斯选集（第1卷）[M]. 北京：人民出版社，1995. 56
② 郑雪等. 心理学[M]. 北京：高等教育出版社，2006. 145

起，控制压力源是压力管理的一个方面；另一方面压力也是人的主观感受，影响这种感受的因素有需要动机、认知方式、人格特征、能力素质、自我期望、经验等，因此教师的职业压力体验因人而异。在具体操作过程中，压力管理不仅要求管理者发挥教师的主体性，即要求管理者自主把握教师的客观实际、人格特征和职业劳动特点，遵循压力产生的本质规律，采取有效的方法，创造性地对教师实行压力管理，更为重要的是，教师压力管理必须尊重、开发教师的主体性，使教师改变不良的思维方式，提高能力素质应对新课改的挑战，压制不合理的需要的蔓延，调整自我期望值等，通过教师自己的积极活动，能动选择、接受教育培训，争取社会支持，进行自我调节等，应对压力。可见，激发和引导教师的主体性，使教师对应对压力形成强烈的自主意识，把在职业活动中自我努力缓解压力以提高自我心理保健能力变成自主的行为，以实现压力管理的目的。人的社会本质表现为一切社会关系的总和，而教师压力的形成受各种社会关系的影响，因此，压力管理赋予一切社会关系以缓解教师压力的功能。但人的单个本质表现为自我独特性，如能力、性格、气质、价值观等。压力管理应结合每一个人的具体情况，增强工作的针对性。

**（二）人本原理①**

人本原理就是以人为中心的管理思想，人本原理又叫“管理能动性原理”。其管理的核心是充分发挥人的能动性，它揭示了管理活动中人与其他多种因素之间的本质关系，强调人是管理活动的核心。管理，归根到底是为了充分发挥人的能动性。人本原理是人本主义心理学在管理领域的具体运用。人本主义心理学是20世纪60年代在美国兴起的一个心理学流派。这个学派是由马斯洛、罗杰斯等人在批判行为主义和精神分析学派的基础上建立起来的，主张研究人的本性、潜能、经验价值、生命意义、创造力和自我实现，反对心理学中的“第一势力”行为主义的机械决定论和“第二势力”精神分析的生物

① 黄崴．教育管理学［M］．广州：广东高等教育出版社，2002. 129～135

还原论，故人本心理学被称为“第三种势力①”。人本心理学不仅把人的本性和价值提到心理学研究的首位具有重大的理论意义，而且对组织管理、教育改革、心理咨询和心理治疗具有重要的实用价值。因此，人本主义心理学被誉为是渴望以人为中心，崇尚自由和尊严、自主与选择、价值与潜能、创造力与自我实现以及弘扬人的主体性的心理学。

该理论提出了与传统管理不同的四种观点：第一，传统管理都是以事为中心，该理论“以人为中心，在鼓励人的积极性上下工夫”；第二，传统管理把人假设为“经济人”，认为金钱是刺激积极性的唯一动力，该理论把人看作是“社会人”，除了物质金钱的需要以外，还有社会和心理学等方面的需要；第三，传统管理认为生产率单纯地受工作方法和工作条件的制约，该理论则证明生产率的高低很大程度上取决于职工的态度，即“士气”；第四，传统管理只注意“组织”对职工积极性的影响，该理论则认为，非组织因素也会影响职工的情感和积极性。人本原理强调以人为中心，关注人的情感和精神需求，注重挖掘人的潜能，尊重人的人格和价值，这与教师的人格特点是极其吻合的，因此，人本理论是教师压力管理重要的理论指导。

### （三）系统原理

系统论认为，整体性、关联性、等级结构性、动态平衡性、时序性等是所有系统共同的基本特征。系统论的核心思想是系统的整体观念。贝塔朗菲强调，任何系统都是一个有机的整体，它不是各个部分的机械组合或简单相加，系统整体上的功能是各要素在孤立状态下所没有的新质。他用亚里士多德的“整体大于部分之和”的名言来说明系统的整体性，反对那种认为要素性能好，整体性能就一定好，以局部说明整体的机械论的观点。同时认为，系统中各要素不是孤立地存在着，每个要素在系统中都处于一定的位置上，起着特定的作用。要素之间相互关联，构成了一个不可分割的整体。要素是整体中的要

---

① 车文博．二十世纪西方心理学发展的轨迹及其未来走向［J］．社会科学战线，1995（5）

素，如果将要素从系统整体中割离出来，它将失去要素的作用。正像人手在人体中它是劳动的器官，一旦将手从人体中砍下来，那时它将不再是劳动的器官了一样。

系统论的基本思想方法，就是把所研究和处理的对象当作一个系统，分析系统的结构和功能，研究系统、要素、环境三者的相互关系和变动的规律性，并优化系统观点看问题，世界上任何事物都可以看成是一个系统，系统是普遍存在的。大至渺茫的宇宙，小至微观的原子，一粒种子、一群蜜蜂、一台机器、一个工厂、一个学会团体……都是系统，整个世界就是系统的集合。

系统论的任务，不仅在于认识系统的特点和规律，更重要的还在于利用这些特点和规律去控制、管理、改造或创造一系统，使它的存在与发展合乎人的需要。也就是说，研究系统的目的在于调整系统结构，直辖各要素关系，使系统达到优化目标。

系统原理为教师压力管理提供了方法论的基础。教师压力源有许多：经济待遇、学生因素、组织管理、家长因素、考试因素、工作负荷、自我发展、教学条件、人际关系和家庭因素等，影响教师压力产生和应对机制的客观因素和个体主观因素也很多，其产生的机制也比较复杂，是一个系统工程。这就要求在实施压力管理过程中，在分析问题、解决问题时，不仅重视单元的作用，还应该把重点放在整体效应上。

**（四）权变理论**

权变理论认为，参加组织的人是各不相同的。不同的人有不同的需要，不同的胜任感，管理者要让不同的人实现各自的胜任感，组织形式和领导方式应同管理对象相结合，对问题进行多变量的分析，要根据工作性质、工作目标、职工素质等方面的不同情况去考虑问题，创造性地开展工作才能提高工作效率。压力是人的主观感受，同样的客观刺激，不同的人感受到的压力程度是不一样的。它受人的认知方式、需要动机、人格特征、能力素质、自我期望、经验等因素的影响。权变理论为教师压力管理提供方法论的基础：多变量分析，因人而异，实行权变管理。

与教师压力管理有直接和间接相关联的理论还有如下几个：

1. 双因素理论

该理论认为，影响人的工作态度的因素有两种，一种是保健因素，另一种是激励因素。其理论根据是：第一，不是所有的需要得到满足就能激发人们的积极性，只有那些被称为激励因素的需要得到满足才能调动人们的积极性；第二，不具备保健因素时将引起强烈的不满，但具备时并不一定会调动强烈的积极性；第三，激励因素是以工作为核心的，主要是在职工工作时发生的。

2. 公平理论

该理论认为，一个人对他所得的报酬是否满意，不是只看其绝对值，而且要进行社会比较或历史比较，看其相对值。即把个人的报酬与贡献的比率同他人的这个比率作比较，若比率相等，则认为公平合理而感到满意，从而心情舒畅，情绪高昂；若个人的比率小于他人的比率，就会感到不公平，从而情绪低落、怨气横生。这种比较，还包括与本人历史上的比率作比较。

3. 期望理论

该理论的基本关系式是：

$$激发力量（F）=效价（V）\times 期望值（E）$$

激发力量（$F$）是指动机的强度，即调动一个人的积极性，激发其内在的潜力的强度，它表明人们为达到设置的目标而努力的程度。效价（$V$）是指目标对于满足人们需要的价值，即一个人对某种结果偏爱的强度，期望值（$E$）是指采取某种行为可能导致的绩效和满足需要的概率，即采取的某种行为对实现目标可能性的大小。

4. 挫折理论

该理论包括两个方面：一是阻碍个体动机性活动的情况，二是个体遭受阻碍后所引起的心理状态。就是说，当个体从事有目标的活动时，在环境中遇到阻碍或干扰，致使其动机不能获得满足时的情绪状态。形成挫折的原因有自然的和社会的，前者如生老病死、天灾人祸等，后者如政治、经济、宗教、家庭及风俗习惯等。

5. 影响决定论

该理论认为，管理者的作用是通过影响来实现的，有影响力的管理者才是一个单位的真正领导者。所谓影响力的大小，是就双边影响之差异而言的。以个人来说，如果影响是顺差，即存在影响的净流出，他在群体中就充当着领导者；如果影响是逆差，他就只能成为被领导者或一个不称职的领导者。

6. 双因模式论

该理论认为，管理者成功的最重要的因素有两个：一个是以工作为中心的主动结构，另一个是以人际关系为中心的体贴。前一种因素指管理者划定他与工作群体的关系，建立定义清楚的组织模式，以及意见交流方式和工作程序；后一种因素指存在于领导者与下层之间的友谊，互相依赖和互相体贴的关系。二者各有长短，它们不是排斥的，而是可以结合统一起来的。

7. 强化理论

强化、改造、操作和学习是构成该理论的主要环节。所谓强化，是指通过刺激使某种行为加强或抑制；所谓改造，是说人的行为是可以改造的，通过一定的手段，使行为中的某些因素加强，某些因素削弱，于是人的行为也就得到了改造；所谓操作，是指对正负强化都不起作用的一类行为的控制引导；所谓学习，就是对可控行为的改造，即通过强化实践，使人的行为方式得到某种永久性的改变。

## 二、教师压力管理的出发点：折射教师职业性质和特点

教师有以下的职业性质和特点。

1. 教师的职业劳动具有特殊性。

教师最根本的任务是为社会培养各级各类人才，这是一项艰辛、复杂而且富有创造性的脑力劳动。韩愈说：“师者，所以传道授业解惑也。”教师不仅要教书，还要育人。他们时刻以自己为表率，教育和影响学生做事做人。他们的劳动还具有鲜明的自主性：除上课外，备课、改作业、辅导、收集资料、教研科研以及家访等都没有严格的

时间和空间限制，他们的工作数量和质量也很难用一个标准的尺度来衡量。由于教育的周期性长，人才的成长需要时间，教育成果（人才培养）具有集体性的特点，教师劳动评价往往具有滞后性和模糊性。教师工作是良心工作，工作的投入度主要取决于教师的主动性、自觉性和工作热情。这需要学校领导正视教师劳动的特殊性，尊重他们的自主性与创造性，不过分追求精细的量化，营造政通、人和、宽松、和谐的氛围，缓解教师压力。

2. 教师扮演的角色具有多元性

教师在学校教育活动中扮演着多重角色：传道者——社会道德传统、价值观念的代言人和传递者；授业者——社会各行各业建设人才的造就者；示范者——用自己的知识、人格为榜样教育学生；执行者——教学计划、教学大纲及各项教育措施的实施者；父母和朋友——父母的化身、朋友般的理解和关怀；管理者——对教育教学活动进行管理；被管理者——接受各级领导、同行和学生的监督管理。新一轮课改中，教师被赋予更多的角色期待：学生的心理医生，课程的开发者、设计者，教学的研究者，教育的创造者等，教师成了智慧的化身，健全人格的典范。威尔逊提出，“所有对他人高度负责的角色，都存在相当多的冲突和不安全感”。① 教师作为一种对学生和社会高度负责的职业，所产生的角色冲突之多、心理压力之大是可想而知的。这要求无论在管理职权的运用上，还是在实现管理职能的手段和方法上，都要与其他部门或领域的管理有不同的特点。

3. 教师精神需要的优先性和追求的高层次性

教师职业的特殊性和“为人师表”的社会期望形成了他们特有的心理状态：强烈的自尊心和自主意识，自视清高，注重精神上的满足，成就需要尤为突出。当然，他们并不是不需要生理的满足和安全的保障，而是在“鱼和熊掌不可得兼”时，更多地追求爱和交往、自尊与尊重、人生价值的实现等高级需要。即使追求物质上的需要，也包含着丰富的精神因素。教师迫切需要改善住房条件，不仅是生活

① 瞿保奎．教育学文集·教师［M］．北京：人民教育出版社，1991. 205

所需，也是为了有一个安静的环境看书、学习、备课；教师平时生活一般比较简朴，但购买图书资料却毫不吝啬；教师看重领导的尊重、同行的认可、社会的接受，强烈追求自我，渴望实现自我价值。他们不欢迎硬性且居高临下的管理，追求平等民主的工作氛围。这些人格特征决定了学校管理有别于企业生产管理——靠行政命令难以奏效；给老师套“紧箍咒”容易产生逆反心理和反抗行为，而创设宽松、和谐的氛围，采用民主的管理方式才能取得教师的认同。

## 三、教师压力管理的基本原则

教师压力管理原则是有效进行教师压力管理活动必须遵循的行动准则和基本要求，它以教师职业特点为出发点，以马克思主义“人的本质”理论、人本论、系统论、权变论等为管理的理论基础，是教师职业压力本质和规律的反映。教师压力管理原则贯穿于教师压力管理的全过程，为组织管理好教师和教师自我压力管理提供理论指导和行动纲领。它对于压力管理的科学化、规范化起重要作用。教师压力管理要遵循以下原则：

### （一）直面现实，与压力共处原则

压力是消除不了的，人人都要承受压力。因此，在面对压力时，不要认为是上苍对你特别不公而感到愤愤不平，也不要感到唯有自己才紧张慌乱而自艾自怨。要知道，同样的事件比如考核、竞赛，对绝大多数人都会产生一定的压力，只是有的人溢于言表，有的人深藏不露。因此当压力来临时，作为教师不要逃避，要敢于正视和面对，能够平心静气地接受，与压力和平共处，甚至在重压之下化压力为动力、变逆境为机遇。

教师可以通过对工作环境的管理主动地应对压力，一般包括以下两个步骤：

（1）评估压力情境：个体觉察到一个新的压力时，首先就是要去正视它、描述它，反思发生了什么问题；同时寻找问题的来源和对自己的威胁程度。

（2）确定行动方案：当找到了问题的症结后，就要思考解决问题的方案有哪些，最佳的可行方案是什么，是直接向问题发起进攻，直接解决问题以舒缓压力形成的紧张感，还是暂时从问题中撤退出来，摆脱压力的束缚，等头脑清醒后寻找更好、更合理的解决方案；或者通过讨价还价或折中等方式自己与问题各退一步，彼此适应，改变一部分、获取一部分；抑或与问题达成妥协，在不能改变也不能避免压力的环境中做出让步。

**（二）适度施压，整体控制原则**

压力是一把“双刃剑”，有利有弊。耶基斯（Yerkes）—多德森定律[①]表明，不同性质的工作或者说难度不同的工作，最佳作业成绩的取得与心理压力存在着较为密切的关系：从事简单容易的工作，则较高的心理压力对最佳作业成绩的取得有利；从事复杂困难的工作，则较低的心理压力更有利于最佳作业成绩的取得；工作难度适中，心理压力适中，作业成绩最佳。因此，对不同性质的工作或者说难度不同工作的压力管理需要把握不同的度量，调整合适的剂量，使压力成为很好的刺激力量而避免压力过重造成对教师的身心危害。具体说来，就是要贯彻“适度施压，整体控制”原则。具体操作如下：

（1）寻找源头，分析压力。解决教师压力的关键在于处理两个变量：原因和结果。都柏林大学卡罗林·威利教授认为最好的处理方法就是使导致发生结果的原因没有产生的土壤和气候，消除它得以生长的生态环境，防患于未然。然而，把引起教师压力所有的源头都消灭掉是不可能的。从前面分析压力的本质我们可知，形成职业压力的原因是多方面的，有任务超负、人际沟通、角色冲突、工作环境等，每个压力因素对教师的影响也有所不同，因此要对压力源进行科学分析，分清主次轻重，解决主要矛盾。

（2）过程监控，整体效益。减少或者控制压力是一个需要决心、耐心和时间的过程。美国教育协会“减轻压力”网站上提出了一些

① 夏国新．新编实用管理心理学［M］．北京：中央民族大学出版社，1999.187

在线服务策略[①]：减少或者取消那些价值不大的任务，尤其是会花费大量时间和精力，而又与课堂教学和学习关系不大的任务；给教师提供参与决策的机会，尤其是关于个人或者专业发展方面的决策；制定一个信息联系系统，使教师了解学区、学校或者年级、班级以至个人的一些决策情况；建立地区性的教师交流网络，加强教师之间的沟通交流和经验分享；促进教师发展、进步和自我提升的机会，进行教师生涯规划；创建尊重教师和教师工作成果的学校文化氛围，让教师有更多舒展身心的机会；鼓励个性发展和促进整个教师团队的合作；减少容易引起压力的一些环境因素，包括噪音、空间拥挤以及污染等。只要我们分解产生压力的这些滋生源，对产生压力的过程中的各因素加以整体控制，压力是可以大大减少的。

**（三）以人为本，刚柔共济原则**

以人为本的管理也叫柔性管理，是以教师为中心，尊重教师人格，通过创造和谐的人际关系和校园文化，促进教师的全面自由发展和学校目标的实现。

柔性管理以其“人性化”的特点和在实践中的明显作用而获得理论界和实践界人士的认同和青睐。但是并不能完全否定刚性管理的作用。一个学校如果没有健全的规章制度和严明的纪律，同样是一盘散沙，柔性管理应建立在刚性管理基础之上。只有将刚性管理和柔性管理结合起来，才能达到科学管理的完美境界，实现压力管理的最终目的。

贯彻刚柔共济原则要注意如下问题：

（1）变无情的制度为有情的操作。学校各项规章制度是规范行为、依法治教的准则，可使学校工作井然有序。刚性的制度是很无情的，但实施制度的人是有情的。在可能情况下给教师多一些支配权力，少一些限制，让教师觉得自己是学校的主人。只有如此，才能充分调动广大教师的积极性，激发教师的创造力，促进学校各项工作的

---

① 李进忠．教师压力分析及解决策略——美国的研究结果和经验［J］．基础教育参考，2004（9）：25～27

开展。

（2）变无情的组织为有情的集体。除了靠制度来维持外，学校组织还需要柔性的情感来支撑。教师生活在学校这样一个大集体里，就像一家人，领导应时刻关注每一位成员，想教师之所想，急教师之所急，为他们排忧解难。理解和尊重教师群体的人格特征和个体的差异，对他们给予支持和宽容，为每位教师提供施展抱负的空间。

（3）变无情的竞争为有情的合作。现代社会竞争日益激烈，竞争有助于社会发展。学校内部亦是如此，通过适当竞争，可以激发教师创造力，刺激主观能动性的发挥，增强学校活力。但竞争过度，会使成员之间相互提防、拆台，分散教学精力。因此，增强学校的凝聚力，培养教师的团队合作精神十分重要。学校领导要鼓励教师相互合作、真诚相待，使无情的竞争变成友情合作，减少竞争压力。

**（四）社会支持，压力分解原则**

当教师遭遇压力时，来自社会的舆论、领导的关怀、同事、亲人、朋友、社团的支持等，能分解和缓解教师压力，降低教师的工作倦怠感[①②]。因此，要注重发挥社会、学校、社团、家庭等的作用，充分利用领导、同事、亲人、朋友、邻里等社会支持系统的功能，分解教师压力，形成压力管理的综合效应。具体操作如下：

（1）要营造尊师重教的社会大环境、建立对教师的合理期望，增进对教师工作的理解与支持。媒体应多一些对教师的正面报道而不要对有悖师德和心理异常的教师的特例津津乐道。

（2）加强人际沟通，创设和谐的学校组织氛围，使教师感到个体承受压力不一定是个人失败或个人无能造成的，从而减轻压力；当教师遭遇压力时，能得到领导、同事的真诚的关心和支持。

（3）教师自身应努力建立和谐的人际关系，扩展社会支持系统。

---

① 张林，刘璐，陈文成．高中教师职业压力、社会支持与职业倦怠的典型相关［J］．中国健康心理学杂志，2009（9）

② 李永鑫，李艺敏．河南省教师工作倦怠与社会支持的相关研究［J］．中国校医，2007（3）

身处压力之中，每个人都可能感到软弱和无助。但有良好的支持系统和倾诉对象，就能够快速有效地处理自己的负面情绪。教师的支持系统需要教师在平时用心营造：平时多给他人关心帮助，在自己需要时，才会得到他人的支持。

**（五）因人因时因事，权变管理原则**

由于压力在很大程度上是一个主观感觉，同样的客观刺激，不同的人感受到的压力程度不一样，它受人的认知方式、需要动机、人格特征、能力素质、自我期望、经验等因素的影响，因此对教师压力管理应进行多变量分析，组织形式和领导方式应同管理对象相结合，因人而异；要根据工作性质、工作目标、职工素质等方面的不同情况去考虑问题，采取不同的策略，根据对象的不同特点做到具体问题具体分析，实行权变管理。

## 四、教师压力管理的模式

教师职业压力涵盖多方面因素，是矛盾统一体，具有多样性的特点，这种多样性表现在教师压力来源的多样性，包括环境、心理、社会、教师自身、行政组织、家庭、人际关系、教学和学生行为等方面，而在解决及应对策略方面也必然是多样性的。国内外不同学者研究出各种压力管理的模式，可供我们借鉴。

Rosalind Murray - Harvey（1999）提出了教师压力应对模式①（见图6）。按照这个模式，同辈人的家庭、朋友，尤其是合作教师看作是实习教师重要的支持来源。实习教师是针对对社会支持的重要网络来发展和维持这些应对策略的。重要的是发展反思训练技巧，学会积极地思考，现实主义的行为预期，实效的、最重要的反思。

国内学者姚立新教授②根据对教师压力情况的调查、压力生成的

---

① 彭小英，方平．教师压力应对策略的研究述评［J］．教育理论与实践，2006（5）：25～28

② 姚立新．教师压力管理［M］．杭州：浙江大学出版社，2005. 105

原理，提出了教师压力管理的模式（见图7）。

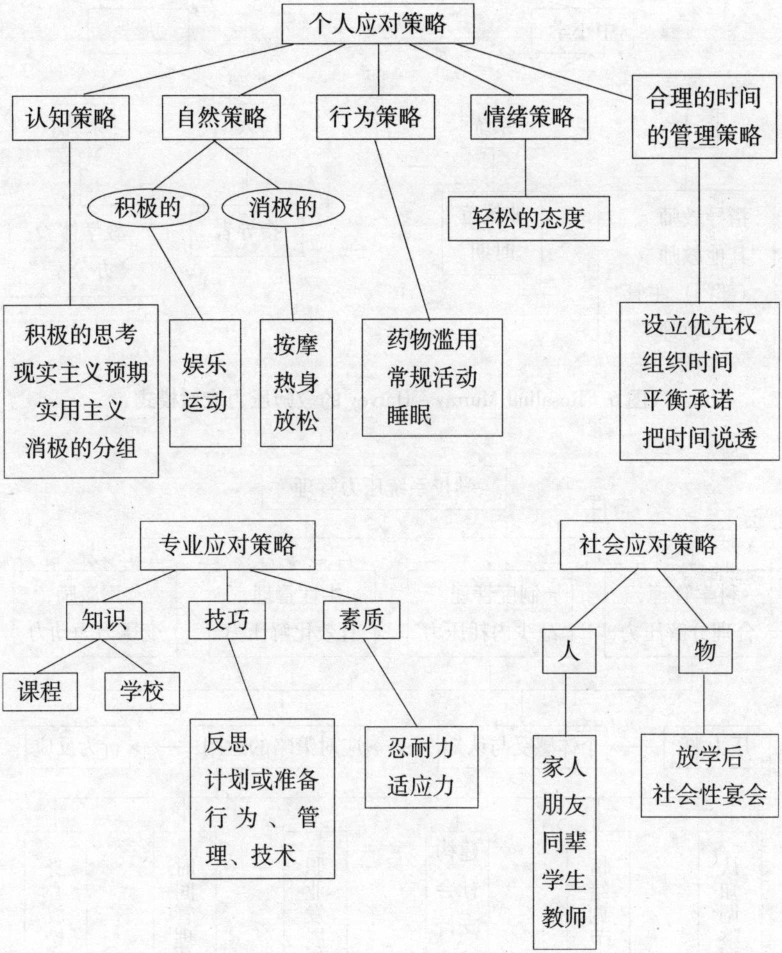

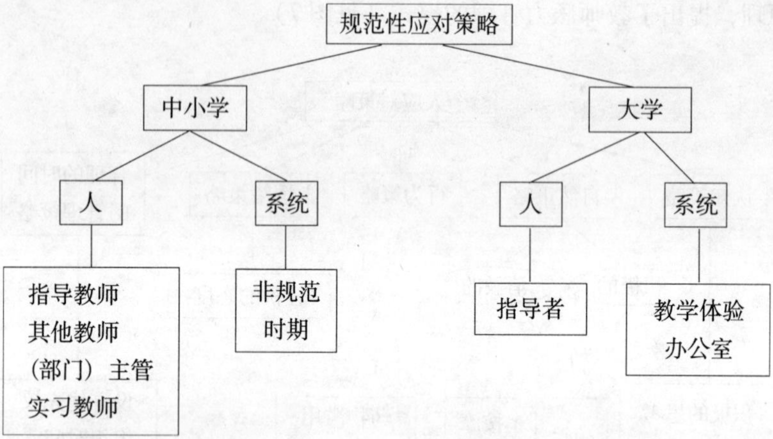


图 6　Rosalind Murray – Harvey 的教师压力应对模式

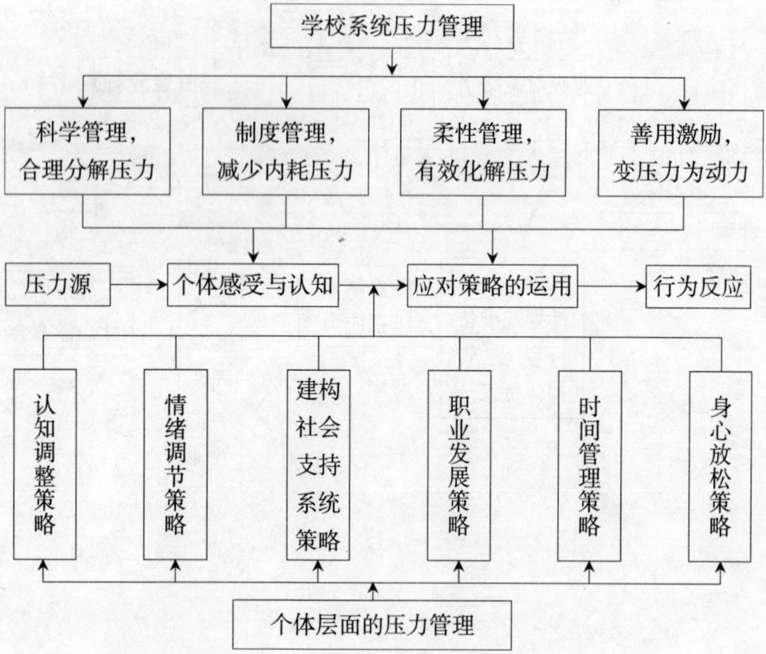


图 7　姚立新的教师压力管理模式

笔者根据多年对教师职业压力的研究，在以珠三角地区中小学、幼儿园教师为例的大量调查的基础上，根据教师职业压力本质和规律，参考了国内外压力管理的原理，在 Rosalind Murray – Harvey 和姚立新的教师压力管理模式基础上，提出了教师压力管理的三维模式，即社会管理策略、组织管理策略和自我管理策略模式。（见图 8）

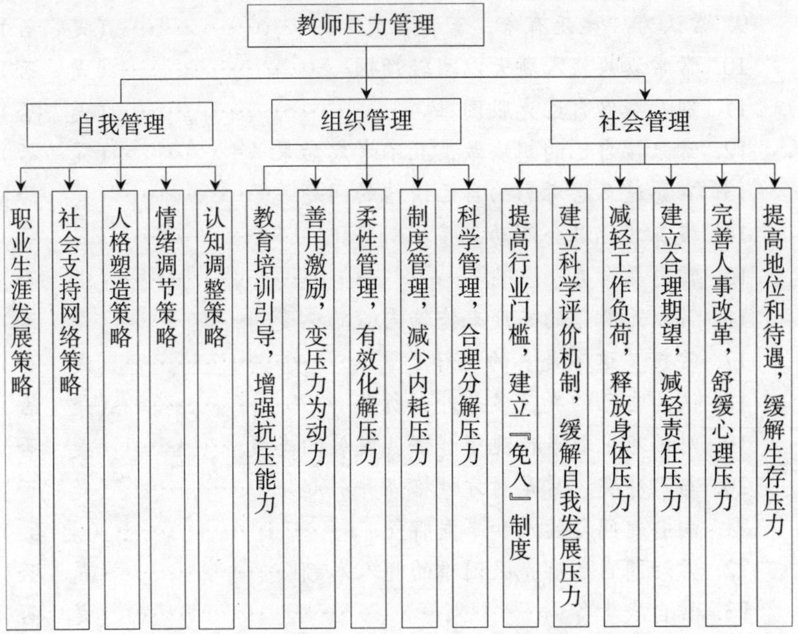


**图 8　教师压力管理三维模式**（Rao Shuyuan，2010）

## 压力应对方式问卷

此问卷每个条目有两个答案“是”、“否”。请您根据自己的情况在每一条目后选择其中一个。

1. 能理智地应付困境……………………………………（是　否）
2. 善于从实践中吸取经验………………………………（是　否）

3. 制定一些克服困难的计划并按计划去做 ……………（是　否）
4. 常希望自己已经解决了面临的困难 ……………………（是　否）
5. 对自己取得成功的能力充满了信心 ……………………（是　否）
6. 认为“人生经历就是磨难” ………………………………（是　否）
7. 常感叹生活的艰难 ………………………………………（是　否）
8. 专心于工作或学习以忘却不快 …………………………（是　否）
9. 常认为“生死有命，富贵在天” …………………………（是　否）
10. 常常喜欢找人聊天以减轻烦恼 ………………………（是　否）
11. 别人帮助自己克服困难 ………………………………（是　否）
12. 常只按自己的想法做，且不考虑后果 ………………（是　否）
13. 不愿过多思考影响自己情绪的问题 …………………（是　否）
14. 投身其他社会活动，寻找新寄托 ……………………（是　否）
15. 常自暴自弃 ……………………………………………（是　否）
16. 常以无所谓的态度来掩饰内心的感受 ………………（是　否）
17. 常想“这不是真的就好了” ……………………………（是　否）
18. 认为自己的失败多是外因所致 ………………………（是　否）
19. 对困难采取等待观望、任其发展的态度 ……………（是　否）
20. 与人冲突，常是对方性格怪异引起 …………………（是　否）
21. 向引起问题的人和事发脾气 …………………………（是　否）
22. 常幻想自己有克服困难的超人本领 …………………（是　否）
23. 常自我责备 ……………………………………………（是　否）
24. 常用睡觉的方式逃避痛苦 ……………………………（是　否）
25. 常借娱乐活动来消除烦恼 ……………………………（是　否）
26. 常爱想些高兴的事自我安慰 …………………………（是　否）
27. 避开困难以求心中安宁 ………………………………（是　否）
28. 为不能回避困难而懊恼 ………………………………（是　否）
29. 常用两种以上的办法解决困难 ………………………（是　否）
30. 常认为没有必要那么费力去争成败 …………………（是　否）
31. 努力去改变现状，使情况向好的一面转化 …………（是　否）
32. 借烟或酒消愁 …………………………………………（是　否）

33. 常责怪他人 ……………………………………………（是　否）
34. 对困难常采用回避的态度 ……………………………（是　否）
35. 认为“退后一步自然宽” ……………………………（是　否）
36. 把不愉快的事埋在心里 ………………………………（是　否）
37. 常自卑自怜 ……………………………………………（是　否）
38. 常认为这是生活对自己不公平的表现 ………………（是　否）
39. 常压抑内心的愤怒与不满 ……………………………（是　否）
40. 吸取自己或他人的经验去应付困难 …………………（是　否）
41. 常不相信那些对自己不利的事 ………………………（是　否）
42. 为了自尊，常不愿让人知道自己的遭遇 ……………（是　否）
43. 常与同事、朋友一起讨论解决问题的办法 …………（是　否）
44. 常告诫自己“能忍者自安” …………………………（是　否）
45. 常祈祷神灵保佑 ………………………………………（是　否）
46. 常用幽默或玩笑的方式缓解冲突或不快 ……………（是　否）
47. 自己能力有限，只有忍耐 ……………………………（是　否）
48. 常怪自己没出息 ………………………………………（是　否）
49. 常爱幻想一些不现实的事来消除烦恼 ………………（是　否）
50. 常抱怨自己无能 ………………………………………（是　否）
51. 常能看到坏事中有好的一面 …………………………（是　否）
52. 自感挫折是对自己的考验 ……………………………（是　否）
53. 向有经验的亲友、师长求教解决问题的方法 ………（是　否）
54. 平心静气，淡化烦恼 …………………………………（是　否）
55. 努力寻找解决问题的办法 ……………………………（是　否）
56. 选择职业不当，是自己常遇挫折的主要原因 ………（是　否）
57. 总怪自己不好 …………………………………………（是　否）
58. 看破红尘，不在乎自己的不幸遭遇 …………………（是　否）
59. 常自感运气不好 ………………………………………（是　否）
60. 向他人诉说心中的烦恼 ………………………………（是　否）
61. 常自感无所作为而任其自然 …………………………（是　否）
62. 寻求别人的理解和同情 ………………………………（是　否）

问卷构成与评分。该问卷共分成六个方面：解决问题、自责、求助、幻想、退避、合理化。

根据下表进行评分。每个问题选择“是”得1分；但是题号前是负号的，则选择“否”的得“1”分。

| 分量表 | 分量表条目构成编号 |
| --- | --- |
| 1. 解决问题 | 1，2，3，5，8，-19，29，31，40，46，51，55 |
| 2. 自责 | 15，23，25，37，39，48，50，56，57，59 |
| 3. 求助 | 10，11，14，-36，-39，-42，43，53，60，62 |
| 4. 幻想 | 4，12，17，21，22，26，28，41，45，49 |
| 5. 退避 | 7，13，16，19，24，27，32，34，35，44，47 |
| 6. 合理化 | 6，9，18，20，30，33，38，52，54，58，61 |

按照下列公式计算因子分：

分量表因子分＝单项条目分数总和/分量表条目总数

因子分最高的代表个体最常用的应对倾向。

各分量表意义：

研究结果发现，每个人的应对行为类型具有一定的倾向性，这种倾向性构成了六种应对方式在个体身上的不同组合形式。这些不同形式的组合与解释为：

（1）“解决问题—求助”，成熟型。

（2）“退避—自责—幻想”，不成熟型。

（3）“合理化”，混合型。

成熟的应对方式：如果你的解决问题的因子分很高，说明你应对压力的类型属于成熟型。面对压力不是怨天尤人，而是首先想到如何摆脱困境。

积极的应对方式：求助于别人是一种积极的应对方式。在一定意义上，它也是成熟的应对方式。但个体对自己要求助的人需具有非常清晰的判断标准，而不是病急乱投医。

不成熟的应对方式包括：退避、自责和幻想。这类个体的情绪和行为缺乏稳定性，对困难不是想办法积极解决，而首先想到的是责备自己，幻想有一种自己之外的力量可以帮忙自己走出目前的困境。自责可以降低自信心和自尊心，进而影响解决问题的能力；退避意味着放弃解决问题的尝试，意味着承认自己的失败和无能；幻想尽管可以暂时减轻自己的压力，但是因为压力源并没有消失，因此幻想过后会有更大的压力。

混合型的应对方式：合理化是介于成熟和不成熟之间的混合型。在应对方式上表现为一种矛盾的心态和两面的人格特点。当面对难以克服的困难时，如果能够让这种困境合理化，可以使自己泰然处之。在某种情况下，也不失为一种明智的选择。

（引自肖计划《心理卫生评定量表手册》）

# 第二部分

# 教师职业压力：实证研究

## ——以珠三角地区中小学和幼儿园教师为例

# 第一章　中小学教师职业压力的调查研究报告

教师的职业压力问题随着我国教育改革的不断深化而日益彰显是不争的事实。徐富明等的研究结果表明，有近七成的教师自认为有较大或很大的职业压力[①]；国家中小学生心理健康教育课题组前不久对辽宁省内 168 所城乡中小学的 2 292 名教师的检测结果显示，中小学教师心理障碍发生率竟高达 50%。冯伯麟（1996）、张忠山（2000）、杨亚玲（2001）、王祖莉（2003）、朱丛书（2006）[②]、饶淑园（2008）[③]、杨玉春（2009）[④] 等的调查研究也显示：我国中小学教师工作满意度普遍较低，尤其是对于工资福利以及晋升等处于不满意状态。30 年来，地处改革前沿的珠三角地区社会一直处于激烈的变革中，在新一轮课改处于"领头羊"行列中的中小学教师，他们正承受着怎样的压力？哪些类型的压力？其发展趋势如何？带着这些问题我们展开了调研，以展示他们的职业压力现状，分析压力的致因，并提出管理对策。本研究为社会和教育行政部门有效地管理教师，缓解教师职业压力以提高工作绩效提供科学决策的依据，并对促进教师心理健康有重要的意义。

---

① 徐富明等．教师职业压力与应对策略研究［J］．中小学学校管理，2003（2）：38

② 伍新春．教师职业倦怠预防［M］．北京：中国轻工业出版社，2008. 9

③ 饶淑园．珠三角地区中小学教师职业压力与管理研究［J］．教育导刊，2009（7）：21

④ 杨玉春．中小学教师待遇问题调研报告［J］．当代教育科学，2009（5）：18～21

## 第一节　研究方法和程序

### 一、研究对象

本研究从珠江三角洲地区的惠州市、广州市、东莞市、深圳市、中山市等40多所中小学教师和惠州市中小学（各学科）骨干教师培训班的在职教师中随机选取部分教师为研究对象。被调查对象的基本情况如表2。

表2　中小学教师职业压力调查对象基本分类情况表

| 类别 | 性别 | | 学历 | | | | 职称 | | | | | | |
|---|---|---|---|---|---|---|---|---|---|---|---|---|---|
| 类别细化 | 男 | 女 | 中专及以下 | 大专 | 本科 | 硕士及以上 | 无 | 中教二级 | 中教一级 | 中教高级 | 小教二级 | 小教一级 | 小教高级 |
| 人数 | 567 | 815 | 21 | 315 | 1000 | 44 | 77 | 272 | 473 | 140 | 30 | 126 | 228 |
| 百分比（%） | 41 | 59 | 1.5 | 22.8 | 72.5 | 3.2 | 5.7 | 20.2 | 35.1 | 10.4 | 2.2 | 9.4 | 17 |

| 类别 | 年龄 | | | 学校性质 | | | | | | | 班主任 | |
|---|---|---|---|---|---|---|---|---|---|---|---|---|
| 类别细化 | 30岁以下 | 31至45岁 | 45岁以上 | 普通小学 | 市重点小学 | 省重点小学 | 普通中学 | 区重点中学 | 市重点中学 | 省重点中学 | 是 | 否 |
| 人数 | 309 | 830 | 196 | 361 | 59 | 104 | 476 | 94 | 104 | 179 | 608 | 761 |
| 百分比（%） | 23.2 | 62.1 | 14.7 | 26.2 | 4.3 | 7.6 | 34.6 | 6.8 | 7.6 | 12.9 | 44.4 | 55.6 |

| 类别 | 任教学科 | | | | 任教年级 | | | | | | | | | 教龄 | | |
|---|---|---|---|---|---|---|---|---|---|---|---|---|---|---|---|---|
| 类别细化 | 语数外 | 理化 | 史地政生 | 其他 | 初一 | 初二 | 初三 | 高一 | 高二 | 高三 | 小学一、二年级 | 小学三、四、五年级 | 小学六年级 | 10年以下 | 11至20年 | 20年以上 |
| 人数 | 854 | 174 | 181 | 144 | 178 | 179 | 163 | 151 | 126 | 104 | 92 | 238 | 145 | 586 | 536 | 238 |
| 百分比（%） | 63. 1 | 12. 9 | 13. 4 | 10. 6 | 12. 9 | 12. 9 | 11. 8 | 10. 9 | 9. 1 | 7. 5 | 6. 6 | 17. 2 | 10. 5 | 43. 1 | 39. 4 | 17. 5 |

## 二、研究工具

本研究采用自编的中小学教师职业压力调查问卷。具体编制程序如下：

（1）进行文献检索与分析。笔者通过查阅国内外大量相关文献，了解教师职业压力的内涵及其产生机制、压力来源、压力影响等，以供编制教师职业压力问卷时借鉴和参考。

（2）收集大量与中小学教师职业压力相关的各种事件或情境，并在此基础上进行分析和归类，合并性质相同的事件，保留出现频率高和代表重要压力源的事件，最后筛选出50个压力来源项目形成问卷的初稿。

（3）就教师职业压力问题对12名在职中小学教师、校长、改行的教师等进行访谈，并用问卷初稿进行试测和意见收集，以修订和确定中小学教师职业压力状况调查问卷，经条目分析整理，最后确定38个教师职业压力来源项目。

（4）编制正式调查问卷。问卷由四部分组成：①教师个人基本情况。包括性别、年龄、学校类型、班主任教师、职称、学历、周工作量、工资等问题。②教师职业压力感。包括是否具有压力感、压力有多大两个问题。③教师职业压力影响。由教师职业压力具有什么样的影响、其表现有哪些问题构成。④教师职业压力来源。包括38个问题，可以将其概括为10个因子：经济待遇地位、学生因素、组织管理、家长因素、考试因素、工作负荷、自我发展需要、教学条件、人际关系、家庭因素等方面。

**附表一：**

## 中小学教师职业压力调查问卷

尊敬的老师：

您好！这是一份有关中小学教师职业压力的调查问卷，您所提供的资料仅限研究之用，并为您严格保密。所有的问题都没有对错之分，请您根据提示填写，选择最符合自己实际情况的一个选项并在其编号上打“√”。请不要漏掉任何一个问题，希望能得到您的合作。谢谢您的支持和配合！

一、个人基本资料

1. 您的性别：________ A. 男 B. 女

2. 您出生在________年

3. 您的学历：________

A. 中专及以下 B. 大专 C. 本科 D. 硕士及以上

4. 您的职称：________

A. 无 B. 中教二级 C. 中教一级 D. 中教高级

E. 小教二级 F. 小教一级 G. 小教高级

5. 您所在的学校：________

A. 普通小学 B. 市重点小学 C. 省重点小学 D. 普通中学

E. 区重点中学 F. 市重点中学 G. 省重点中学

6. 您目前的职位：________

A. 普通教师 B. 年级组长或教研组长

7. 您目前是否担任班主任：________

A. 是 B. 否

8. 您的教龄：________年

9. 您所任教的学科：________

A. 语数外　B. 理化　C. 史地政生　D. 其他________（请注明）

10. 您现在所任教的年级：________

A. 初一　B. 初二　C. 初三　D. 高一　E. 高二　F. 高三

G. 小学一、二年级　H. 小学三、四、五年级　I. 小学六年级

11. 您目前的工作量：________节/周

12. 您目前的平均收入水平：________元/月（含各种补贴、奖金等）

13. 根据您的工作情况，您觉得每月收入多少比较合适：________元/月

二、作为一名教师，您觉得以下项目对您的影响有多大？请在相应的空格内打“√”。如果有其他未列出的项目，请您填写在最后的空格内，并勾出相应的影响程度。

| 序号 | 问卷内容（一） | 没有压力 1 | 有点压力 2 | 压力一般 3 | 压力较大 4 | 压力很大 5 |
| --- | --- | --- | --- | --- | --- | --- |
| 1 | 作为一名教师，您感到压力有多大？ | | | | | |
| 2 | 中小学教师的社会地位低，您感到压力有多大？ | | | | | |
| 3 | 学校用考试成绩衡量教师工作水平，您感到压力有多大？ | | | | | |
| 4 | 自己的知识、观念和能力有些跟不上教育形势的发展，您感到压力有多大？ | | | | | |
| 5 | 缺少进修、培训等接受继续教育的机会，您感到压力有多大？ | | | | | |
| 6 | 课程频繁改革，您感到压力有多大？ | | | | | |

（续上表）

| 序号 | 问卷内容（一） | 没有压力1 | 有点压力2 | 压力一般3 | 压力较大4 | 压力很大5 |
|---|---|---|---|---|---|---|
| 7 | 学生缺乏学习动机，对学习没兴趣，您感到压力有多大？ | | | | | |
| 8 | 教学准备、批改作业、试卷等工作量大，您感到压力有多大？ | | | | | |
| 9 | 教育行政部门、学校各种形式主义的检查和考评活动太多，您感到压力有多大？ | | | | | |
| 10 | 担心所教学生的考试成绩不理想，您感到压力有多大？ | | | | | |
| 11 | 自己的能力、技能素质难以应付目前的工作，您感到压力有多大？ | | | | | |
| 12 | 教师的报酬少、待遇低，您感到压力有多大？ | | | | | |
| 13 | 学校根据考试成绩评定职称工资，您感到压力有多大？ | | | | | |
| 14 | 缺乏必要的设备和教学材料等资源，您感到压力有多大？ | | | | | |
| 15 | 班主任难做、学生难管，您感到压力有多大？ | | | | | |
| 16 | 学生家长不理解教师的工作，您感到压力有多大？ | | | | | |
| 17 | 担心学生的安全，您感到压力有多大？ | | | | | |
| 18 | 职称评定制、教师聘任制、末位淘汰制等教育改革的举措，您感到压力有多大？ | | | | | |

（续上表）

| 序号 | 问卷内容（一） | 没有压力1 | 有点压力2 | 压力一般3 | 压力较大4 | 压力很大5 |
|---|---|---|---|---|---|---|
| 19 | 参加学术讨论和研究的机会太少，您感到压力有多大？ | | | | | |
| 20 | 学生家长对教师要求高，您感到压力有多大？ | | | | | |
| 21 | 平均每天工作时间太长，您感到压力有多大？ | | | | | |
| 22 | 自己的家属关系不太融洽，您感到压力有多大？ | | | | | |
| 23 | 教师工作平凡、琐碎，难以实现人生价值，缺乏成就感，您感到压力有多大？ | | | | | |
| 24 | 非教学性的会议、事务性工作太多，您感到压力有多大？ | | | | | |
| 25 | 休息时间要给学生补课，经常无法按时上下班，您感到压力有多大？ | | | | | |
| 26 | 教学、课程改革缺乏经费与指导，您感到压力有多大？ | | | | | |
| 27 | 教师工资、补贴不足，囊中羞涩，您感到压力有多大？ | | | | | |
| 28 | 同行或同事竞争激烈，您感到压力有多大？ | | | | | |
| 29 | 教师晋级困难，职称评定难，您感到压力有多大？ | | | | | |
| 30 | 家人不理解、不支持自己的工作，您感到压力有多大？ | | | | | |
| 31 | 学校奖惩措施不够公平，领导或老师评价不够客观，您感到压力有多大？ | | | | | |

（续上表）

| 序号 | 问卷内容（一） | 没有压力1 | 有点压力2 | 压力一般3 | 压力较大4 | 压力很大5 |
|---|---|---|---|---|---|---|
| 32 | 教师之间相互竞争而不是合作，您感到压力有多大？ | | | | | |
| 33 | 工作条件差，您感到压力有多大？ | | | | | |
| 34 | 与领导关系紧张，您感到压力有多大？ | | | | | |
| 35 | 自己的家庭负担过重，您感到压力有多大？ | | | | | |
| 36 | 家长将教育质量低、学生问题多归罪于教师，您感到压力有多大？ | | | | | |
| 37 | 个别学生行为不良，差生工作难做，您感到压力有多大？ | | | | | |
| 38 | 学生具备的知识信息超过了教师自身，您感到压力有多大？ | | | | | |

| 序号 | 问卷内容（二） | 不会1 | 有些2 | 经常3 | 严重4 |
|---|---|---|---|---|---|
| 1 | 学校工作一天回来，感到浑身疲惫。 | | | | |
| 2 | 教育教学工作使我经常感到焦虑、烦躁不安。 | | | | |
| 3 | 面临压力时，您是否会感到胃口不好？ | | | | |
| 4 | 您是否经常感到比不上别人？ | | | | |
| 5 | 当面临压力时，您是否会睡不好觉？ | | | | |
| 6 | 我经常有想改行干别的工作或提前退休的念头。 | | | | |
| 7 | 您是否有胃病/心脏病/咽喉炎/其他疾病（1项或1项以上）？ | | | | |
| 8 | 压力是否使您在工作中无法集中注意力？ | | | | |

（续上表）

| 序号 | 问卷内容（二） | 不会1 | 有些2 | 经常3 | 严重4 |
|---|---|---|---|---|---|
| 9 | 当面临压力时，您是否会发脾气？ | | | | |
| 10 | 工作中的压力是否使您常出现不该出现的错误？ | | | | |
| 11 | 当面临压力时，您的工作效率是否会受到影响？ | | | | |
| 12 | 当面临压力时，您是否会怠工或体罚学生？ | | | | |

三、研究步骤

第一步，深入实地了解情况。通过广泛深入地和广大中小学教师进行接触和访谈，初步了解珠江三角洲地区教师职业压力的大致状况及其所在学校和环境的相关情况。

第二步，发放问卷，实施问卷调查。运用中小学教师职业压力状况的调查问卷对珠江三角洲地区的教师进行问卷调查。调查采用集体施测的方式分发问卷。要求被试者根据自己的实际情况如实填写，不允许相互讨论。本次调查共发放问卷 1 500 份，回收问卷 1 450 份，整理后获得有效问卷 1 392 份。

第三步，进行调查结果统计。问卷采用五点记分，对教师总体职业压力程度以及不同背景因素教师的职业压力程度及其差异进行统计计算和差异性检验。

第四步，对教师职业压力现状进行分析讨论。根据统计结果，对教师职业压力现状进行分析，分析他们的总体职业压力程度、压力影响、主要压力来源，并对不同年龄、教龄，不同类型学校的教师，不同学历教师的职业压力差异特点进行分析。

第五步，提出教师职业压力管理的对策与建议。

四、统计方法

数据的整理统计运用 SPSS11. 5 FOR WINDOWS 软件包完成。问卷采用五点记分，将压力程度模糊定义为："没有压力"、"有点压力"、"压力一般"、"压力较大"和"压力很大"，分别赋值 1、2、

3、4、5。

## 第二节　研究结果与分析

### 一、总体职业压力状况及其分布情况

表 3　教师职业压力程度总体状况（$n=1392$）

| 压力程度 / 变量 | 没有压力 1.00~1.80 | 有点压力 1.80~2.60 | 压力一般 2.60~3.40 | 压力较大 3.40~4.20 | 压力很大 4.20~5.00 |
|---|---|---|---|---|---|
| 总人数 | 60 | 119 | 168 | 468 | 577 |
| 百分比% | 4.3 | 8.5 | 12.1 | 33.6 | 41.5 |

（平均数：3.999，标准差：1.125，标准离差：0.030）

调查结果显示，有 75.1% 的教师认为自己的工作压力较大或很大（3.4 以上，3 为中数），而认为自己没有压力或有点压力（2.6 以下）的教师仅占总数的 12.8%，压力一般的占 12.1%。这说明中小学教师属于压力偏大的群体。

### 二、教师职业压力的主要来源

1. 教师主要职业压力来源项目排序

在问卷设计过程中，38 个压力来源项目是随机排放的，这些压力来源应该有轻重之分。我们通过计算教师职业压力来源各项目的均值和方差得到教师压力源项目从重到轻的前十项的顺序表如下。

表 4　教师职业压力来源排序

| 排序 | 序号 | 平均分 | 标准差 | 标准离差 | 项目 |
|---|---|---|---|---|---|
| 1 | 27 | 3.993 | 0.0310 | 1.052 | 教师工资、补贴不足，囊中羞涩 |

（续上表）

| 排序 | 序号 | 平均分 | 标准差 | 标准离差 | 项目 |
|---|---|---|---|---|---|
| 2 | 3 | 3.963 | 0.0312 | 1.062 | 学校用学生考试成绩衡量教师工作水平 |
| 3 | 12 | 3.947 | 0.0309 | 1.052 | 教师的报酬少、待遇低 |
| 4 | 9 | 3.931 | 0.0312 | 1.059 | 各种形式主义的检查和考评活动太多 |
| 5 | 15 | 3.915 | 0.0316 | 1.074 | 班主任难做、学生难管 |
| 6 | 17 | 3.895 | 0.0313 | 1.061 | 担心学生的安全 |
| 7 | 7 | 3.871 | 0.0318 | 1.083 | 学生缺乏学习动机，对学习没兴趣 |
| 8 | 10 | 3.868 | 0.0310 | 1.055 | 担心学生考试的成绩不理想 |
| 9 | 21 | 3.860 | 0.0318 | 1.082 | 每天工作时间太长 |
| 10 | 2 | 3.841 | 0.0304 | 1.132 | 社会地位低 |

## 三、教师职业压力因素分析

通过主成分因素分析和最大方差转轴后可发现，教师职业压力来源可归纳为10个因子。结合专业知识，我们对这10个因子分别命名为经济待遇地位、学生因素、组织管理、家长因素、考试因素、工作负荷、自我发展需要、教学条件、人际关系、家庭因素。

表5　教师职业压力因素分布状况（$n=1392$）

| 压力因子 / 变量 | 总体压力程度 | 经济待遇地位 | 学生因素 | 组织管理 | 家长因素 | 考试因素 | 工作负荷 | 自我发展需要 | 教学条件 | 人际关系 | 家庭因素 |
|---|---|---|---|---|---|---|---|---|---|---|---|
| 平均数 | 3.994 | 3.926 | 3.868 | 3.847 | 3.756 | 3.733 | 3.693 | 3.471 | 3.420 | 3.381 | 3.238 |

（续上表）

| 压力因子 / 变量 | 总体压力程度 | 经济待遇地位 | 学生因素 | 组织管理 | 家长因素 | 考试因素 | 工作负荷 | 自我发展需要 | 教学条件 | 人际关系 | 家庭因素 |
|---|---|---|---|---|---|---|---|---|---|---|---|
| 标准差 | 1.125 | 1.018 | 1.021 | 1.041 | 1.034 | 1.015 | 1.003 | 0.964 | 0.991 | 1.059 | 1.113 |
| 标准离差 | 0.030 | 0.027 | 0.028 | 0.028 | 0.028 | 0.027 | 0.027 | 0.026 | 0.027 | 0.027 | 0.030 |

（注：经卡方检验 $p<0.05$）

从表5可以看出，总体上而言，中小学教师普遍存在较大的职业压力。从教师职业压力各因素来看，经济待遇地位是中小学教师排在首位的压力源，其次是学生因素和组织管理因素，家长因素、考试因素和工作负荷是教师重要的压力源；自我发展需要、教学条件、人际关系和家庭因素四因素虽然排序较后，但其平均数均大于3.2，都列入压力较大的范围，说明教师的职业压力是多种压力因子交织在一起的复合压力网，而且压力很大。

同时，我们也对不同性质的中小学教师周平均工作量和月收入情况作了调查：教师每周平均工作46.9小时，远远超过法定工作时间的40小时；月平均收入3 582.4元，其中小学教师3 378.8元，中学教师3 686.3元，与他们的期望值相差2 000~3 000元以上。

**表6　珠三角地区中小学教师周工作量统计表（$n=1339$）**

| 周课时 | 人数 | % | 学校性质 | 人数 | % |
|---|---|---|---|---|---|
| 12节以下 | 578 | 43.1 | 高中 | 224 | 16.7 |
| | | | 初中 | 205 | 15.3 |
| | | | 小学 | 149 | 11.1 |
| 12~16节 | 424 | 31.7 | 高中 | 104 | 7.8 |
| | | | 初中 | 141 | 10.5 |
| | | | 小学 | 179 | 13.4 |

（续上表）

| 周课时 | 人数 | % | 学校性质 | 人数 | % |
|---|---|---|---|---|---|
| 16 节以上 | 337 | 25.2 | 高中 | 46 | 3.4 |
| | | | 初中 | 159 | 11.9 |
| | | | 小学 | 132 | 9.9 |

下面是我们访谈时随手在惠州市某寄宿制普通中学获取的一个班主任的日程表。

“06：45，催学生起床、上早修课；12：05 下课、午餐午休；14：15 上课；22：00 下晚修课；22：30 查宿舍……”

某老师说：“我们是一部‘永动机’，每天工作十几个小时，工作还做不完。”

表 7　珠三角地区中小学教师月收入状况统计表

| 收入情况 | 被调查总人数 | 人均收入（元） | 标准差 | 标准离差 | 学校性质 | 收入情况 | 被调查总人数 | 收入情况 | 标准差 | 标准离差 |
|---|---|---|---|---|---|---|---|---|---|---|
| 实际收入 | 993 | 3 582.4 | 1 422.7 | 39.26 | 普通小学 | 实际收入 | 345 | 3 466.7 | 1 636.4 | 88.09 |
| | | | | | | 期望收入 | 346 | 5 482.7 | 2 108.4 | 113.35 |
| | | | | | 重点小学 | 实际收入 | 152 | 3 290.8 | 1 231.8 | 99.91 |
| | | | | | | 期望收入 | 150 | 535 607 | 1 831.8 | 149.56 |

（续上表）

| 收入情况 | 被调查总人数 | 人均收入（元） | 标准差 | 标准离差 | 学校性质 | 收入情况 | 被调查总人数 | 收入情况 | 标准差 | 标准离差 |
|---|---|---|---|---|---|---|---|---|---|---|
| 期望收入 | 1 623 | 6 154. 1 | 2 426. 3 | 67. 21 | 普通中学 | 实际收入 | 459 | 3 681. 3 | 1 295. 1 | 60. 45 |
| | | | | | | 期望收入 | 453 | 6776. 6 | 2 766. 2 | 129. 96 |
| | | | | | 重点中学 | 实际收入 | 357 | 3 691. 3 | 1 413. 2 | 74. 79 |
| | | | | | | 期望收入 | 354 | 6 351. 7 | 2 214. 7 | 117. 71 |

（注：经卡方检验 $p < 0.05$）

这说明珠三角地区教师对他们目前的经济待遇较为不满，认为自己的劳动付出远远超出现有的薪水价值，或者从目前社会的整体水平看，与同等社会地位者相比，自己的待遇还亟待提高。一方面是教师职业压力重，劳动付出多，但另一方面是工资待遇偏低，以至于许多教师不满意这种现象，纷纷改行，使得大量人才流失成为教育界值得关注的问题。

表 8　想改行的教师的年龄分布情况（$n=1319$）

| 变量＼年龄 | 30 岁以下（$n=438$） | | | 31～45 岁（$n=744$） | | | 45 岁以上（$n=137$） | | | 总计（$n=1319$） | | |
|---|---|---|---|---|---|---|---|---|---|---|---|---|
| 严重程度 | 没想 | 有时想 | 经常想 | 没想 | 有时想 | 经常想 | 没想 | 有时想 | 经常想 | 没想 | 有时想 | 经常想 |
| 人数 | 101 | 160 | 177 | 187 | 264 | 293 | 33 | 57 | 47 | 321 | 481 | 517 |
| 百分比（%） | 7.7 | 12.1 | 13.5 | 14.2 | 20 | 22.2 | 2.5 | 4.3 | 3.5 | 24.3 | 36.5 | 39.2 |

## 四、不同背景因素教师的职业压力状况分析及其差异性检验

### （一）小学、初中、高中教师职业压力状况及其差异性检验

表 9　小学、初中、高中教师职业压力状况及其差异性检验

| 变量＼压力因子 | 小学 | | | | 初中 | | | | 高中 | | | | $F$ 值（$p$） |
|---|---|---|---|---|---|---|---|---|---|---|---|---|---|
| | 人数 | 平均数 | 标准差 | 标准离差 | 人数 | 平均数 | 标准差 | 标准离差 | 人数 | 平均数 | 标准差 | 标准离差 | |
| 总体压力程度 | 475 | 3.954 | 1.070 | 0.049 | 520 | 4.092 | 1.035 | 0.045 | 379 | 3.892 | 1.294 | 0.066 | 3.850* |
| 经济待遇地位 | 470 | 3.888 | 0.966 | 0.045 | 517 | 4.001 | 0.944 | 0.042 | 375 | 3.844 | 1.169 | 0.060 | 3.102* |
| 人际关系 | 468 | 3.353 | 1.016 | 0.047 | 515 | 3.473 | 1.037 | 0.046 | 366 | 3.259 | 1.134 | 0.059 | 4.470* |
| 工作负荷 | 468 | 3.392 | 0.947 | 0.044 | 510 | 3.811 | 0.954 | 0.042 | 369 | 3.643 | 1.119 | 0.058 | 6.388* |
| 组织管理 | 471 | 3.803 | 1.001 | 0.046 | 512 | 3.989 | 0.968 | 0.043 | 374 | 3.697 | 1.167 | 0.060 | 9.196* |
| 考试因素 | 470 | 3.671 | 0.965 | 0.045 | 511 | 3.877 | 0.949 | 0.042 | 368 | 3.599 | 1.138 | 0.059 | 9.267* |
| 学生因素 | 466 | 3.836 | 0.967 | 0.045 | 540 | 4.003 | 0.943 | 0.042 | 372 | 3.707 | 1.117 | 0.060 | 9.296* |

（续上表）

| 变量 压力因子 | 小学 | | | | 初中 | | | | 高中 | | | | F值(p) |
|---|---|---|---|---|---|---|---|---|---|---|---|---|---|
| | 人数 | 平均数 | 标准差 | 标准离差 | 人数 | 平均数 | 标准差 | 标准离差 | 人数 | 平均数 | 标准差 | 标准离差 | |
| 家长因素 | 468 | 3.756 | 0.994 | 0.046 | 513 | 3.862 | 0.964 | 0.043 | 370 | 3.595 | 1.158 | 0.060 | 7.219 * |
| 教学条件 | 456 | 3.450 | 0.915 | 0.042 | 512 | 3.421 | 0.993 | 0.044 | 372 | 3.354 | 1.069 | 0.055 | 1.007 |
| 家庭因素 | 460 | 3.199 | 1.060 | 0.049 | 507 | 3.291 | 1.102 | 0.049 | 367 | 3.192 | 1.187 | 0.062 | 1.161 |
| 自我发展需要 | 466 | 3.386 | 0.895 | 0.041 | 511 | 3.604 | 0.915 | 0.041 | 371 | 3.381 | 1.098 | 0.057 | 8.324 * |

（注：经卡方检验 $p<0.05$）

从表9可以看出，小学、初中、高中教师总体压力程度有所不同。经平均数差异性检验，结果发现除了教学条件和家庭因素两者，其他压力因素都存在不同程度的压力差异。进一步做方差分析，结果发现初中教师比小学和高中教师承受的压力都要大。

分析：①初中阶段的学生正处于儿童向青年过渡的时期，即所谓的“第二危机期”①。一般说来，初中生的越轨行为较小学生和高中生多，初中教师在学生管理方面付出的精力也相对比小学教师和高中教师多一些，他们在学生因素方面的压力感也明显要高一些。②近年来国家实施的高考制度改革和高校扩招虽然在一定程度上缓解了考试对学生和教师的压力，但现在考试的竞争远不只停留在高考上；相反，由于高校扩招使得考上大学相对较为容易，而考上一所好的高中则相对更难，这样就加剧了中考的竞争，使高中教师的巨大升学压力逐渐下移至初中教师。许多家长把殷切的希望寄托在初中教师身上，学校和各级教育行政部门也普遍以学生成绩的好坏及中考升学率的高低来评估教师的业绩，甚至不惜重金奖励那些所在班级升学率高的教

① 林崇德．发展心理学［M］．北京：人民教育出版社，1997.346

师，这些都给初中教师造成了很大的精神压力。③素质教育与应试教育的“两难”选择在初中教师身上体现得最为明显。在很多地方，高中被认为是“教改禁区”，素质教育的步伐在这一区域内相对来说要迈得慢一些，高中教师在这方面所承受的压力要略小于初中教师。九年义务教育的实行，小学可以直接升入初中，其考试压力相对较小；而初中阶段既要确保升学率又要实施素质教育，这是两难操作，极易使教师产生心理矛盾和冲突，这无疑也加大了初中教师的职业压力。

表 10　小学不同年级教师职业压力状况及其差异性检验

| 变量 | 小学低年级（一二年级） | | | | 小学中年级（三四五年级） | | | | 小学高年级（小学毕业班） | | | | F 值 (p) |
|---|---|---|---|---|---|---|---|---|---|---|---|---|---|
| | 人数 | 平均数 | 标准差 | 标准离差 | 人数 | 平均数 | 标准差 | 标准离差 | 人数 | 平均数 | 标准差 | 标准离差 | |
| 总体压力程度 | 92 | 4.098 | 0.995 | 0.104 | 238 | 3.945 | 1.091 | 0.071 | 145 | 3.876 | 1.079 | 0.089 | 0.977 |
| 经济待遇地位 | 90 | 3.922 | 3.942 | 0.099 | 235 | 3.857 | 0.973 | 0.063 | 154 | 3.917 | 0.975 | 0.081 | 0.394 |
| 人际关系 | 89 | 3.472 | 0.989 | 0.105 | 234 | 3.407 | 1.039 | 0.068 | 145 | 3.193 | 0.980 | 0.081 | 1.768 |
| 工作负荷 | 90 | 3.708 | 0.861 | 0.091 | 234 | 3.579 | 0.973 | 0.064 | 144 | 3.542 | 0.957 | 0.079 | 2.766* |
| 组织管理 | 91 | 4.011 | 0.888 | 0.093 | 237 | 3.797 | 1.042 | 0.068 | 143 | 3.678 | 0.984 | 0.083 | 2.275 |
| 考试因素 | 91 | 3.918 | 0.867 | 0.091 | 235 | 3.669 | 0.989 | 0.065 | 144 | 3.519 | 0.958 | 0.079 | 3.679* |
| 学生因素 | 91 | 3.890 | 0.854 | 0.089 | 230 | 3.848 | 0.979 | 0.065 | 145 | 3.785 | 1.014 | 0.084 | 0.378 |
| 家长因素 | 90 | 3.874 | 0.877 | 0.093 | 233 | 3.784 | 1.030 | 0.067 | 145 | 3.639 | 0.996 | 0.083 | 1.067 |
| 教学条件 | 88 | 3.462 | 0.929 | 0.099 | 235 | 3.435 | 0.913 | 0.059 | 142 | 3.467 | 0.915 | 0.077 | 0.380 |
| 家庭因素 | 87 | 3.349 | 0.966 | 0.104 | 229 | 3.234 | 1.122 | 0.074 | 144 | 3.053 | 1.002 | 0.084 | 1.633 |
| 自我发展需要 | 89 | 3.601 | 0.812 | 0.086 | 234 | 3.449 | 0.896 | 0.059 | 143 | 3.149 | 0.898 | 0.075 | 6.431* |

（注：经卡方检验 $p<0.05$）

表10表明，小学各年级教师总体压力差异不明显，只是个别因素如工作负荷、考试因素和自我发展需要三个子因素有所差别，经进一步的检验，发现高年级（小学毕业班）教师的考试压力比其他年级教师压力大，低年级教师的自我发展需要压力较大。

**表11　初中不同年级教师职业压力状况及其差异性检验**

| 变量 | 初一 | | | | 初二 | | | | 初三 | | | | F值(p) |
|---|---|---|---|---|---|---|---|---|---|---|---|---|---|
| | 人数 | 平均数 | 标准差 | 标准离差 | 人数 | 平均数 | 标准差 | 标准离差 | 人数 | 平均数 | 标准差 | 标准离差 | |
| 总体压力程度 | 178 | 4.163 | 0.928 | 0.069 | 179 | 4.017 | 0.968 | 0.072 | 163 | 4.098 | 1.203 | 0.094 | 2.859* |
| 经济待遇地位 | 178 | 3.994 | 0.878 | 0.066 | 178 | 4.013 | 0.818 | 0.061 | 161 | 4.010 | 1.132 | 0.089 | 1.951 |
| 人际关系 | 175 | 3.400 | 0.966 | 0.073 | 178 | 3.526 | 1.019 | 0.763 | 162 | 3.492 | 1.129 | 0.089 | 2.885 |
| 工作负荷 | 177 | 3.809 | 0.886 | 0.067 | 172 | 3.786 | 0.874 | 0.067 | 161 | 3.840 | 1.102 | 0.087 | 4.159* |
| 组织管理 | 174 | 4.036 | 0.896 | 0.068 | 176 | 3.968 | 0.895 | 0.067 | 162 | 3.964 | 1.113 | 0.087 | 5.577* |
| 考试因素 | 174 | 3.914 | 0.841 | 0.064 | 176 | 3.868 | 0.899 | 0.068 | 161 | 3.847 | 1.106 | 0.087 | 5.955* |
| 学生因素 | 168 | 4.067 | 0.828 | 0.064 | 175 | 3.987 | 0.862 | 0.065 | 161 | 3.953 | 1.126 | 0.089 | 5.432* |
| 家长因素 | 176 | 3.902 | 0.887 | 0.067 | 175 | 3.888 | 0.876 | 0.066 | 162 | 3.790 | 1.125 | 0.088 | 3.487* |
| 教学条件 | 177 | 3.378 | 0.935 | 0.070 | 175 | 3.394 | 0.908 | 0.069 | 160 | 3.496 | 1.135 | 0.089 | 0.475 |
| 家庭因素 | 172 | 3.136 | 1.092 | 0.083 | 172 | 3.384 | 1.031 | 0.079 | 163 | 3.358 | 1.172 | 0.092 | 2.492 |
| 自我发展需要 | 173 | 3.672 | 0.851 | 0.065 | 176 | 3.598 | 0.849 | 0.064 | 162 | 3.539 | 1.041 | 0.812 | 6.091* |

（注：经卡方检验 $p<0.05$）

表 12　高中不同年级教师职业压力状况及其差异性检验

| 变量 | 高一 | | | | 高二 | | | | 高三 | | | | F值 (p) |
|---|---|---|---|---|---|---|---|---|---|---|---|---|---|
| | 人数 | 平均数 | 标准差 | 标准离差 | 人数 | 平均数 | 标准差 | 标准离差 | 人数 | 平均数 | 标准差 | 标准离差 | |
| 总体压力程度 | 150 | 3.907 | 1.101 | 0.089 | 125 | 3.944 | 1.444 | 0.129 | 104 | 3.807 | 1.366 | 0.134 | 1.595 |
| 经济待遇地位 | 147 | 3.901 | 1.026 | 0.084 | 119 | 3.862 | 1.232 | 0.111 | 100 | 3.741 | 1.285 | 0.127 | 1.487 |
| 人际关系 | 147 | 3.345 | 1.126 | 0.093 | 119 | 3.201 | 1.173 | 0.108 | 100 | 3.203 | 1.101 | 0.110 | 2.467 |
| 工作负荷 | 147 | 3.735 | 1.109 | 0.092 | 123 | 3.634 | 1.105 | 0.099 | 101 | 3.522 | 1.149 | 0.114 | 1.250 |
| 组织管理 | 147 | 3.757 | 1.071 | 0.088 | 124 | 3.726 | 1.241 | 0.111 | 103 | 3.576 | 1.207 | 0.119 | 4.107* |
| 考试因素 | 145 | 3.698 | 1.026 | 0.085 | 122 | 3.586 | 1.211 | 0.109 | 101 | 3.475 | 1.197 | 0.119 | 3.747* |
| 学生因素 | 148 | 3.822 | 1.068 | 0.088 | 121 | 3.731 | 1.208 | 0.109 | 103 | 3.512 | 1.238 | 0.122 | 5.945* |
| 家长因素 | 147 | 3.698 | 1.100 | 0.090 | 121 | 3.534 | 1.219 | 0.111 | 102 | 3.516 | 1.166 | 0.115 | 4.790* |
| 教学条件 | 148 | 3.423 | 1.025 | 0.084 | 123 | 3.290 | 1.101 | 0.099 | 101 | 3.330 | 1.098 | 0.109 | 1.033 |
| 家庭因素 | 146 | 3.278 | 1.181 | 0.098 | 122 | 3.158 | 1.177 | 0.107 | 99 | 3.104 | 1.209 | 0.122 | 0.760 |
| 自我发展需要 | 147 | 3.471 | 1.031 | 0.085 | 123 | 3.364 | 1.136 | 0.012 | 101 | 3.272 | 1.144 | 0.114 | 2.216 |

（注，经卡方检验 $p<0.05$）

## （二）班主任在组织管理、工作负荷和学生因素方面比非班主任教师压力大

其他方面差异不明显［$t$（943）＝1.211，$p>0.05$］。同时我们对小学、初中和高中班主任职业压力进行差异性检验发现，初中班主任在总体压力和各因子压力方面都高于小学和高中班主任。

分析：教师角色很复杂，不但要承担传道授业解惑者、辅导者、顾问、评价者等教学角色，还要承担组织者、管理者、沟通者、引导

者、促进者角色；随着教改的逐步深化，对教师的研究能力要求越来越高，教师要成为研究者；教师还要成为榜样和模范公民……教师被期望承担的角色如此之多，当角色难以协调或角色难以明确时，便产生角色冲突或角色模糊。尤其是班主任教师，其所担任的角色更是数不胜数。班主任是学生班级的组织者和领导者，和学生直接接触，做学生的思想工作，与科任教师、家长和社会各方面保持联系和沟通是其职责，因而班主任的人际关系较其他教师更为复杂，组织管理因素给班主任造成的压力更大。班主任除了担任与科任教师同样的教育教学工作外，还得承担与其岗位有关的一系列连带性的工作，如负责早晚自修、早操、课间操、打扫卫生等日常琐事；负责组织出黑板报、班队活动、社会实践、庆国庆、庆元旦等组织工作；负责学生的思想工作，如对学生进行个别教育，培养班干部，与家长交流联系（家访，家长会）等。除此之外，班主任还要负责给学生写评语、填写成绩单以及各种收费等工作。可谓名目繁多，在有些学生在校住宿的学校，班主任甚至要充当保姆的角色。这无疑给班主任带来了较科任教师大得多的紧张感和压力感。

**表 13　班主任与非班主任职业压力状况及其差异性检验**

| 变量 | 班主任 | | | | 非班主任 | | | | $t$ 值（$p$） |
|---|---|---|---|---|---|---|---|---|---|
| | 人数 | 平均数 | 标准差 | 标准离差 | 人数 | 平均数 | 标准差 | 标准离差 | |
| 总体压力程度 | 413 | 4.109 | 1.166 | 0.057 | 532 | 4.021 | 1.067 | 0.046 | 4.008* |
| 经济待遇地位 | 410 | 3.929 | 1.083 | 0.053 | 528 | 3.996 | 1.977 | 0.043 | 7.393* |
| 人际关系 | 407 | 3.412 | 1.084 | 0.054 | 522 | 3.419 | 1.063 | 0.047 | 0.924 |
| 工作负荷 | 403 | 3.831 | 1.055 | 0.053 | 523 | 3.706 | 0.972 | 0.043 | 2.405 |
| 组织管理 | 407 | 3.864 | 1.103 | 0.055 | 527 | 3.918 | 0.985 | 0.043 | 7.986* |
| 考试因素 | 406 | 3.750 | 1.069 | 0.053 | 521 | 3.818 | 0.975 | 0.043 | 6.181* |
| 学生因素 | 406 | 3.946 | 1.056 | 0.052 | 515 | 3.898 | 0.996 | 0.044 | 2.544 |

（续上表）

| 变量 | 班主任 | | | | 非班主任 | | | | t 值（p） |
|---|---|---|---|---|---|---|---|---|---|
| | 人数 | 平均数 | 标准差 | 标准离差 | 人数 | 平均数 | 标准差 | 标准离差 | |
| 家长因素 | 406 | 3.776 | 1.097 | 0.054 | 524 | 3.805 | 0.978 | 0.043 | 9.760* |
| 教学条件 | 405 | 3.402. | 1.041 | 0.052 | 525 | 3.443 | 0.990 | 0.043 | 1.515 |
| 家庭因素 | 402 | 3.309 | 1.133 | 0.056 | 515 | 3.249 | 1.133 | 0.049 | 0.307 |
| 自我发展需要 | 406 | 3.542 | 1.011 | 0.050 | 522 | 3.529 | 0.955 | 0.042 | 2.944 |

（注：经卡方检验 $p < 0.05$）

**表 14　不同年龄段班主任职业压力状况及其差异性检验**

| 变量 | 小学班主任 | | | | 初中班主任 | | | | 高中班主任 | | | | F 值（p） |
|---|---|---|---|---|---|---|---|---|---|---|---|---|---|
| | 人数 | 平均数 | 标准差 | 标准离差 | 人数 | 平均数 | 标准差 | 标准离差 | 人数 | 平均数 | 标准差 | 标准离差 | |
| 总体压力程度 | 228 | 4.171 | 1.067 | 0.701 | 160 | 3.863 | 1.403 | 0.111 | 213 | 4.000 | 1.112 | 0.076 | 3.307* |
| 经济待遇地位 | 226 | 4.015 | 1.001 | 0.067 | 159 | 3.742 | 1.225 | 0.097 | 209 | 3.877 | 1.006 | 0.069 | 3.082* |
| 人际关系 | 225 | 3.516 | 1.074 | 0.071 | 156 | 3.137 | 1.119 | 0.089 | 209 | 3.338 | 1.025 | 0.071 | 5.810* |
| 工作负荷 | 221 | 3.922 | 1.019 | 0.069 | 1556 | 3.633 | 1.166 | 0.093 | 209 | 3.653 | 0.968 | 0.067 | 4.888* |
| 组织管理 | 223 | 4.124 | 1.024 | 0.089 | 158 | 3.527 | 1.224 | 0.097 | 211 | 3.840 | 1.035 | 0.071 | 9.332* |
| 考试因素 | 222 | 3.901 | 1.013 | 0.068 | 158 | 3.411 | 1.161 | 0.092 | 209 | 3.731 | 0.953 | 0.066 | 10.398* |
| 学生因素 | 222 | 4.068 | 0.999 | 0.067 | 159 | 3.651 | 1.190 | 0.094 | 208 | 3.853 | 0.981 | 0.068 | 7.423* |
| 家长因素 | 224 | 3.918 | 0.991 | 0.066 | 157 | 3.450 | 1.241 | 0.099 | 208 | 3.791 | 0.991 | 0.069 | 9.206* |
| 教学条件 | 222 | 3.434 | 1.027 | 0.069 | 158 | 3.251 | 1.095 | 0.087 | 207 | 3.454 | 0.933 | 0.065 | 2.102 |
| 家庭因素 | 222 | 3.359 | 1.138 | 0.076 | 155 | 3.144 | 1.157 | 0.093 | 206 | 3.264 | 1.029 | 0.072 | 1.725 |

（续上表）

| 变量 | 小学班主任 | | | | 初中班主任 | | | | 高中班主任 | | | | F值（p） |
|---|---|---|---|---|---|---|---|---|---|---|---|---|---|
| | 人数 | 平均数 | 标准差 | 标准离差 | 人数 | 平均数 | 标准差 | 标准离差 | 人数 | 平均数 | 标准差 | 标准离差 | |
| 自我发展需要 | 223 | 3.651 | 0.958 | 0.064 | 158 | 3.283 | 1.101 | 0.088 | 209 | 3.449 | 0.891 | 0.062 | 6.746* |

（注：经卡方检验 $p<0.05$）

### （三）重点学校与普通学校教师职业压力存在显著差异

其中普通中学教师比重点中学教师和小学教师的压力都大；进一步差异检验发现，普通学校在学生因素方面压力比重点学校大；而重点学校在考试和升学压力方面较非重点学校大。

分析：与重点学校相比，普通学校学生有不良行为的较多。这些学生通常缺乏学习动机，对学习没有兴趣，厌学情绪严重，组织纪律性差，对教师态度恶劣，破坏性行为较多。这些行为无疑会给教师的管理带来更大的难度，同时也会影响学校的学风和校风，使普通学校教师产生很大的压力感。

据《广州日报》消息，河源市东源县黄村中学三名初三年级学生在化学课上用“老师，他想泡你”的下流语言调戏未婚女教师，之后又在学校办公室里两次殴打另一名老师。三名初中生如此调戏、殴打自己的老师，作为一名教师，除了感到无比愤怒之外，更多的是难以言状的悲哀。

据表14，“班主任难做，学生难教”，在教师职业压力来源排序中居第五位，成为教师重要的压力源之一，而根据统计，普通中学发出这种感叹的教师占83.3%，重点中学教师占75.7%。究其原因，主要有下面几点：

首先，学生主体性增强，信息渠道多样化及行为不良问题增多。随着社会信息化的到来，传播文化的途径越来越多，学校与外界的围墙已不复存在，学生获得信息、知识的渠道增多，但是他们受到外界不良信息影响而出现的问题也多了，在日常生活及学习中容易表现出厌学、沉迷网络游戏、自我、焦虑、早恋等不良现象。这样，要做一个有良知、尽职责的教师，比以前必须付出更多。其实，现今学生的个性越来越张扬，教师在“给予学生主体地位”的呼声下，教学崇尚学生的个性自由。但当学生拥有这份思想上的学习自由时，却往往把它扭曲成为纪律上的放松。教师的权威地位受到了挑战，甚至受到学生的轻视。有的教师面对学生的这种“个性自由”无所适从，但责任感及国家的要求、社会的期望又使他们不得不日复一日地面对这种自由并做出应对，于是过度的职业压力便产生了。

其次，独生子女自身的弱点。据统计，现在城市里90%以上是独生子女。独生子女有许多优点，但也存在不足：缺乏责任心、好高骛远、缺乏爱心，偏激自私、娇气任性、唯我独尊、心高气傲、目中无人、独立性弱、依赖性强，合作能力欠缺等。独生子女的教育培养成为学校和教师教育管理当中的一个难点。学校老师要花费更多的时间和精力，教师的压力也就更大了。

再次，对教师人身权的侵害增多。目前，家长、学生侮辱殴打教师的事件时有发生。

### 广东陆丰学生打老师太常见 老师集体停课要求严惩

4月23日，陆丰甲子一中语文教师范炳因为制止学生在考试中捣乱，遭学生及家长殴打，致左眼几近失明。此事报道后引起社会的强烈关注。当天，该校大部分老师“停课”，要求严惩凶手，以维护教师的尊严。

有网友分析，法律对老师的保障相对薄弱。《义务教育法》和《教师法》虽然明确规定，侮辱、殴打教师的，根据不同情况，分别给予行政处分或者行政处罚。但法规将施暴的主体定位于成人，也没有立法禁止学生侮辱、殴打老师。同时,《未成年人保护法》、《教师法》、《教师职业道德规范》也侧重学生权益的保护,而教师权益保护方面则普遍缺位。

(南方都市报网络版,2010-04-27)

毫无疑问,受到来自学生、家长的人身伤害威胁和与家长的关系难处,已成为许多教师的压力来源。

而重点学校的生源好于一般学校,教学和管理中所遇到的学生问题都较一般学校少,教师所感受到的来自学生的压力较小;在当前重点学校具有扩招和重点扶持优势的情况下,普通学校的教师感受到的生存压力很大;而社会、家长和学生寄予重点学校的考试和升学希望很大,升学率和考试成绩时时在拷打着重点学校教师!

表14显示,“学校用考试成绩衡量教师工作水平”成为教师们除经济压力外的第二压力源。社会对片面追求升学率的批判越来越深刻,学校对升学率的追求却有增无减,从而对教师的压力也越来越大。许多基层学校大搞月考、期中、期末考试,并以考试来排学生和教师名次。学生成绩直接影响着教师是否下岗,教师的奖金、职称、工资晋级、职务提拔都与它挂起钩来,能带领学生在考场上取得骄人战绩的教师可以“考而优则利”;在考场上栽了跟头“误人子弟”的教师将会失去信任,从此名誉扫地。广大教师唯升学率是瞻,在摩肩接踵的应考、备考的重复循环中,消磨激情,心力交瘁,甚至为之透支生命。同时造成学生厌学,校长与教师、教师与学生之间的矛盾很尖锐。这无形中给教师造成很大压力,每个教师都在高度紧张的环境中工作。正如一位学者所说,“升学率的攀比怪圈,压得教师喘不过气来”。应试教育已成为社会的一颗毒瘤,不仅严重损害了学生的身心健康,而且也给教师带来了严重的身心压力。

下面是高考结束后,记者对某重点中学杨老师的采访:

高考上线率,一本上线率、名牌大学上了多少,这些目标的最终落实就压在老师的肩上,老师的压力不言而喻。

老师里边颈椎、腰椎有问题都是因为长久伏案，或者教室里面站的时间过长，咽炎都很普遍。年龄稍微大一点的，心脏、脑血管病呀都很多。很多人都处于一种长期透支的状态。

每三年一轮高中毕业，杨老师说，他已经连续四轮送走毕业生后就会发一段时间的高烧。

杨老师告诉记者，他们40岁左右的人，基本上一两年就会有人因压力过大猝死呀什么的，特别严重。他认识一个老师，在一个普通学校比较优秀了，最后去了重点中学教重点班，带班一年身体就不行了，休整了半年才上班。

**表15　重点与非重点学校教师职业压力状况及其差异性检验**

| 变量 | 普通小学 | | | | 重点小学 | | | | 普通中学 | | | | 重点中学 | | | | F值(p) |
|---|---|---|---|---|---|---|---|---|---|---|---|---|---|---|---|---|---|
| | 人数 | 平均数 | 标准差 | 标准离差 | 人数 | 平均数 | 标准差 | 标准离差 | 人数 | 平均数 | 标准差 | 标准离差 | 人数 | 平均数 | 标准差 | 标准离差 | |
| 总体压力程度 | 361 | 3.992 | 1.016 | 0.053 | 163 | 3.773 | 1.335 | 0.104 | 475 | 4.179 | 0.985 | 0.045 | 376 | 3.939 | 1.248 | 0.046 | 7.291* |
| 经济待遇地位 | 355 | 3.809 | 0.951 | 0.050 | 163 | 3.798 | 1.173 | 0.092 | 471 | 4.113 | 0.890 | 0.041 | 374 | 3.884 | 1.102 | 0.057 | 8.143* |
| 人际关系 | 357 | 3.324 | 0.965 | 0.051 | 160 | 3.277 | 1.152 | 0.091 | 468 | 3.554 | 1.029 | 0.048 | 365 | 3.277 | 1.112 | 0.058 | 6.292* |
| 工作负荷 | 356 | 3.506 | 0.904 | 0.048 | 160 | 3.588 | 1.119 | 0.089 | 464 | 3.891 | 0.922 | 0.043 | 368 | 3.676 | 1.090 | 0.056 | 11.036* |
| 组织管理 | 356 | 3.750 | 0.979 | 0.052 | 163 | 3.673 | 1.156 | 0.091 | 466 | 4.062 | 0.939 | 0.044 | 373 | 3.762 | 1.122 | 0.058 | 10.199* |

（续上表）

| 变量 | 普通小学 | | | | 重点小学 | | | | 普通中学 | | | | 重点中学 | | | | F值（p） |
|---|---|---|---|---|---|---|---|---|---|---|---|---|---|---|---|---|---|
| | 人数 | 平均数 | 标准差 | 标准离差 | 人数 | 平均数 | 标准差 | 标准离差 | 人数 | 平均数 | 标准差 | 标准离差 | 人数 | 平均数 | 标准差 | 标准离差 | |
| 考试因素 | 355 | 3.620 | 0.942 | 0.049 | 163 | 3.575 | 1.107 | 0.086 | 462 | 3.952 | 0.939 | 0.043 | 370 | 3.656 | 1.083 | 0.056 | 10.889* |
| 学生因素 | 354 | 3.761 | 0.948 | 0.050 | 160 | 3.758 | 1.159 | 0.092 | 458 | 4.094 | 0.898 | 0.042 | 370 | 3.751 | 1.117 | 0.058 | 11.275* |
| 家长因素 | 357 | 3.689 | 0.967 | 0.051 | 161 | 3.416 | 1.127 | 0.089 | 467 | 3.952 | 0.929 | 0.043 | 369 | 3.629 | 1.116 | 0.058 | 8.458* |
| 教学条件 | 353 | 3.359 | 0.862 | 0.046 | 161 | 3.416 | 1.127 | 0.089 | 464 | 3.517 | 0.991 | 0.046 | 372 | 3.376 | 1.028 | 0.053 | 2.170 |
| 家庭因素 | 351 | 3.174 | 1.004 | 0.054 | 158 | 3.133 | 1.187 | 0.094 | 460 | 3.360 | 1.121 | 0.052 | 366 | 3.209 | 1.160 | 0.060 | 2.795 |
| 自我发展需要 | 356 | 3.359 | 0.845 | 0.045 | 159 | 3.297 | 1.075 | 0.085 | 465 | 3.681 | 0.888 | 0.041 | 369 | 3.417 | 1.062 | 0.055 | 11.351* |

（注：经卡方检验 $p < 0.05$）

### （四）男女教师总体压力差异不明显

男教师在经济待遇地位、家庭因素方面比女教师压力大，而女教师在工作负荷、组织管理、考试因素、学生因素和家长因素等方面压力比男教师要大。但男女教师总体压力差异不太明显［$t$（1378）$= -1.095$，$p > 0.05$］。

表 16　不同性别教师职业压力状况及其差异性检验

| 变量 | 男 | | | | 女 | | | | t 值 (p) |
|---|---|---|---|---|---|---|---|---|---|
| | 人数 | 平均数 | 标准差 | 标准离差 | 人数 | 平均数 | 标准差 | 标准离差 | |
| 总体压力程度 | 566 | 3.952 | 1.184 | 0.049 | 814 | 4.019 | 1.079 | 0.038 | -1.095 |
| 经济待遇地位 | 562 | 3.898 | 1.053 | 0.044 | 806 | 3.945 | 0.990 | 0.035 | -0.834 |
| 人际关系 | 566 | 3.266 | 1.089 | 0.046 | 799 | 3.459 | 1.031 | 0.036 | -3.317* |
| 工作负荷 | 557 | 3.611 | 1.026 | 0.043 | 796 | 3.749 | 0.983 | 0.035 | -2.491* |
| 组织管理 | 558 | 3.735 | 1.067 | 0.045 | 805 | 3.933 | 1.017 | 0.036 | -3.622* |
| 考试因素 | 556 | 3.605 | 1.051 | 0.045 | 799 | 3.824 | 0.979 | 0.035 | -3.917* |
| 学生因素 | 557 | 3.742 | 1.079 | 0.046 | 790 | 3.956 | 0.970 | 0.345 | -3.812* |
| 家长因素 | 556 | 3.587 | 1.087 | 0.046 | 801 | 3.876 | 0.976 | 0.034 | -5.120* |
| 教学条件 | 558 | 3.336 | 1.018 | 0.043 | 797 | 3.476 | 0.967 | 0.034 | -2.552* |
| 家庭因素 | 551 | 3.200 | 1.084 | 0.046 | 790 | 3.262 | 1.134 | 0.040 | -0.999 |
| 自我发展需要 | 555 | 3.379 | 0.996 | 0.042 | 799 | 3.536 | 0.937 | 0.033 | -2.947 |

（注：经卡方检验 $p<0.05$）

分析：在经济待遇地位、家庭因素方面女教师压力比男教师小，这原因可能与广东的“男主外、女主内”的家庭角色分工的传统有关。女教师大多满足于教师这种“低风险、低收入”却能“管好孩子、照顾好家庭”的职业。而现行的教师薪酬制度实行的男女同工同酬，那点工资对男教师来说自然就有“囊中羞涩”的感觉了，所以男教师普遍觉得教师职业缺乏挑战性和成就感，难以满足男人的成就需要。而女教师要承担与男教师相等的工作量，自然感到工作负荷、组织管理、考试因素、学生因素和家长因素等方面工作压力重负了。

### （五）各年龄段教师压力差异明显

30岁以下，31~45岁和45岁以上三个年龄组的教师压力差异明显 [$F(2, 1332) = 11.765$, $p < 0.001$]。进一步差异检验发现，45岁以下比45岁以上教师的压力在各项指标上都要大。而31~45岁与30岁以下教师的压力差异不明显，他们都处于高压群体，但压力源有所不同。

**表17　不同年龄教师职业压力状况及差异性检验**

| 变量 | 30岁以下 | | | | 31岁~45岁 | | | | 45岁以上 | | | | F值（$p$） |
|---|---|---|---|---|---|---|---|---|---|---|---|---|---|
| | 人数 | 平均数 | 标准差 | 标准离差 | 人数 | 平均数 | 标准差 | 标准离差 | 人数 | 平均数 | 标准差 | 标准离差 | |
| 总体压力程度 | 442 | 4.027 | 1.047 | 0.049 | 753 | 4.028 | 1.114 | 0.041 | 138 | 3.536 | 1.409 | 0.120 | 11.765* |
| 经济待遇地位 | 441 | 3.992 | 0.925 | 0.044 | 746 | 3.955 | 1.015 | 0.037 | 135 | 3.375 | 1.247 | 0.107 | 21.026* |
| 人际关系 | 438 | 3.461 | 1.046 | 0.049 | 743 | 3.398 | 1.043 | 0.038 | 130 | 2.977 | 1.138 | 0.099 | 10.913* |
| 工作负荷 | 438 | 3.776 | 1.959 | 0.046 | 317 | 3.696 | 1.995 | 0.037 | 132 | 3.259 | 1.148 | 0.099 | 13.797* |
| 组织管理 | 438 | 3.963 | 0.965 | 0.046 | 746 | 3.834 | 1.048 | 0.038 | 134 | 3.443 | 1.225 | 0.106 | 12.804* |
| 考试因素 | 435 | 3.851 | 1.912 | 0.044 | 741 | 3.721 | 1.038 | 0.038 | 133 | 3.333 | 1.179 | 0.102 | 13.349* |
| 学生因素 | 427 | 3.989 | 1.896 | 0.043 | 742 | 3.858 | 1.029 | 0.038 | 133 | 3.425 | 1.297 | 0.112 | 15.548* |
| 家长因素 | 438 | 3.897 | 0.966 | 0.046 | 742 | 3.786 | 1.021 | 0.037 | 133 | 3.306 | 1.226 | 0.106 | 16.991* |
| 教学条件 | 437 | 3.447 | 0.941 | 0.045 | 739 | 3.441 | 0.996 | 0.037 | 133 | 3.085 | 1.095 | 0.095 | 7.828* |
| 家庭因素 | 429 | 3.378 | 1.098 | 0.053 | 738 | 3.211 | 1.100 | 0.041 | 130 | 2.823 | 1.164 | 0.102 | 12.763* |
| 自我发展需要 | 436 | 3.576 | 0.884 | 0.042 | 742 | 3.461 | 0.971 | 0.036 | 130 | 3.086 | 1.094 | 0.096 | 13.109* |

（注：经卡方检验 $p < 0.05$）

分析：45 岁以下的中青年教师正处于求生存、谋发展时期。30 岁以下的新教师刚刚步入教师岗位，面临着对工作和社会的适应问题。教师的工作有其特殊性，在教师的能力结构中，只有讲课（分析教材、备课、授课）的基本规范是在就职后较短的时间内可以形成，而其他各项，如对学生思想品德的引导、班主任工作、对教育思想的理解，特别是学校管理、教育计划的制订和课堂教学艺术等，都是经过几年、十几年的教育实践之后，通过积累实际教育经验而获得的。因此，青年教师在工作竞争中并不占优势，而这些差距又非一朝一夕可以赶上，与青年人急流勇进的性格产生矛盾。再者，30 岁以下的教师基本上未赶上单位福利分房的末班车，面临即将进入婚期却没有住房的青年教师，解决住房问题、经济实力的薄弱、恋爱中的困难和挫折及其他家庭因素也构成很大的压力；随年龄的增长，家庭问题基本解决，积累了一些工作经验，到了 30 岁左右出现了一个难得的缓冲期。随后压力再次上升，他们既要在学校的教育教学活动中发挥骨干带头作用，又要为自己的职务、职称晋升忙碌奔波。为获得一纸职称证书，他们使尽浑身解数，努力评先进、创优秀、发论文、参加公开课竞赛、争取奥赛辅导奖等，以至累得精疲力竭。教龄为 16 ~20 年这个层次的教师正处于人生的“负重期”，家庭中“上有老、下有小”，有赡养父母、教育子女的重任；工作中是业务骨干，担负的责任多一些，而获得的关照又少一些。家庭和社会对他们的要求多于对他们的关怀，压力之大，可想而知。渡过这个困难时期，压力开始趋缓，45 岁以上教师随着工作经验和教学技能的增长，职业发展进入成熟阶段，对教育教学工作轻车熟路，压力应对方式也逐渐增强，他们多数事业上小有成就，处于“功成名就”状态，职称、住房、子女教育等方面基本上得到了解决，收入、荣誉差不多均已拥有，工作满足感较强，家庭生活也比较稳定，因此他们的压力比较小。这点在下面不同教龄教师压力状况调查数据中也得到验证。

**（六）不同教龄教师的压力差异不明显** [$F(2, 1355) = 0.985$, $p > 0.05$]

10 个压力因子在各个教龄段的教师中都存在，只是在家庭因素和自我发展需要方面，10年以下教龄的青年教师比20年以上教龄的中老年以上教师压力要大些。

表18　不同教龄教师职业压力状况及差异性检验

| 变量 | 10年以下 | | | | 11~20年 | | | | 20年以上 | | | | F值(p) |
|---|---|---|---|---|---|---|---|---|---|---|---|---|---|
| | 人数 | 平均数 | 标准差 | 标准离差 | 人数 | 平均数 | 标准差 | 标准离差 | 人数 | 平均数 | 标准差 | 标准离差 | |
| 总体压力程度 | 584 | 3.950 | 1.076 | 0.045 | 536 | 4.039 | 1.144 | 0.049 | 236 | 3.953 | 1.218 | 0.079 | 0.985 |
| 经济待遇地位 | 582 | 3.912 | 0.968 | 0.040 | 531 | 3.957 | 1.026 | 0.045 | 231 | 3.838 | 1.144 | 0.075 | 1.087 |
| 人际关系 | 577 | 3.393 | 1.029 | 0.043 | 528 | 3.389 | 1.068 | 0.046 | 226 | 3.316 | 1.136 | 0.075 | 0.480 |
| 工作负荷 | 578 | 3.715 | 0.934 | 0.041 | 526 | 3.701 | 1.011 | 0.044 | 225 | 3.566 | 1.079 | 0.072 | 1.905 |
| 组织管理 | 578 | 3.886 | 0.994 | 0.041 | 528 | 3.829 | 1.063 | 0.046 | 233 | 3.737 | 1.119 | 0.073 | 1.735 |
| 考试因素 | 574 | 3.779 | 0.945 | 0.039 | 527 | 3.719 | 1.043 | 0.045 | 230 | 3.612 | 1.124 | 0.074 | 2.243 |
| 学生因素 | 569 | 3.887 | 0.948 | 0.039 | 527 | 3.870 | 1.050 | 0.046 | 227 | 3.875 | 1.160 | 0.077 | 0.812 |
| 家长因素 | 579 | 3.782 | 1.000 | 0.042 | 528 | 3.754 | 1.041 | 0.045 | 227 | 3.655 | 1.129 | 0.075 | 1.225 |
| 教学条件 | 577 | 3.388 | 0.955 | 0.039 | 526 | 3.431 | 0.992 | 0.043 | 228 | 3.427 | 1.096 | 0.073 | 0.294 |
| 家庭因素 | 569 | 3.299 | 1.084 | 0.045 | 523 | 3.226 | 1.108 | 0.048 | 225 | 3.086 | 1.182 | 0.079 | 3.017* |
| 自我发展需要 | 578 | 3.537 | 0.903 | 0.038 | 526 | 3.431 | 0.986 | 0.043 | 226 | 3.377 | 1.059 | 0.070 | 2.875* |

（七）不同职称的教师职业压力有差异 [$F$ 中学 $(3, 936) = 3.934$，$p < 0.05$] [$F$ 小学 $(3, 460) = 6.594$，$p < 0.05$]

表 19　不同职称中学教师职业压力状况及其差异性检验

| 变量 | 无职称 | | | | 中教二级 | | | | 中教一级 | | | | 中教高级 | | | | F值 (p) |
|---|---|---|---|---|---|---|---|---|---|---|---|---|---|---|---|---|---|
| | 人数 | 平均数 | 标准差 | 标准离差 | 人数 | 平均数 | 标准差 | 标准离差 | 人数 | 平均数 | 标准差 | 标准离差 | 人数 | 平均数 | 标准差 | 标准离差 | |
| 总体压力程度 | 77 | 3.844 | 1.193 | 0.136 | 273 | 3.959 | 1.092 | 0.066 | 472 | 4.169 | 1.045 | 0.048 | 139 | 3.914 | 1.354 | 0.115 | 3.934 * |
| 经济待遇地位 | 77 | 3.740 | 1.059 | 0.120 | 272 | 3.940 | 0.990 | 0.060 | 469 | 4.070 | 0.973 | 0.045 | 136 | 3.715 | 1.236 | 0.106 | 5.584 * |
| 人际关系 | 77 | 3.338 | 1.152 | 0.131 | 271 | 3.419 | 1.036 | 0.063 | 464 | 3.459 | 1.056 | 0.049 | 132 | 3.202 | 1.181 | 0.103 | 2.078 |
| 工作负荷 | 77 | 3.487 | 1.116 | 0.127 | 270 | 3.748 | 0.978 | 0.059 | 462 | 3.852 | 0.956 | 0.044 | 133 | 3.545 | 1.165 | 0.101 | 5.184 * |
| 组织管理 | 77 | 3.849 | 1.058 | 0.120 | 268 | 3.896 | 0.979 | 0.059 | 468 | 3.982 | 1.018 | 0.047 | 137 | 3.549 | 1.182 | 0.101 | 6.181 * |
| 考试因素 | 77 | 3.714 | 1.016 | 0.116 | 267 | 3.811 | 0.947 | 0.058 | 464 | 3.873 | 1.005 | 0.047 | 135 | 3.417 | 1.173 | 0.101 | 7.229 * |
| 学生因素 | 73 | 3.908 | 1.061 | 0.124 | 265 | 3.876 | 0.987 | 0.061 | 462 | 4.003 | 0.965 | 0.045 | 137 | 3.620 | 1.249 | 0.107 | 5.003 * |
| 家长因素 | 77 | 3.090 | 1.054 | 0.120 | 268 | 3.776 | 1.018 | 0.062 | 465 | 3.827 | 1.007 | 0.047 | 135 | 3.553 | 1.168 | 0.101 | 2.858 |

（续上表）

| 变量 | 无职称 | | | | 中教二级 | | | | 中教一级 | | | | 中教高级 | | | | F值(p) |
|---|---|---|---|---|---|---|---|---|---|---|---|---|---|---|---|---|---|
| | 人数 | 平均数 | 标准差 | 标准离差 | 人数 | 平均数 | 标准差 | 标准离差 | 人数 | 平均数 | 标准差 | 标准离差 | 人数 | 平均数 | 标准差 | 标准离差 | |
| 教学条件 | 76 | 3.298 | 0.952 | 0.109 | 269 | 3.343 | 1.016 | 0.069 | 466 | 3.500 | 0.989 | 0.046 | 135 | 3.338 | 1.119 | 0.096 | 2.136 |
| 家庭因素 | 75 | 3.116 | 1.163 | 0.134 | 261 | 3.365 | 1.129 | 0.069 | 464 | 3.302 | 1.106 | 0.051 | 133 | 3.017 | 1.196 | 0.014 | 3.415 * |
| 自我发展需要 | 74 | 3.493 | 1.965 | 0.112 | 269 | 3.513 | 1.952 | 0.058 | 467 | 3.615 | 0.949 | 0.044 | 133 | 3.216 | 1.149 | 0.099 | 5.732 * |

（注：经卡方检验 $p<0.05$）

在中学教师职称系列中，中教一级教师压力最大。从人数比重上看，中教一级教师占教师总数的近半数（49.16%），年龄主要在30~40之间，是中学里的骨干力量。他们所承受的来自教学、学生管理的任务、来自于同事之间的竞争以及家庭的压力显然要高于更年轻或更年长的其他职称的教师。这与赵玉芳、毕重增的研究结果①是一致的。

但在小学教师职称系列中，呈现多元化趋向：小教高级和小教一级的压力无区别，但他们高于小教二级，而无职称小学教师比小教二级教师压力大。进一步的研究发现，小教高级和小教一级教师多担任毕业班或班主任，是小学里的中坚分子，在学校里都是挑大梁的人物，他们在学生因素、工作负荷、考试因素等因子上呈现高压力分

① 赵玉芳，毕重增．中学教师职业倦怠状况及影响因素研究［J］．心理发展与教育，2003（1）：80

数。这点验证了谭贤政、卢家楣等[①]的研究：许多有高职称的教师会因自己的职称而降低幸福感，因为职称高意味着要承担的责任也高。而无职称小学教师（多数是新教师）在各方面压力都较大，特别是在自我发展需要、组织管理、学生因素、考试因素上。

**表 20　不同职称小学教师职业压力状况及其差异性检验**

| 变量 | 无职称 | | | | 小教二级 | | | | 小教一级 | | | | 小教高级 | | | | F值（p） |
|---|---|---|---|---|---|---|---|---|---|---|---|---|---|---|---|---|---|
| | 人数 | 平均数 | 标准差 | 标准离差 | 人数 | 平均数 | 标准差 | 标准离差 | 人数 | 平均数 | 标准差 | 标准离差 | 人数 | 平均数 | 标准差 | 标准离差 | |
| 总体压力程度 | 77 | 3.844 | 1.193 | 0.136 | 30 | 3.100 | 1.348 | 0.246 | 126 | 3.960 | 1.098 | 0.098 | 228 | 4.004 | 0.950 | 0.063 | 6.594* |
| 经济待遇地位 | 77 | 3.740 | 1.059 | 0.121 | 30 | 3.144 | 1.193 | 0.218 | 124 | 3.866 | 0.959 | 0.086 | 226 | 3.978 | 0.836 | 0.056 | 7.450* |
| 人际关系 | 77 | 3.337 | 1.151 | 0.127 | 30 | 3.078 | 1.177 | 0.215 | 124 | 3.451 | 1.058 | 0. 0.095 | 226 | 3.345 | 0.921 | 0.061 | 1.129 |
| 工作负荷 | 77 | 3.487 | 1.116 | 0.127 | 30 | 2.908 | 1.125 | 0.205 | 124 | 3.657 | 0.896 | 0.089 | 225 | 3.640 | 0.830 | 0. 0.055 | 5.840* |
| 组织管理 | 77 | 3.849 | 1.057 | 0.121 | 30 | 2.867 | 1.189 | 0.217 | 123 | 3.884 | 1.062 | 0.096 | 227 | 3.853 | 0.856 | 0.057 | 9.779* |
| 考试因素 | 77 | 3.714 | 1.016 | 0.116 | 30 | 3.008 | 1.111 | 0.203 | 123 | 3.748 | 0.974 | 0.088 | 227 | 3.691 | 0.883 | 0.059 | 5.252* |

---

① 谭贤政，卢家楣等．教师职业活动幸福感的调查研究［J］．心理科学，2009（2）：292

（续上表）

| 变量 | 无职称 | | | | 小教二级 | | | | 小教一级 | | | | 小教高级 | | | | F值(p) |
|---|---|---|---|---|---|---|---|---|---|---|---|---|---|---|---|---|---|
| | 人数 | 平均数 | 标准差 | 标准离差 | 人数 | 平均数 | 标准差 | 标准离差 | 人数 | 平均数 | 标准差 | 标准离差 | 人数 | 平均数 | 标准差 | 标准离差 | |
| 学生因素 | 73 | 3.907 | 1.061 | 0.124 | 30 | 3.042 | 1.175 | 0.214 | 121 | 3.897 | 0.916 | 0.083 | 227 | 3.883 | 0.866 | 0.057 | 7.715* |
| 家长因素 | 77 | 3.909 | 1.054 | 0.120 | 29 | 3.011 | 1.242 | 0.231 | 123 | 3.799 | 0.984 | 0.089 | 227 | 3.793 | 0.880 | 0.058 | 6.584* |
| 教学条件 | 76 | 3.298 | 0.951 | 0.109 | 30 | 2.978 | 1.128 | 0.206 | 122 | 3.379 | 0.882 | 0.079 | 225 | 3.523 | 0.843 | 0.056 | 3.988* |
| 家庭因素 | 75 | 3.116 | 1.163 | 0.134 | 30 | 3.111 | 1.037 | 0.189 | 121 | 3.215 | 1.146 | 0.104 | 224 | 3.202 | 0.971 | 0.065 | 0.209 |
| 自我发展需要 | 74 | 3.493 | 0.965 | 0.112 | 30 | 3.017 | 1.118 | 0.204 | 123 | 3.486 | 0.869 | 0.078 | 225 | 3.369 | 0.805 | 0.054 | 2.699 |

（注：经卡方检验 $p<0.05$）

### （八）语数外学科教师在总体压力和各因子压力方面都高于其他学科教师

**表21　不同学科教师职业压力状况及其差异性检验**

| 变量 | 语数外 | | | | 理化 | | | | 史地政生 | | | | 其他 | | | | F值(p) |
|---|---|---|---|---|---|---|---|---|---|---|---|---|---|---|---|---|---|
| | 人数 | 平均数 | 标准差 | 标准离差 | 人数 | 平均数 | 标准差 | 标准离差 | 人数 | 平均数 | 标准差 | 标准离差 | 人数 | 平均数 | 标准差 | 标准离差 | |
| 总体压力程度 | 853 | 4.111 | 1.056 | 0.036 | 175 | 3.766 | 1.230 | 0.093 | 183 | 3.922 | 1.207 | 0.899 | 144 | 3.750 | 1.048 | 0.087 | 8.334* |

（续上表）

| 变量 | 语数外 | | | | 理化 | | | | 史地政生 | | | | 其他 | | | | F值（p） |
|---|---|---|---|---|---|---|---|---|---|---|---|---|---|---|---|---|---|
| | 人数 | 平均数 | 标准差 | 标准离差 | 人数 | 平均数 | 标准差 | 标准离差 | 人数 | 平均数 | 标准差 | 标准离差 | 人数 | 平均数 | 标准差 | 标准离差 | |
| 经济待遇地位 | 844 | 3.988 | 0.976 | 0.034 | 175 | 3.752 | 1.105 | 0.084 | 179 | 3.961 | 1.079 | 0.081 | 144 | 3.822 | 0.943 | 0.079 | 3.345 * |
| 人际关系 | 840 | 3.462 | 1.064 | 0.037 | 171 | 3.195 | 1.067 | 0.081 | 177 | 3.333 | 0.991 | 0.074 | 141 | 3.293 | 1.004 | 0.085 | 3.846 * |
| 工作负荷 | 841 | 3.819 | 0.979 | 0.034 | 175 | 3.510 | 1.010 | 0.076 | 178 | 3.959 | 1.029 | 0.077 | 143 | 3.428 | 0.915 | 0.076 | 10.523 * |
| 组织管理 | 843 | 3.958 | 1.000 | 0.034 | 173 | 3.579 | 1.151 | 0.087 | 178 | 3.816 | 1.035 | 0.078 | 141 | 3.671 | 0.957 | 0.081 | 8.691 * |
| 考试因素 | 848 | 3.826 | 1.000 | 0.035 | 172 | 3.506 | 1.077 | 0.082 | 176 | 3.717 | 0.979 | 0.074 | 141 | 3.571 | 0.933 | 0.079 | 6.554 * |
| 学生因素 | 847 | 3.984 | 0.987 | 0.034 | 172 | 3.639 | 1.089 | 0.083 | 175 | 3.823 | 1.018 | 0.077 | 135 | 3.635 | 0.982 | 0.084 | 9.108 * |
| 家长因素 | 842 | 3.838 | 1.011 | 0.035 | 173 | 3.576 | 1.080 | 0.082 | 175 | 3.764 | 1.047 | 0.079 | 139 | 3.588 | 0.966 | 0.082 | 4.800 * |
| 教学条件 | 833 | 3.477 | 0.989 | 0.034 | 174 | 3.274 | 1.010 | 0.077 | 178 | 3.414 | 0.995 | 0.075 | 143 | 3.338 | 0.912 | 0.076 | 2.526 |
| 家庭因素 | 830 | 3.288 | 1.136 | 0.039 | 171 | 3.135 | 1.063 | 0.081 | 174 | 3.169 | 1.089 | 0.083 | 148 | 3.251 | 1.003 | 0.085 | 1.266 |
| 自我发展需要 | 847 | 3.531 | 0.959 | 0.033 | 173 | 3.299 | 0.999 | 0.076 | 178 | 3.448 | 0.941 | 0.071 | 138 | 3.476 | 1.882 | 0.075 | 2.927 * |

（注：经卡方检验 $p < 0.05$）

分析：语数外在中小学是主课，分量大、要求高，作为各种考试中占分量最大的必考科目而备受重视，因此，任语数外的教师比其他科目教师压力要大些。

## （九）不同学历教师职业压力状况及其差异性检验

表 22　不同学历教师职业压力状况及差异性检验

| 变量 | 中专及以下 | | | | 大专 | | | | 本科 | | | | 硕士及以上 | | | | F值 (p) |
|---|---|---|---|---|---|---|---|---|---|---|---|---|---|---|---|---|---|
| | 人数 | 平均数 | 标准差 | 标准离差 | 人数 | 平均数 | 标准差 | 标准离差 | 人数 | 平均数 | 标准差 | 标准离差 | 人数 | 平均数 | 标准差 | 标准离差 | |
| 总体压力程度 | 21 | 3.571 | 1.434 | 0.313 | 315 | 3.791 | 1.154 | 0.065 | 999 | 4.126 | 1.036 | 0.033 | 44 | 2.955 | 1.555 | 0.234 | 22.884 * |
| 经济待遇地位 | 20 | 3.683 | 1.259 | 0.281 | 313 | 3.786 | 1.028 | 0.058 | 990 | 4.020 | 0.958 | 0.303 | 44 | 3.000 | 1.392 | 0.209 | 18.096 * |
| 人际关系 | 18 | 2.981 | 1.196 | 0.282 | 311 | 3.248 | 1.996 | 0.056 | 982 | 3.474 | 1.052 | 0.033 | 43 | 2.620 | 1.099 | 0.168 | 12.798 * |
| 工作负荷 | 18 | 3.375 | 1.179 | 0.278 | 311 | 3.412 | 1.001 | 0.057 | 979 | 3.830 | 0.946 | 0.030 | 44 | 2.943 | 1.319 | 0.199 | 24.353 * |
| 组织管理 | 20 | 3.500 | 1.147 | 0.256 | 313 | 3.967 | 1.082 | 0.061 | 987 | 3.967 | 0.745 | 0.031 | 42 | 2.849 | 1.235 | 0.191 | 22.606 * |
| 考试因素 | 20 | 3.400 | 1.080 | 0.242 | 311 | 3.544 | 1.038 | 0.059 | 982 | 3.849 | 0.960 | 0.031 | 41 | 2.768 | 1.190 | 0.186 | 22.128 * |
| 学生因素 | 19 | 3.579 | 1.233 | 0.283 | 309 | 3.754 | 1.026 | 0.058 | 974 | 3.962 | 0.964 | 0.031 | 44 | 2.949 | 1.378 | 0.021 | 17.138 * |
| 家长因素 | 19 | 3.404 | 1.308 | 0.300 | 313 | 3.686 | 1.048 | 0.059 | 980 | 3.834 | 0.987. | 0.032 | 44 | 2.917 | 1.262 | 0.189 | 13.190 * |

（续上表）

| 变量 | 中专及以下 | | | | 大专 | | | | 本科 | | | | 硕士及以上 | | | | F值(p) |
|---|---|---|---|---|---|---|---|---|---|---|---|---|---|---|---|---|---|
| | 人数 | 平均数 | 标准差 | 标准离差 | 人数 | 平均数 | 标准差 | 标准离差 | 人数 | 平均数 | 标准差 | 标准离差 | 人数 | 平均数 | 标准差 | 标准离差 | |
| 教学条件 | 19 | 3.263 | 1.205 | 0.276 | 311 | 3.336 | 0.947 | 0.054 | 980 | 3.489 | 0.976 | 0.031 | 44 | 2.667 | 1.088 | 0.164 | 11.306 * |
| 家庭因素 | 18 | 3.093 | 1.246 | 0.294 | 309 | 3.068 | 1.077 | 0.061 | 970 | 3.330 | 1.101 | 0.035 | 42 | 3.579 | 1.228 | 0.189 | 9.818 * |
| 自我发展需要 | 18 | 3.153 | 1.141 | 0.269 | 308 | 3.255 | 0.926 | 0.052 | 982 | 3.594 | 0.936 | 0.029 | 44 | 2.602 | 1.051 | 0.158 | 24.351 * |

（注：经卡方检验 $p<0.05$）

不同学历教师职业压力呈现多元化和复杂性趋向，这可能与作为教师的职业能力结构的多维性有关，学历只是其中的一个指标。同时珠三角地区改革开放以来，已对中小学、幼儿园教师学历做了相应的规定，不同层次的教师学历基本上达到规定的要求，因此学历的压力差异没有明显显现出来。也可能本研究没有把它细化，现在高学历群体多是年轻教师，而较低学历的老教师又用他们的经验作为弥补，这些因素交织在一起，使得不同学历教师职业压力呈现复杂性趋向。

## 五、中小学教师职业压力的负面影响状况及分析

国内外有关教师职业压力影响的研究表明，教师职业压力的影响主要表现在对教师心理、生理和行为等方面的影响上。本问卷以此为依据，就教师职业压力影响设计了 12 个选项（即 12 种消极影响），并对这些消极影响进行随机排放。结果表明，教师职业压力对教师的心理、生理和行为均有一定的负面影响。结果见表 23。

表 23　教师职业压力的负面影响排序（$n = 1392$）

| 排序 | 1 | 2 | 3 | 4 | 5 | 6 | 7 | 8 | 9 | 10 | 11 | 12 |
|---|---|---|---|---|---|---|---|---|---|---|---|---|
| 影响 | 浑身疲惫 | 焦虑烦躁 | 疾病 | 睡不好觉 | 胃口不好 | 改行，提前退休 | 向学生发脾气 | 注意力不集中 | 工作效率不高 | 缺乏自信 | 工作出现错误 | 怠工，体罚学生 |
| 平均数 | 2.93 | 2.66 | 2.46 | 2.45 | 2.41 | 2.34 | 2.29 | 2.17 | 2.15 | 1.98 | 1.97 | 1.39 |
| 标准差 | 0.93 | 0.972 | 1.052 | 1.009 | 0.987 | 1.052 | 0.916 | 0.938 | 0.904 | 0.896 | 0.861 | 0.695 |
| 标准离差 | 0.025 | 0.026 | 0.028 | 0.027 | 0.026 | 0.028 | 0.025 | 0.025 | 0.024 | 0.024 | 0.023 | 0.019 |

（注：经卡方检验 $p < 0.05$）

此外，研究者还对想“改行，提前退休”教师的年龄分布情况进行了分析，结果发现：经常想改行教师所占比例相当大，为39.3%，其中30岁以下的占13.5%，45岁以上的占3.6%，31～45岁的中青年教师经常想改行的人数众多，为22.2%。这些数据表明，过大的职业压力已使约有4成的中小学教师对教师职业缺乏认同感和归属感。赵玉芳、毕重增的研究①认为，6～10年是教师职业倦怠最严重时期。30岁以下的教师还对教师职业充满憧憬和期待，经过五六年的教师职业生涯，备受教师职业压力之苦之后，他们的一些人开始产生职业倦怠。但30～45岁的教师正是年富力强又有教学教育经验的骨干力量，他们中占这么大比例想改行，势必会影响中小学教师队伍的质量与稳定，这种不良倾向应该引起社会特别是教育行政部门的关注。

① 赵玉芳，毕重增．中学教师职业倦怠状况及影响因素研究［J］．心理发展与教育，2003（1）：80

# 第三节　结论

从第二节的结果分析可以看出，目前珠三角地区中小学教师的职业压力状况呈现如下特点：

（1）中小学教师的职业压力普遍存在。有 75.1% 的教师认为自己的工作压力较大或很大，而认为自己没有压力或稍有压力的教师仅占总数的 12.8%，这说明中小学教师属于压力偏大的群体。

（2）中小学教师排在首位的压力源是经济待遇地位，其次是学生因素和组织管理因素，家长因素、考试因素和工作负荷是教师重要的压力源；自我发展需要、教学条件、人际关系和家庭因素四因素虽然排序较后，但其平均数均大于 3.2，都列入压力较大的范围，说明教师的职业压力是多种压力因子交织在一起的复合压力网，而且压力很大。

（3）工资待遇偏低，与他们的期望值相差较远，而工作负荷偏重、社会期望值高。劳动付出与所得不相称，以至于许多教师不满意这种现象，经常想改行的教师占 39.3%，其中 31 ~ 45 岁的中青年教师经常想改行的为 22.2%。

（4）在中小学教师总体压力程度的比较中，初中教师比小学和高中教师承受的压力都要大。初中班主任尤甚。

（5）班主任在组织管理、工作负荷和学生因素方面比非班主任教师压力大。

（6）普通中学教师比重点中学教师和小学教师的压力都大；普通学校在学生因素方面压力比重点学校大；而重点学校在考试和升学压力方面较非重点学校大。

（7）男女教师总体压力差异不太明显。男教师在经济待遇地位、家庭因素方面比女教师压力大；而女教师在工作负荷、组织管理、考试因素、学生因素和家长因素等方面压力比男教师要大。

（8）45 岁以下比 45 岁以上教师的压力在各项指标上都要大；而 31 ~ 45 岁与 30 岁以下教师的压力差异不明显。

(9) 不同教龄教师的压力差异不明显。

(10) 不同职称的教师职业压力有差异。在中学教师职称系列中，中教一级教师压力最大。但在小学教师职称系列中，呈现多元化趋向：高职称的教师（小教高级和小教一级）压力大（因为要挑大梁）；而无职称小学教师（多数是新教师）在各方面压力都较大，特别是在自我发展需要、组织管理、学生因素、考试因素上。

(11) 语数外学科教师在总体压力和各因子压力方面都高于其他学科教师。

(12) 职业压力对教师的心理、生理和行为均产生了一定的负面影响。压力在对教师的专业发展产生积极影响的同时，也对他们的教育教学行为和生理状况，尤其是对他们的心理健康产生了诸多消极影响。因此经常想改行教师所占比例相当大，为39.3%，其中31~45岁的中青年教师经常想改行的人数众多，为22.2%。

# 第二章　幼儿园教师职业压力的调查研究报告

## 第一节　研究方法和程序

### 一、研究对象

本研究从珠江三角洲地区的惠州市、东莞市、广州市、深圳市等30多所幼儿园的在职幼儿园教师中随机选取部分教师（330人）为研究对象，全部为女性教师。调查对象的基本情况如下表。

表25　调查对象基本情况分类表

| 类别 | 幼儿园性质 | | 学历 | | | 职称 | | | | 年龄 | | | | 岗位 | |
|---|---|---|---|---|---|---|---|---|---|---|---|---|---|---|---|
| 类别细化 | 公立 | 私立 | 初中及以下 | 高中或中专 | 大专及以上 | 无 | 小教一级 | 小教二级 | 高级 | 25岁以下 | 26至35岁 | 36至45岁 | 45岁以上 | 正班老师 | 副班老师 |
| 人数 | 155 | 155 | 3 | 136 | 167 | 145 | 25 | 61 | 54 | 116 | 136 | 31 | 3 | 170 | 124 |
| 百分比（%） | 50 | 50 | 1. 0 | 43. 9 | 53. 9 | 46. 8 | 8. 1 | 19. 7 | 17. 4 | 37. 4 | 43. 9 | 10. 0 | 1. 0 | 54. 8 | 40. 0 |

（注：在珠三角地区的幼儿园，特别是私立幼儿园，年轻教师占大多数，因此抽样时也考虑了这个因素。）

### 二、研究工具

本研究采用自编的幼儿园教师职业压力调查问卷。具体编制程序如下：

（1）进行文献检索与分析。笔者通过查阅国内外大量相关文献，了解教师职业压力的内涵及其产生机制、压力来源、压力影响等内容，以供编制幼儿园教师职业压力问卷时借鉴和参考。

（2）收集大量与幼儿园教师职业压力相关的各种事件或情境，并在此基础上进行分析和归类，合并性质相同的事件，保留出现频率高和代表重要压力源的事件，最后筛选出 30 个压力来源项目形成问卷的初稿。

（3）就教师职业压力问题对 12 名在职幼儿园教师、园长、园长助理、改行的幼儿园教师等进行访谈，并用问卷初稿进行试测和意见收集，以修订和确定幼儿园教师职业压力状况调查问卷，经条目分析整理，最后确定 30 个教师职业压力来源项目。

（4）编制正式调查问卷。问卷由四部分组成：①教师个人基本情况。包括年龄、幼儿园性质、主副班教师、职称、学历等问题。②教师职业压力感。包括是否具有压力感、压力有多大两个问题。③教师职业压力影响。由教师职业压力具有什么样的影响、其表现有哪些问题构成。④教师职业压力来源。包括 30 个问题，可以将其概括为三个维度：一是幼儿园因素，包括工作负荷、安全责任、组织管理、工作硬环境；二是个人自身因素，主要包括家庭因素、自身能力因素和自我发展需要三个方面；三是社会环境因素，主要包括社会期望、制度改革、经济待遇地位等方面。

**附件一：**

### 幼儿园教师职业压力问卷

尊敬的老师：

您好！这是一份有关幼儿园教师职业压力的调查问卷，您所提供的资料仅限研究之用，并为您严格保密。所有的问题都没有对错之分，请您根据提示填写，选择最符合自己实际情况的一个选项并在其编号上打“√”。请不要漏掉任何一个问题，希望能得到您的合作。谢谢您的支持和配合！

一、个人基本资料。

1. 您所在的幼儿园：__________

A. 公立　B. 私立　C. 社会力量办园

2. 您的学历：__________

A. 初中及以下　B. 高中或中专　C. 大专及以上

3. 您的职称：__________

A. 无　B. 小教二级　C. 小教一级　D. 高级

4. 您的出生年月：__________年__________月

5. 您每周工作时间：__________小时

6. 您目前担任：__________

A. 正班老师　B. 副班老师　C. 保育员

7. 您当幼儿园教师__________年

8. 您所任教的年级：__________

A. 大班、学前班　B. 中班、小班　C. 托儿班

9. 您目前的平均收入水平：__________元/月（应发数）

10. 根据您的工作，您觉得每月多少收入比较合适：__________元/月

二、您觉得，幼儿园教师这个职业的压力对您的影响如何：

1. 没有压力　2. 有点压力　3. 压力一般　4. 压力很大　5. 压力太大

三、作为一名教师，您觉得以下项目对您的影响有多大？请在相应的空格内打“√”。如果有其他未列出的项目，请您填写在最后的空格内，并勾出相应的影响程度。

| 序号 | 问卷内容（一） | 没有压力1 | 有点压力2 | 压力一般3 | 压力很大4 | 压力太大5 |
|---|---|---|---|---|---|---|
| 1 | 幼儿园教师的社会地位低，是否使您感到有压力？ | | | | | |
| 2 | 自己的知识、观念跟不上教育形势发展，是否使您感到有压力？ | | | | | |
| 3 | 幼教课程改革和变化快，是否使您感到有压力？ | | | | | |
| 4 | 幼儿园工作条件差，是否使您感到有压力？ | | | | | |
| 5 | 工作量太大，案头工作多（教具、学具准备、环境布置、教案、计划、观察记录、成长档案、笔记心得、为节庆活动排练节目……）是否使您感到有压力？ | | | | | |
| 6 | 各种评比、考查、比赛多，是否使您感到有压力？ | | | | | |
| 7 | 幼儿园的改制、转型，是否使您感到有压力？ | | | | | |
| 8 | 社会、家长对教师的角色期望和要求高，是否使您感到有压力？ | | | | | |
| 9 | 与某些同事或领导关系紧张，是否使您感到有压力？ | | | | | |
| 10 | 幼儿园实行聘任制，是否使您感到有压力？ | | | | | |
| 11 | 觉得自己的能力、技能素质很难应付目前的工作，是否使您感到有压力？ | | | | | |
| 12 | 幼儿园奖惩措施不够公平，领导或老师评价不够客观，是否使您感到有压力？ | | | | | |
| 13 | 家长不理解教师的工作，动辄投诉教师，是否使您感到有压力？ | | | | | |

（续上表）

| 序号 | 问卷内容（一） | 没有压力 1 | 有点压力 2 | 压力一般 3 | 压力很大 4 | 压力太大 5 |
|---|---|---|---|---|---|---|
| 14 | 幼儿园工作具体、繁琐、婆婆妈妈，是否使您感到压力？ | | | | | |
| 15 | 自己一直向着当最好的幼儿园教师方向迈进，是否使您感到压力？ | | | | | |
| 16 | 幼儿在园内有一点磕磕碰碰，就要受到家长、园长的责怪，是否使您感到有压力？ | | | | | |
| 17 | 幼儿园教师工资、福利待遇低，缺乏保障，是否使您感到有压力？ | | | | | |
| 18 | 班级人数太多，平均每天工作时间太长，是否使您感到有压力？ | | | | | |
| 19 | 社会的发展变化太快，有学不完的东西，是否使您感到有压力？ | | | | | |
| 20 | 幼儿园工作平凡、琐碎，难以实现人生价值，缺乏成就感，是否使您感到有压力？ | | | | | |
| 21 | 家人不理解，不支持自己的工作，是否使您感到有压力？ | | | | | |
| 22 | 合理化建议或意见得不到尊重和采纳，是否使您感到有压力？ | | | | | |
| 23 | 组织教学困难，是否使您感到有压力？ | | | | | |
| 24 | 业务学习多，是否使您感到有压力？ | | | | | |
| 25 | 要求每学期或每年要写论文，又缺乏经费与指导，是否使您感到压力？ | | | | | |

（续上表）

| 序号 | 问卷内容（一） | 没有压力1 | 有点压力2 | 压力一般3 | 压力很大4 | 压力太大5 |
|---|---|---|---|---|---|---|
| 26 | 幼儿园缺乏必备的教学设备等资源，是否使您感到有压力？ | | | | | |
| 27 | 晋升机会少、发展前景渺茫，是否使您感到有压力？ | | | | | |
| 28 | 自己的家庭关系不融洽，是否使您感到有压力？ | | | | | |
| 29 | 必须对幼儿的安全负责，是否使您感到有压力？ | | | | | |
| 30 | 同行或同事竞争激烈，是否使您感到有压力？ | | | | | |
| … | | | | | | |
| | | | | | | |

| 序号 | 问卷内容（二） | 没有压力1 | 有点压力2 | 压力一般3 | 压力很大4 | 压力太大5 |
|---|---|---|---|---|---|---|
| 1 | 幼儿园工作一天回来，我感到浑身疲惫。 | | | | | |
| 2 | 幼儿园工作使我经常感到焦虑、烦躁不安。 | | | | | |
| 3 | 面临压力时，您是否会感到胃口不好？ | | | | | |
| 4 | 您是否经常感到比不上别人？ | | | | | |
| 5 | 当面临压力时，您是否会睡不好觉？ | | | | | |
| 6 | 我经常有想改行干别的工作或提前退休的念头。 | | | | | |
| 7 | 您是否有胃病/心脏病/咽喉炎/其他疾病（1项或1项以上）？ | | | | | |
| 8 | 压力是否使您在工作中无法集中注意力？ | | | | | |

（续上表）

| 序号 | 问卷内容（二） | 没有压力1 | 有点压力2 | 压力一般3 | 压力很大4 | 压力太大5 |
|---|---|---|---|---|---|---|
| 9 | 当面临压力时，您是否会向幼儿发脾气？ | | | | | |
| 10 | 工作中的压力是否使您常出现不该出现的错误？ | | | | | |
| 11 | 当面临压力时，您的工作效率是否会受到影响？ | | | | | |
| 12 | 当面临压力时，您是否会怠工或体罚幼儿？ | | | | | |

教师职业压力源量表含10类30个项目。

社会期望，包括项目：8、13、19

制度变革，包括项目：3、7、10、30

工作硬环境，包括项目：4、26

组织管理，包括项目：6、9、12、22、25

经济待遇地位，包括项目：1、17

幼儿园工作性质、工作负荷，包括项目：5、13、14、18

安全责任，包括项目：16、29

家庭因素，包括项目：21、28

自身能力因素，包括项目：2、11、23

自我发展需要，包括项目：15、20、24、27

教师职业压力现状量表含12个项目。

总体压力感，包括项目：①生理因素（4个项目），包括项目1、3、5、7；②心理因素（4个项目），包括项目2、4、6、8；③行为因素（4个项目），包括项目9、10、11、12。

## 一、研究步骤

第一步，深入实地，了解情况。通过广泛深入地对有关幼儿园教师进行接触和访谈，初步了解珠江三角洲地区幼儿园教师职业压力的大致状况及其所在幼儿园和环境的相关情况。

第二步，发放问卷，实施问卷调查。运用幼儿园教师职业压力状况的调查问卷对珠江三角洲地区的幼儿园教师进行问卷调查。调查采用集体施测的方式分发问卷。要求被试者根据自己的实际情况如实填写，不允许相互讨论。本次调查共发放问卷 330 份，收回问卷 321 份，剔除部分未完成问卷 11 份，有效问卷 310 份，有效回收率为 94%。

第三步，进行调查结果统计。问卷采用五点记分，对幼儿园教师总体职业压力程度以及不同背景因素教师的职业压力程度及其差异进行统计计算和差异性检验，并对结果进行统计分析。

第四步，对幼儿园教师职业压力现状进行分析讨论。根据统计结果，对幼儿园教师职业压力现状进行分析，分析他们的总体职业压力程度、压力影响、主要压力来源，并对不同年龄、教龄，不同性质、类型幼儿园的教师，不同学历教师的职业压力差异特点进行分析。

第五步，提出管理幼儿园教师职业压力的对策与建议。

### 二、统计手段

数据的整理统计运用 SPSS 11.5 FOR WINDOWS 软件包完成。

## 第二节 调查统计结果

对问卷记分的说明。问卷中 42 道题采用五点记分。为方便研究，把区间［1，5］分为五段，将职业压力程度模糊定义为“没有压力”、“有点压力”、“压力一般”、“压力很大”和“压力太大”，分别赋值 1、2、3、4、5。对每位调查对象分别计算出其在社会期望、制度改革、经济待遇地位、工作负荷、安全责任、组织管理、工作硬环境、家庭因素、自身能力因素和自我发展需要等十个方面的压力均值，然后计算出各方面的总体均值。被试者在问卷上的得分越高，表明其感受到的压力越大。

## 一、幼儿园教师总体职业压力状况及其分布情况

为了了解幼儿园教师职业压力的总体状况及其分布情况，我们对310名幼儿园教师职业压力程度进行了百分比分析。

表26　幼儿园教师职业压力程度总体状况（$n=310$）

| 压力程度 | 没有压力<br>1.00～1.80 | 有点压力<br>1.80～2.60 | 压力一般<br>2.60～3.40 | 压力很大<br>3.40～4.20 | 压力太大<br>4.20～5.00 |
|---|---|---|---|---|---|
| 总人数 | 7 | 69 | 102 | 91 | 41 |
| 百分比（%） | 2.26 | 22.26 | 32.9 | 29.35 | 13.23 |

以上数据表明，幼儿园教师中有超过42.58%的人认为自己的工作压力很大或太大，而认为自己没有压力或点压力的教师仅占总数的24.52%，压力一般的占32.9%。这说明幼儿园教师属于压力中等稍偏大一点的群体。

## 二、幼儿园教师职业压力的主要来源

1. 幼儿园教师主要职业压力来源项目排序

在问卷设计过程中，30个压力来源项目是随机排放的，这些压力来源应该有轻重之分。我们通过计算教师职业压力来源各项目的均值和方差得到教师压力源项目从重到轻的前十项的顺序表如下。

表27 幼儿园教师职业压力来源排序

| 排序 | 题号 | 平均分 | 标准差 | 项目 |
|---|---|---|---|---|
| 1 | 17 | 3.71 | 1.23 | 幼儿园教师工资、福利待遇低，缺乏保障，是否使您感到有压力? |
| 2 | 5 | 3.39 | 1.13 | 工作量太大，案头工作多（教具、学具准备、环境布置、教案、计划、观察记录、成长档案、笔记心得、为节庆活动排练节目……）是否使您感到有压力? |
| 3 | 29 | 3.37 | 1.34 | 必须对幼儿的安全负责，是否使您感到有压力? |
| 4 | 6 | 3.28 | 1.12 | 各种评比、考查、比赛多，是否使您感到有压力? |
| 5 | 16 | 3.24 | 1.18 | 幼儿在园内有一点磕磕碰碰，就要受到家长、园长的责怪，是否使您感到压力? |
| 6 | 18 | 3.22 | 1.19 | 班级人数太多，平均每天工作时间太长，是否使您感到有压力? |
| 7 | 1 | 2.96 | 1.16 | 幼儿园教师的社会地位低，是否使您感到有压力? |
| 8 | 27 | 2.95 | 1.28 | 晋升机会少、发展前景渺茫，是否使您感到有压力? |
| 9 | 7 | 2.88 | 1.16 | 幼儿园的改制、转型，是否使您感到有压力? |
| 10 | 26 | 2.83 | 1.08 | 幼儿园缺乏必备的教学设备等资源，是否使您感到有压力? |

从上表可见，幼儿园教师工资、福利待遇低，缺乏保障排在第一位，表明工作报酬低是幼儿园教师头等的压力源；其次是工作负荷大，前6位中有3项（排序第2、4、6）是工作负荷问题；第三位是安全问题，前6位中有2项（排序第3、5项）被提及安全问题给她们的压力。前十项的后四项是地位低、前途渺茫、幼儿园的改制变化、教学资源缺乏等。

表 28　珠三角地区幼儿园教师周工作时间统计表

| | 公立、私立幼儿园 | | | | | |
|---|---|---|---|---|---|---|
| 平均时间/周（小时） | 44.5 | | | | | |
| 幼儿园性质 | 公立幼儿园 | | | 私立幼儿园 | | |
| 平均时间/周（小时） | 40.6 | | | 48.1 | | |
| 平均时间/周（小时） | 35 岁以下 | 35～45 岁 | 45 岁以上 | 35 岁以下 | 35～45 岁 | 45 岁以上 |
| 人数 | 31 | 72 | 31 | 4 | 36 | 102 |
| 百分比（%） | 23.1 | 53.7 | 23.1 | 2.8 | 25.4 | 71.8 |

平均周工作 44.5 小时，不同类型幼儿园教师每周工作时间有差异。私立幼儿园每周平均工作 48.1 小时，远远超过法定工作时间的 40 小时。

表 29　珠三角地区幼儿园教师月收入状况一览表

| 收入情况 | 被调查总人数 | 人均收入（元） | 幼儿园性质 | 人数 | 人均收入（元） | 标准差 |
|---|---|---|---|---|---|---|
| 实际收入 | 282 | 1 484.33 | 公立 | 144 | 1 826.25 | 749.25 |
| | | | 私立 | 138 | 1 142.41 | 491.74 |
| 期望收入 | 270 | 2 418.91 | 公立 | 139 | 3 061.87 | 1 290.05 |
| | | | 私立 | 131 | 1 775.95 | 947.84 |

目前珠三角地区幼儿园教师平均月收入为 1 484.3 元，其中私立幼儿园为 1 142.41 元，远远低于珠三角地区中小学教师的收入水平。无论是公立幼儿园还是私立幼儿园，他们的实际收入与期望收入的（2 418.91 元）差距都是比较大的（相差 934.58 元）。

2. 幼儿园教师职业压力因素分析

通过主成分因素分析和最大方差转轴后可发现，教师职业压力来源可归纳为10个因子。结合专业知识，我们对这10个因子分别命名为社会期望、制度变革、工作硬环境、组织管理、经济待遇地位、工作负荷、安全责任、家庭因素、自身能力因素、自我发展需要。

表30　幼儿园教师职业压力因素分析（$n=310$）

| | 总体压力程度 | 经济待遇地位 | 工作负荷 | 安全责任 | 社会期望 | 工作硬环境 | 组织管理 | 自我发展需要 | 制度变革 | 自身能力因素 | 家庭因素 |
|---|---|---|---|---|---|---|---|---|---|---|---|
| 平均数 | 2.76 | 3.33 | 3.08 | 3.05 | 3.04 | 2.73 | 2.73 | 2.68 | 2.65 | 2.47 | 2.08 |
| 标准差 | 0.68 | 1.05 | 0.86 | 0.92 | 0.86 | 0.88 | 0.77 | 0.85 | 0.81 | 0.87 | 1.08 |

从表30可以看出，总体上而言，幼儿园教师的职业压力是普遍存在的。从教师职业压力各因素来看，幼儿园教师在经济待遇地位（3.33）、工作负荷（3.08）、安全责任（3.05）和社会期望（3.04）方面的平均值均高于3.00，说明幼儿园教师在这几个因素上压力较大；其次是组织管理、工作硬环境、自我发展需要和制度变革；在家庭因素、自身能力因素等因素方面的平均值较小，说明幼儿园教师在这些因素上压力相对较小。

## 三、不同背景因素的幼儿园教师职业压力状况及其差异性检验

### （一）不同性质、类型幼儿园教师职业压力状况及其差异性检验

表31　公立幼儿园与私立幼儿园教师职业压力状况及差异性检验

| 变量 | 公立幼师 | | | 私立幼师 | | | $t$ 值（$p$） |
|---|---|---|---|---|---|---|---|
| | 人数 | 平均数 | 标准差 | 人数 | 平均数 | 标准差 | |
| 总体压力程度 | 136 | 2.64 | 0.92 | 131 | 2.67 | 0.88 | −0.29 |

（续上表）

| 变量 | 公立幼师 | | | 私立幼师 | | | $t$ 值（$p$） |
|---|---|---|---|---|---|---|---|
| | 人数 | 平均数 | 标准差 | 人数 | 平均数 | 标准差 | |
| 社会期望 | 152 | 3.14 | 0.88 | 153 | 3.04 | 0.84 | 1.05 |
| 制度变革 | 153 | 2.75 | 0.83 | 152 | 2.55 | 0.79 | 2.14* |
| 工作硬环境 | 150 | 2.60 | 0.90 | 150 | 2.86 | 0.84 | -2.58* |
| 组织管理 | 152 | 2.74 | 0.79 | 146 | 2.72 | 0.75 | 0.29 |
| 经济待遇地位 | 155 | 3.40 | 1.12 | 155 | 3.27 | 0.98 | 1.14 |
| 工作负荷 | 154 | 3.13 | 0.91 | 153 | 3.02 | 0.80 | 1.11 |
| 安全责任 | 155 | 3.07 | 0.94 | 155 | 3.03 | 0.91 | 0.43 |
| 家庭因素 | 151 | 2.01 | 1.11 | 153 | 2.15 | 1.06 | -1.18 |
| 自身能力因素 | 154 | 2.38 | 0.88 | 152 | 2.55 | 0.85 | -1.71 |
| 自我发展需要 | 153 | 2.67 | 0.86 | 152 | 2.70 | 0.83 | -0.33 |

从表31可以看出，私立幼儿园教师总体压力比公立幼儿园大一些。经平均数差异性检验，结果发现两者在工作硬环境［$t(298) = -2.58^*$, $p < 0.05$］方面存在显著的差异，私立幼儿园对环境条件的不满情绪比公立幼儿园教师大；幼儿园转制等制度变革给公立幼儿园教师很大压力，而对私立幼儿园教师影响不大［$t(300) = 2.14^*$, $p < 0.05$］；在其他维度上，两者不存在显著差异。

## （二）不同年龄教师职业压力状况及其差异性检验

表32 不同年龄幼儿园教师职业压力状况及其差异性检验

| 变量 | 25岁以下 | | | 26~35岁 | | | 36~45岁 | | | 45岁以上 | | | F值(p) |
|---|---|---|---|---|---|---|---|---|---|---|---|---|---|
| | 人数 | 平均数 | 标准差 | 人数 | 平均数 | 标准差 | 人数 | 平均数 | 标准差 | 人数 | 平均数 | 标准差 | |
| 总体压力程度 | 93 | 2.84 | 0.74 | 122 | 2.78 | 0.68 | 28 | 2.58 | 0.61 | 3 | 2.22 | 0.57 | 1.72 |
| 社会期望 | 113 | 3.08 | 0.90 | 134 | 3.11 | 0.83 | 30 | 3.1 | 0.87 | 3 | 2.44 | 0.19 | 0.59 |
| 制度变革 | 112 | 2.60 | 0.82 | 133 | 2.68 | 0.80 | 30 | 2.76 | 0.84 | 3 | 2.76 | 0.76 | 0.38 |
| 工作硬环境 | 111 | 2.95 | 0.88 | 133 | 2.74 | 0.82 | 30 | 2.37 | 0.86 | 3 | 1.67 | 0.77 | 5.58* |
| 组织管理 | 109 | 2.73 | 0.78 | 133 | 2.74 | 0.77 | 28 | 2.75 | 0.75 | 3 | 2.27 | 0.61 | 0.37 |
| 经济待遇地位 | 116 | 3.23 | 1.02 | 136 | 3.47 | 0.95 | 30 | 3.3 | 1.25 | 3 | 2.17 | 1.04 | 2.55 |
| 工作负荷 | 113 | 2.96 | 0.83 | 136 | 3.18 | 0.87 | 30 | 3.08 | 0.80 | 3 | 2.42 | 0.63 | 2.08 |
| 安全责任 | 116 | 3.15 | 0.88 | 136 | 3.00 | 0.94 | 30 | 3.05 | 0.89 | 3 | 2.67 | 0.29 | 0.68 |
| 家庭因素 | 114 | 2.30 | 1.11 | 133 | 2.08 | 1.08 | 30 | 1.58 | 0.99 | 3 | 1.67 | 0.29 | 3.83* |
| 自身能力因素 | 112 | 2.64 | 0.87 | 136 | 2.44 | 0.86 | 30 | 2.28 | 0.88 | 3 | 2.00 | 0.33 | 2.26 |
| 自我发展需要 | 113 | 2.84 | 0.81 | 135 | 2.65 | 0.84 | 29 | 2.27 | 0.78 | 3 | 2.25 | 0.75 | 4.21 |

从表32可以看出，不同年龄教师的职业压力存在差异，25岁以下教师在工作硬环境［$F(3, 273) = 5.579$，$p < 0.05$］以及家庭因素［$F(3, 276) = 0.724$，$p < 0.05$］方面的压力平均分明显低于

30～45岁及45岁以上教师。进一步做方差分析，结果发现这种差异不显著。

## （三）不同职称教师职业压力状况及其差异性检验

表33　不同职称教师职业压力状况及其差异性检验

| 变量 | 无职称教师 | | | 小教一级教师 | | | 小教二级教师 | | | 小教高级教师 | | | F值（p） |
|---|---|---|---|---|---|---|---|---|---|---|---|---|---|
| | 人数 | 平均数 | 标准差 | 人数 | 平均数 | 标准差 | 人数 | 平均数 | 标准差 | 人数 | 平均数 | 标准差 | |
| 总体压力程度 | 124 | 2.79 | 0.69 | 21 | 2.58 | 0.64 | 51 | 2.67 | 0.75 | 51 | 2.69 | 0.59 | 0.954 |
| 社会期望 | 144 | 3.06 | 0.92 | 25 | 3.19 | 0.76 | 59 | 3.03 | 0.91 | 54 | 3.13 | 0.71 | 0.27 |
| 制度变革 | 141 | 2.56 | 0.81 | 24 | 2.38 | 0.85 | 59 | 2.75 | 0.86 | 54 | 2.82 | 0.81 | 2.45 |
| 工作硬环境 | 142 | 2.89 | 0.85 | 22 | 2.55 | 0.77 | 60 | 2.57 | 0.89 | 52 | 2.49 | 0.95 | 3.92 |
| 组织管理 | 138 | 2.76 | 0.77 | 25 | 2.70 | 0.83 | 58 | 2.69 | 0.81 | 54 | 2.65 | 0.69 | 0.31 |
| 经济待遇地位 | 145 | 3.34 | 1.00 | 25 | 3.18 | 1.17 | 61 | 3.35 | 1.10 | 54 | 3.36 | 1.11 | 0.19 |
| 工作负荷 | 143 | 3.05 | 0.82 | 25 | 2.96 | 0.85 | 61 | 3.12 | 1.02 | 54 | 3.11 | 0.84 | 0.49 |
| 安全责任 | 145 | 3.17 | 0.92 | 25 | 2.20 | 0.84 | 61 | 2.91 | 0.99 | 54 | 2.90 | 0.89 | 1.77 |
| 家庭因素 | 143 | 2.14 | 1.07 | 25 | 2.21 | 1.19 | 58 | 1.98 | 1.03 | 53 | 1.75 | 0.91 | 2.01 |
| 自身能力因素 | 142 | 2.56 | 0.87 | 25 | 2.58 | 0.84 | 61 | 2.37 | 0.91 | 54 | 2.25 | 0.73 | 2.58 |
| 自我发展需要 | 142 | 2.81 | 0.81 | 25 | 2.58 | 0.83 | 59 | 2.54 | 0.96 | 54 | 2.43 | 0.76 | 3.34* |

从表33可以看出，不同职称教师的职业压力差异不明显，只是

无职称的教师在自我发展需要［$F$（3，277）=0.38，$p<0.05$］方面的压力平均分明显高于有高级职称的教师。

**（四）不同学历教师职业压力状况及其差异性检验**

**表34　不同学历教师职业压力状况及其差异性检验**

| 变量 | 初中及以下 | | | 高中或中专 | | | 大专及以上 | | | F值（p） |
|---|---|---|---|---|---|---|---|---|---|---|
| | 人数 | 平均数 | 标准差 | 人数 | 平均数 | 标准差 | 人数 | 平均数 | 标准差 | |
| 总体压力程度 | 2 | 2.37 | 0.047 | 110 | 2.81 | 0.69 | 152 | 2.72 | 0.68 | 0.77 |
| 社会期望 | 3 | 2.67 | 0.58 | 132 | 3.07 | 0.87 | 166 | 3.12 | 0.87 | 0.5 |
| 制度变革 | 3 | 2.42 | 2.76 | 131 | 2.62 | 0.78 | 164 | 2.59 | 0.87 | 0.39 |
| 工作硬环境 | 3 | 3.00 | 0.87 | 130 | 2.90 | 0.87 | 164 | 2.59 | 0.87 | 4.70 |
| 组织管理 | 2 | 2.4 | 0.28 | 128 | 2.75 | 0.77 | 164 | 2.72 | 0.78 | 0.21 |
| 经济待遇地位 | 3 | 3.50 | 1.50 | 136 | 3.19 | 0.99 | 167 | 3.45 | 0.99 | 2.35 |
| 工作负荷 | 3 | 3.08 | 0.38 | 133 | 3.02 | 0.79 | 167 | 3.12 | 0.90 | 0.51 |
| 安全责任 | 3 | 2.67 | 0.76 | 136 | 3.06 | 0.89 | 167 | 3.04 | 0.94 | 0.28 |
| 家庭因素 | 3 | 2.16 | 1.60 | 135 | 2.22 | 1.09 | 162 | 1.95 | 1.06 | 2.39 |
| 自身能力因素 | 3 | 2.44 | 1.34 | 133 | 2.59 | 0.86 | 166 | 2.35 | 0.85 | 2.94* |
| 自我发展需要 | 3 | 2.83 | 0.38 | 133 | 2.72 | 0.80 | 165 | 2.64 | 0.88 | 0.33 |

从表34可以看出，不同学历教师的职业压力存在的差异不大，

只是在自身能力因素［$F$（2，299）=1.71，$p<0.05$］方面的压力有些差异。进一步做方差分析，结果发现，并不是所有不同学历的教师在自身能力因素上都有差异，差异比较明显的是初中以下的教师与初中以上的高中、大专学历的教师。中专（高中）和大专及以上学历的教师无明显差异。

## 四、幼儿园教师职业压力影响及其分布状况

国内外有关教师职业压力影响的研究表明，教师职业压力的影响主要表现在对教师心理、生理和行为等方面的影响上。本问卷以此为依据，就教师职业压力影响设计了12个选项（即12种消极影响），并对这些选项进行随机排放。结果表明，教师职业压力对教师的心理、生理和行为均有一定的负面影响。此外，研究者还对第六题想改行（或退休）教师的年龄分布情况进行了分析，结果发现：想改行教师所占比例相当大，为57.8%，年轻教师中想改行的人数比例超过平均数，为66.1%，越年轻想改行的人越多。见表35和表36。

表35　幼儿园教师职业压力的负面影响排序（$n=310$）

| 排序 | 1 | 2 | 3 | 4 | 5 | 6 | 7 | 8 | 9 | 10 | 11 | 12 |
|---|---|---|---|---|---|---|---|---|---|---|---|---|
| 影响 | 浑身疲惫 | 睡不好觉 | 焦虑烦躁 | 改行，提前退休 | 胃口不好 | 疾病 | 注意力不集中 | 工作效率不高 | 缺乏自信 | 工作出现错误 | 向幼儿发脾气 | 怠工，体罚幼儿 |
| 平均数 | 3.16 | 2.95 | 2.68 | 2.66 | 2.62 | 2.32 | 2.19 | 2.09 | 2.04 | 1.93 | 1.91 | 1.39 |
| 标准差 | 1.28 | 1.28 | 1，19 | 1.38 | 1.19 | 1.36 | 1.11 | 1.08 | 1.05 | 0.98 | 1.00 | 0.74 |

表 36　想改行的幼儿园教师的年龄分布情况

| | 25 岁以下 | 26 ~35 岁 | 36 ~45 岁 | 45 以上 | 总计 |
|---|---|---|---|---|---|
| 总数 | 115 | 134 | 30 | 3 | 282 |
| 人数 | 76 | 73 | 13 | 1 | 163 |
| 百分比（%） | 66.1 | 54.5 | 43.3 | 33.3 | 57.8 |

# 第三节　现状分析与讨论

## 一、幼儿园教师总体职业压力状况分析

教师总体职业压力感是指教师对自己的工作压力状况的总的看法，它反映了教师职业压力存在的程度。教师总体职业压力感是分析教师总体职业压力状况的一个重要指标。近年来的各项研究结果显示，“幼儿园教师普遍感到工作中承受着较大的职业压力”，“教师实际的工作时间远远超过国家的规定”，因此“疲劳感较深”。研究者一致认为，近十几年来社会变迁及其导致的教育改革不断对教师职业提出新的要求和期望，使教师不断面临新的挑战。这些要求、期望和挑战“给教师们造成愈来愈大的压力，”从而导致对其所从事职业“产生消极的态度和行为”。是否所有的教师都处于高压力状态下？压力成为教师工作发展的绊脚石吗？改革开放已经 30 多年的珠三角地区的幼儿园教师的职业压力感有多大？针对这些问题，我们对以上的研究结果做分析与讨论。

本研究通过两道题考察幼儿园教师总体职业压力状况。一道题是“您认为当教师有压力吗？”另一道题是“如果有，您的压力有多大？”对这两道题回答“没有压力”或“有点压力”的共 76 人，仅占被调查对象总数的 24.5%，而回答“压力很大”或“压力太大”的有 132 人，占调查对象总数的 42.57%，总体压力平均分为 3.23，

呈正态分布，处于压力中等偏大这一区间。这一调查结果与国内学者李生兰[①]（2000）、卢长娥[②]（2006）的研究发现半数左右的幼儿园教师面临较大的职业压力基本一致。进一步调查发现，与其他同类性质问题的研究相比，珠三角地区幼儿园教师在压力来源因子均值较高的有工资待遇低、工作负荷重、安全压力大、社会地位低等。这一情况应当引起社会和教育管理工作者以及教育教学研究人员的关注。

## 二、幼儿园教师职业压力影响状况分析

压力本身并不完全是坏事，有点压力是必要的，“完全没有压力等于死亡”。适度的压力会引起人们适度的焦虑和紧张感，使人动作敏捷，记忆力和思维能力增强，从而成为人们活动的动力。但是，如果压力过大，则会引起人们过度的紧张，导致注意和知觉范围狭窄，正常的思维活动受到干扰和限制，从而降低活动效率，甚至导致活动失败。长期的心理压力过大，会引起个体持续的心理紧张，并由此引发一系列的身心疾病。由此可见，压力是一把“双刃剑”，处理得当则会产生积极影响，处理不当则可能产生消极影响。这些消极影响主要表现在以下几个方面：

第一，过大的职业压力会影响幼儿园教师自身的身心健康，尤其是其心理健康。Spooner 曾调查了 296 名小学教师在职业压力下可能产生的各种症状，结果发现得分最高的四种症状是疲惫、紧张、挫折感和焦虑。心理学研究也表明：过度或过于持久的压力常使人产生焦虑、紧张与压迫感，如果这些不良的情绪和心理长期得不到缓解，又会反过来增加人的心理压力，形成恶性循环，甚至导致生理疾病。本次调查结果也显示：职业压力使教师产生了焦虑、担忧、情感倦怠、

---

① 李生兰．幼儿园教师工作压力调查研究［J］．山东教育（幼教版），2000（5）

② 卢长娥．幼儿园教师工作压力现状及其与心理健康的关系探讨［J］．学前教育研究，2006：7～8

压抑、丧失自信心等心理障碍；半数以上教师感到身体疲劳，一些教师还出现了身体疾病（见表35）。由此可见，过大的职业压力已经对幼儿园教师的身心健康构成了威胁。身心健康是教师发挥其工作积极性、创造性、获得事业成功的必要条件。教师的身心健康如果受到威胁和破坏，教师的工作热情就会被抑制，其意志和自信心就会被销蚀。身心健康也是教师拥有幸福人生的一个不可缺少的条件。因为教师的身心健康直接影响教师的人际交往态度与行为，不仅影响其师生关系、同事关系，而且影响其家庭关系、家庭生活的氛围与质量。因此，关注幼儿园教师的职业压力问题，促进幼儿园教师的身心健康在当前显得尤为必要。

第二，幼儿园教师过强的职业压力影响幼儿的发展和健康成长。如前所述，过大的职业压力是导致教师心理危机、影响教师心理健康的关键因素，而教师的心理健康水平又会对幼儿的成长与发展产生重要的影响。一个情绪紧张、烦躁、忧郁的教师，常常使教学活动形成一种紧张与压抑的气氛，使幼儿惶惑不安、如坐针毡。过大的职业压力极易使教师产生泄压心理，将工作生活中所遭遇到的压力和挫折转嫁到幼儿头上，在工作中以粗暴的方式对待幼儿（如打骂、体罚幼儿）。教师因心理压力过大导致的不当教育行为常常会直接伤害幼儿的自尊心、自信心，使幼儿产生焦虑、压抑、抗拒、逆反等心理，严重影响幼儿人格和情感的健康发展。本次调查（见表35）显示幼儿园教师虽然把向幼儿发脾气和打骂、体罚幼儿列在影响的末位，但是这种对幼儿最具直接伤害的行为还是时有发生。（这里还是自我报告为数据，实际的行为可能比调查数据要严重得多）。

第三，过大的职业压力影响教师的专业发展和教师队伍的稳定。教师长期承受较大的职业压力容易导致职业倦怠。教师一旦产生职业倦怠，就会对教育工作完全失去热情，甚至开始厌恶、恐惧教师职业，表现出明显的离职倾向，造成大量教师流失。这些消极情绪和行为常常会在教师之间相互强化，进而影响到整个幼儿园的士气，对幼儿园的教学质量造成严重的影响。本次问卷调查中，有61.66%的教师报告每天工作下来疲惫不堪，57.8%的教师表示想改行或提前退体。这些数据表明，过大的职业压力已使约有半数幼儿园教师对教师职业缺乏认同感和归属感。这种“老的要退，中青年要走”的不良倾向势必会影响幼儿园教师队伍的质量与稳定。尤其令人担忧的现象是，在我们的调查对象中，年龄越小，要求转换职业的人数比例越大（见表36）。青年教师是未来教育改革与发展的希望，是教师队伍的生力军。教育实践证明，一流的教育需要有一流的青年教师队伍。幼儿园教师队伍，尤其是青年教师队伍的稳定性值得我们高度重视，教师队伍不稳定，不仅不利于教师个人的专业发展，更不利于保证教育质量的提高与教育事业的稳定发展。

## 三、幼儿园教师职业压力的主要来源分析

我国幼儿园教师职业压力的主要来源依次是经济待遇地位、工作负荷、安全责任、社会期望、工作硬环境、组织管理、自我发展需要、制度变革、自身能力因素、家庭因素等，其中前四项对教师职业压力具有显著预测作用。

调查结果表明，幼儿园教师压力平均分在3.0分以上的项目就有4项：经济待遇地位（3.33）、工作负荷（3.08）、安全责任（3.05）和社会期望（3.04），这说明珠三角地区幼儿园教师在这几个因素上压力较大，其次是组织管理、工作硬环境、自我发展需要和制度变革；在家庭因素、自身能力因素等因素方面压力相对较小（见表27和表30）。同时也表明目前幼儿园教师职业压力的来源较多，按照从重到轻的顺序排列，主要来源依次为经济待遇地位（3.33）、工作负荷（3.08）、安全责任（3.05）和社会期望（3.04）、工作硬环境（2.73）、组织管理（2.73）、自我发展需要（2.68）、制度变革（2.65）、自身能力因素（2.47）、家庭因素（2.08）。与国内外同类研究相比，本研究得出的幼儿园教师的主要职业压力来源的结论与其大体一致，只是在某些压力维度上的感受程度有所不同而已。与国内外同类中小学教师职业压力研究比较，我国幼儿园教师职业压力的主要来源很明显地表现为既具有共同性（如经济待遇地位、工作负荷、

社会期望等），又具有特殊性（如安全责任排第三位，中小学是很少出现在教师压力的重要位置的；幼儿园教师没有考试压力，而考试压力是中小学教师的头等压力源），还具有时代性（反映了当前幼儿园教师职业压力发展变化的新趋势，如幼儿园转制、自我发展需要等因素）。由此可见，分析当前幼儿园教师职业压力问题，要把握它受影响因素的多样性，进行多因素、多角度地分析。

1. 工作负荷重、繁琐是幼儿园教师的第一职业性压力源

主要体现在：

一是工作时间长。从不同类型幼儿园教师工作时间统计表（表28）中，我们可以看到，珠三角地区幼儿园教师平均每周的工作时间为44.5小时，其中公立幼儿园为40.6小时，基本是五天制工作日，每天8小时；而私立幼儿园平均每周的工作时间为48.1小时，71.8%的私立幼儿园教师每周工作46小时以上。在我们所调查的私立幼儿园中，多数实行每周6天工作日。在被访谈的一个私立幼儿园教师向我诉苦：我每天7点45分到幼儿园，在幼儿8点到园前做各种准备工作。8点到11点半接入园孩子、开展各种活动、上课。到中午12点孩子吃完午饭，安顿好午觉，才有所放松。但每周还有两到三天中午要当保育员，因为我们每班只配备两个老师，无保育员，全园只有一个卫生工兼保育员，忙不过来，园长怕出事，要我们轮流值班。

二是班级人数多。《幼儿园工作规程》规定，小班每班人数25人，中班30人，大班35人，且配备2教1保。但我们所调查的幼儿园中发现，班级人数最少的为25人（多为生源问题），最多的达到60多人；班级人数超过35人的班级约占63.8%，其中班级人数在40人以上的班级约占35.4%。公立幼儿园人数超标的现象不算严重，特别是省级幼儿园，为避免经常性的检查的麻烦，一般都在《幼儿园工作规程》规定的范围内超5人左右。但私立幼儿园的班级人数都严重超标，在一些地方，私立幼儿园班级人数在50人以上的是普遍现象，甚至有70～80人之多。班级幼儿人数过多，必然增加教师的工作量。比如，要多制作学具和操作材料，延长个别辅导的时间，

增加管理幼儿生活和做家长工作的时间等，加重了教师的负担。

三是案头工作多。案头工作挤占了教师许多休息时间，是导致教师工作时间长，工作负担重的最直接的原因。占用时间较多的案头工作主要是：制订教育计划和书写教案，写观察记录和幼儿成长档案，写教育笔记和心得，准备教具和学具，写听课笔记和活动效果分析，写电教活动记录、社区活动记录、安全活动记录，制作教学软件，写论文、总结，写家园联系册以及为节庆活动排练节目等，这种现象在公立幼儿园较为严重。为了完成案头工作，教师不得不利用业余时间。私立幼儿园在这方面要求不高，相对来说受案头工作困扰的现象较少。

四是开课多、比赛多。每年、每学期，甚至每个月，幼儿园都有对外公开课、观摩比赛等活动，尤其是一些示范园、实验园更多，此外，区（县）里、市里、省里经常举行一日、半日活动设计比赛、论文比赛、玩教具制作比赛、课件制作比赛、赛课或各项技能大赛等。开课、参赛的教师要投入大量的时间做准备。

幼儿教育工作的特殊性，使教师感到紧张、疲惫。幼儿教育工作的特殊性主要表现为：全面、细致以及重大的安全责任。全面、细致往往使教师感到工作繁琐、十分疲惫，重大的安全责任使教师感到万分紧张。幼教工作付出的不仅是体力，更是心力。访谈中，当问及工作了一天的教师感觉如何时，听到最多的回答一定是“累”。“累”几乎成了幼儿园教师表达工作状态的主要词语。“中午能不能让我休息一会儿”成了幼儿园教师的企求。

幼儿园老师从早上一进大门，就没有休息的时间，像一个高速旋转的陀螺，一刻也别想停下来。从孩子入园开始，老师要了解观察孩子的基本情况，提醒他们晨间劳动、组织晨间谈话，安排好场地和孩子一起早锻炼，然后喝牛奶、吃早点，进行两个集体活动，完了还要组织孩子开展游戏。到了吃饭的时间要帮孩子盛饭添菜照应着。两个老师只要谁是主班，那嘴巴就别想停下来。从实习的时候开始我就养成了上班不喝水的习惯，根本没有时间让你去上厕所呀。小学老师下课了可以回办公室休息，我们根本没有可以松弛神经的时候。

表面上我们是在和孩子玩，实际上，我们就像孩子的保姆，要陪他们玩，陪他们上课，即使是吃饭、上厕所也少不了我们，谁说我们轻松了？我们的工作量是中小学教师的数倍，幼儿玩心大，不小心磕了碰了，甚至尿裤子了，我们都要负责任，太累了！

每天除了正常的课堂教学活动外，孩子的吃、喝、拉、撒、睡都要盯得紧紧的。现在我们每天都要对孩子的一日生活情况进行详细记录：喝了几杯水、吃了多少饭、上了几次厕所等，并且还要及时向家长进行公示。

据了解，根据国家现行的规定，幼儿园教师每周工作40小时，每天工作8小时，但由于许多幼儿园开办各种"兴趣班"、"特长班"、"便民班"，教师实际工作时间远远超过国家规定，为数众多的幼儿园教师还必须在业余时间参加高一层次的学历进修，否则就有下岗的危险。幼儿园教师常常感到疲劳。

幼儿园教师工作繁重、烦琐是一种全行业的普遍情况。笔者在一家幼教网站的BBS上看到了关于这个问题的许多帖子，有一定的代表性，现在辑录如下：

听风的歌：我工作10年了，感到一年比一年累，耐心一年比一年少，对班级里的孩子比较烦躁，对自己的孩子也是一样。有时候也感到很愧疚，孩子是无辜的，可是自己的情绪常常不稳定。对老公也是这样。我想我不会一辈子呆在幼儿园里，因为随着年纪的越来越大、情绪会越来越不稳定，我可不想变成神经质的女人。可是在幼儿园呆久了，社会上的一些新事物接受得也少了，能换什么工作呢？我只有指望老公事业上成功一些，凭关系帮我换个轻松点的工作，我和他谈过不止一次，我最大的愿望就是能到图书馆工作，不为别的，就是为了能有安静的环境，你们懂我的意思吗？这么多年在幼儿园工作，安静是最大的奢望，听到孩子的吵闹，头都要胀裂了！

Audrey：又要写教案、论文了，哎，为了评职称、积累资本，硬要参加什么市区的论文教案比赛。悲哀呀，不写又不行。真搞不懂那有什么用？我只想全心全意地去爱孩子，和他们成为朋友，快乐地游戏。为什么非要用上课的形式？美其名曰集体活动，能学到什么呢？也许他们根本不需要学习，重要的是游戏和快乐。

无所适从：幼教改革首先要让教师减负，我们也在呼吁。可作为园长的我们也无能为力，因为上级领导要检查，检查要看资料，评比要资料。不参加吧，幼儿园上不了等级，降低了幼儿园的社会声誉的后果可想而知。我们也有写不完的总结、汇报材料。我也加班，也烦，也怨。可我们只能默默忍受。所以我要说理解万岁，社会各行各业都充满了竞争，我们也不例外。

幼师的老公：我是一个幼儿园教师的老公，你们的苦我也知道。我老婆天天早上六点多起来上班，说是五点半下班，但好像很少，六点、七点是常事。自从来了个新园长就更惨了，一天十几个小时在幼儿园。一个月还要交一大堆的论文、教案。那个园长好像还认为不够，加两篇读后感上去。回家写这写那、做教具。星期六、星期日加班当饭吃。这样的活能不让人干得心烦吗？

小羽：不要说老公了，连我儿子也经常对我说："妈妈，你为什么不早点睡？"我说："妈妈要备课。"儿子说："你为什么总在备课？是不是你们的园长看你们没事干？"我苦笑着说："也许吧！"我家里不仅有一个多做家务的老公，还有一个善解人意的儿子，妈妈只会对别人的孩子眉飞色舞地讲故事，当面对自己的孩子时，已经筋疲力尽了！有愧啊！

真实的梦幻：我老婆也是幼儿园老师，现在我看我的幼儿教育理论要比我老婆高明，因为她没有时间去研究和看书，每天应付检查、考核就忙不过来了。我倒经常帮她找论文。小孩子就交给父母带了，没有时间。她园里就有一个老师的老公跟别的女人好了，离婚了，没有办法，正常的夫妻交往也没有了。搞行政的，每天没有事情干，只好找点事情让老师干，不然要他们干什么，早下岗了。前面有老师说让我们做家属的配合你们，但你们有没有想过，我们也是有工作要做的，我们也不是在吃干饭的，我们也有我们的事业，我们也有感情的，我们也是需要理解的。

累了的老师：我越来越不懂这幼儿教育了。这还是我一直想要为之奉献一生的、我喜欢的工作吗？No！No！No！它现在正在远离现实，步步走入怪圈，一个令每一位热爱并立志为之奋斗终生的人心寒的怪圈。无尽的作业使她们疲于应付，试想，一群忙于应付的人还会有好心情去面对那些孩子吗？

2. 安全责任是幼儿园教师很大的职业性压力源

幼儿由于年龄较小，自我保护能力较弱，相对而言易受到伤害。而独生子女的现实，又使家长对孩子的人身安全极为重视。若是孩子出点意外，各方的压力都会聚焦在教师身上，教师要承担主要责任，而且教师还要承受自责和内疚。由此，几乎每一位教师都担心幼儿在园时发生意外事故，上班高度紧张，长期处于焦虑和不安的状态。为保险起见，她们也尽量避免让幼儿参加一些有一定风险的活动，上体育课的积极性也不高。有的教师干脆说，为了避免幼儿在园发生意外事故，也只好采取“养小猪”的办法。意思是尽量让幼儿安静地呆着，这样可以不出事，幼儿园园长、教师、家长皆大欢喜。

“这工作责任大。小孩自我保护能力弱，爬栏杆掉下来可能就会摔死。若摔破了点皮，家长都会讲，老师还得赔礼道歉。我们有高度的责任感，上厕所能两次变成一次的，就一次解决，眼睛不能离开孩子，万一出事了怎么办？我们整天盯着小孩，提心吊胆地就怕出事。下班时我的第一感觉是：今天终于平平安安了，我安全了！要是没有寒、暑假，幼儿园教师非神经错乱不可，太紧张了！”（访谈录）

“心累呀！你有同感吗？面对班中超额的幼儿，在当前安全放在首位的形势下，作为教师带班时的神经是高度紧绷的，唯恐出事。因为一旦出事不仅要面对家长的指责，还要面对领导的批评，甚至还要承担经济赔偿，身心倍感压力！”（访谈录）

“每次开会谈到以前××幼儿园因蚊香燃着被子引起火灾致死等事故时，老师们一个个都脸色铁青。家长见孩子脸上有点抓伤痕迹就

会打电话质问老师，我们都是心悬悬的。”（访谈录）

我曾访谈惠州市机关第二幼儿园的彭园长，她说起去年九月份发生的事情时，脸上还带着悲哀与无奈。

事情是这样的：去年九月份，开学第一周星期五下午，小一班的张老师正忙于应付接孩子的家长。班上的小A和其他几个小朋友和所有新入园的孩子一样，正着急地站在门口盼望着家长的到来。小A和小B看见他们的家长迎面走来，同时想涌出门口。但这时门口堵塞着。小A和小B便你推我、我推你，相互挤压，最后你咬我一口，我咬你一口。其中小A的手被小B咬得深一些，有红红的牙印（未出血）。家长心肝宝贝地嚷嚷着。为这事，张老师恐惧害怕得不得了，园长也亲自插手管理此事。首先向家长赔礼道歉，老师甚至晚上还带着水果上门看望孩子，一再表示歉意。园长还做通小B家长的工作，要他向小A及其家长道歉（小B的家长开始不同意，说小A也咬了我孩子，凭什么要我道歉?），但小A的家长不依不饶，提出马上要去防疫站打疫苗，怕孩子得狂犬病（她的思维逻辑是：怕小B身上有狂犬病病毒），得知狂犬疫苗不能随便打以后，要求小B做狂犬病毒鉴定。后来又要求赔偿精神损失费。折腾了半个月，不知费了多少口舌，做了多少工作，才把这件事平息下来。

本来，幼儿刚入园五天，基本的行为习惯、规章制度尚未建立起来（有些孩子在家养成的唯我独尊、为所欲为的习惯很难一下子改掉），所以出现接园时的混乱现象（特别是新教师）或孩子之间的打闹都属于正常现象。但现在的独生子女太宝贝了，太娇贵了！家长要求老师也能像在家里看管一个孩子那样周到、细致，那是不可能的。试想一下，你在家里，专人甚至多人围看着孩子，也还会出现意外啊！

这件事对张老师打击很大，她向园长哭述：当幼儿园老师怎么这么难？打了离职报告。这是一位很优秀的教师，园长再三挽留，但学期结束后，她还是离职了。

3. 社会、家长对幼儿园教师角色缺乏理解，期望值过高和经济收入偏低的矛盾依然是幼儿园教师的另两个主要的职业压力来源

教师作为一种职业，在人类历史上所发挥的作用是极其重要的。教师的劳动关系着青少年儿童个体精神和体魄的健康发展，关系着人类文明成果的继承、传递与发扬，关系着教育的发展、国家的兴衰。教师对社会的推动作用是不可估量的。正因为如此，社会各界都对教师寄予厚望，对他们提出过高的要求和期待。“国之大计，教育为本；教育大计，教师为本”，政府将国家振兴的希望寄托于教师，家长将孩子的前途托付给教师。“没有教不好的学生，只有教不好的教师”就是这种心态的反映。教育一旦有什么闪失，政府、媒体和学生家长就会将其归罪于教师，这无疑都给教师造成巨大的心理压力。威尔逊提出：“所有对他人高度负责的角色，都存在相当多的冲突和不安全感。”教师作为一种对学生和社会高度负责的职业，所产生的角色冲突之多、心理压力之大是可想而知的。

“没有教不好的学生，只有不会教的老师。”这句话被教师们用来作为座右铭是应该的。实际上，确实有许多幼儿园教师在反思自己教学问题的时候会用这句话来鞭策自己，把它视为自己从事教育事业的追求。但不幸的是，这类话语常常被我们教师之外的诸如家长、领导、媒体人士拿去作为与教师对峙的“重磅炸弹”，从而掌握了对幼儿园教师批判的话语霸权，以至于常常使教师们处于无话应对的状态。教师有强烈的孤独感，这不仅因为他从事的劳动是一种相对的个体劳动，而且也因为全社会对教育产生了过高的期望，教师往往要受到许多不公正的批评。

但是，社会、家长却忽略了人的成长发展是受遗传、环境、教育、人的主观能动性等多种因素制约的。遗传的差异性、环境的多样性、儿童发展的动态性和主观能动性，决定了教师工作的复杂性。教育不是万能的，它只是多种交互影响因素中的一种。教育实践的多样性和复杂性，教育实践对象的特殊性和差异性，造成教师工作出现失误在所难免。如“小摔小碰”等安全问题防不胜防，家长的不理解、

媒体的偏激报道往往导致幼儿园教师带班时提心吊胆，压力巨大。部分家长认识到教育对幼儿发展的重要作用，但是却不能全面理解教育在对幼儿发展因素中的局限性，因此往往把幼儿发展的好坏归咎于教师的教育，误认为“幼儿是一张白纸”，可任由教师去描绘，而忽视了幼儿自身作为发展主体的地位和作用，这加重了教师教育的心理负担。

“家长把孩子送到幼儿园，就好像是要进保险箱一样！带班的时候，总是担心孩子会磕到、碰到。我有时甚至想，要是自己的孩子，可没那么大耐心这么悉心照料！”（访谈录）

“随着社会的发展，家长对幼儿教育的要求越来越高，幼儿园教师必须精通‘十八般武艺’，要求是大专以上学历，学历未达标者，难以上岗，可能还会被淘汰，所以我们的压力并不小。”（访谈录）

现在由于竞争激烈，社会、幼儿园和家长们对幼儿园教师的要求也越来越苛刻，在生活照顾上按金牌保姆要求，在教学上以专家为标准，在长相上向明星偶像看齐，要心灵手巧、能歌善舞，还要当孩子的心理医生……在这样的重重压力之下，老师们的身心都受到考验。

请看一位幼教理论工作者对幼儿园教师提出的角色要求①：

幼儿园教师的职业性质及多重角色期待决定了幼儿园教师必须具备多元职业能力，方能扮演好这一社会角色。我们认为幼儿园教师具有三维职业能力结构较为合理。下图是笔者试图提出的这一理论模式。

（1）第一维度是认知能力。

这是人从事一般性活动所必须具备的能力。它包括观察力、记忆力、注意力、想象力、思维能力、语言沟通能力等因素。但作为幼儿

① 饶淑园．幼儿园教师职业能力结构的理论构想［J］．江西师范大学学报，2002（4）

园教师，其侧重点有所不同。如观察力，它是幼儿园教师洞察幼儿内心世界和个性特征、发挥教育机制、因材施教的先决条件。思维能力是指在对幼儿的教育教学过程中，发现、分析和解决问题，并能进行一定的判断和推理、灵活处理各种各样的情况的能力。语言沟通能力是指能适应于各种情境、对象，与幼儿及家长进行灵活有效的交流、沟通的能力。还包括非言语沟通方式的表情动作、体态手势（如微笑、点头、适时的抚摸、搂抱幼儿等）。一般能力是教师必备的能力，具有普遍性。

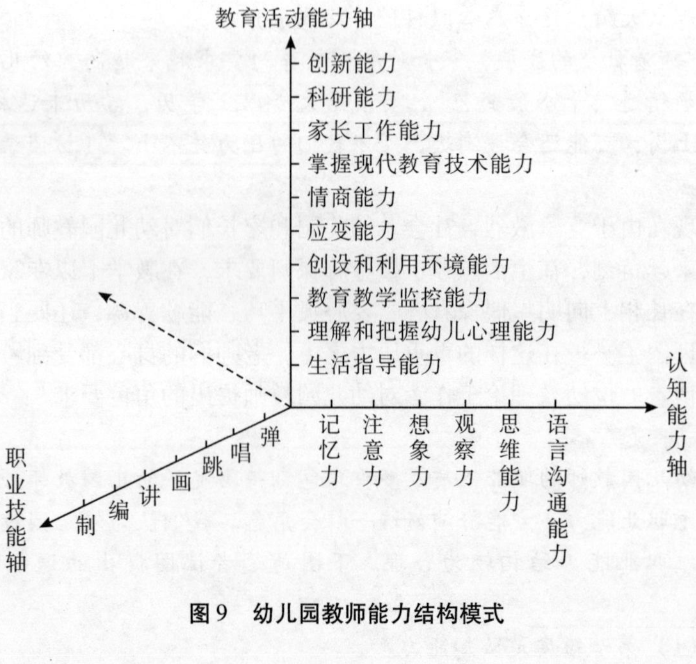


**图9　幼儿园教师能力结构模式**

（2）第二维度是教育活动能力。

它是幼儿园教师为实现教育目标，在开展各种教育教学活动过程中表现出来的能力倾向。随着《幼儿园工作规程》对幼儿园教育目标的重新定位，幼儿园教学已从传统意义上狭义的“上课”变为广义上的“教育活动”，并要求教育活动要贯穿于幼儿园一日生活中。

因此，对教师的教育活动能力要求的范围也扩大了，即凡是开展幼儿园教育活动需要的能力都在其范围之内。但笔者认为主要有以下十种。

第一，生活指导能力。这是幼儿园教师的基本能力。

第二，理解和把握幼儿心理能力。这是贯彻因材施教教学原则的基本要求。现代教育主张充分发挥幼儿的主动性，“要创造适合儿童的教育，不要选择适合教育的儿童”。教学要把握幼儿的“最近发展区”以取得最佳效果。这些都要求教师要具备一定的儿童教育、心理学的知识，把握幼儿心理发展动向和发育成长的特点、规律，有的放矢地开展教育教学活动。

第三，教育教学监控能力。它是幼儿园教师从事教育教学活动的核心能力，是指教师为了保证教育的成功，达到预期的目标，将教育活动本身作为意识的对象，不断地对其进行积极、主动地计划、检查、评价、反馈、控制、调节的能力。

第四，创设和利用环境能力。此能力要求幼儿园教师要具备一定的审美情趣和审美能力；有利用环境的自觉意识；能营造轻松愉快、富于安全感、充满爱心的心理氛围。

第五，应变能力。即教育机智。即对教育活动中出现的突发情境作出迅速反应，果断决策，灵活处置的能力。它是教师自身素质高低的重要表现之一。

第六，情商能力。幼儿园教师具有中等智商水平者基本能胜任工作，但应具有更高的情商（EQ）能力。与学校教育不同，幼儿园教育不是很强调“教书”，而是更重视“育人”，育身心和谐发展的新人，工作见之于微处，细水长流，烦琐枯燥。幼儿园向教师提出的“五心”要求，其中就涵盖了EQ能力。现代幼儿园课程目标已由传统的认知—知识—情感目标次序重新定位为情感—知识—认知目标，说明对幼儿的情感教育，培养高EQ已被提到议事日程。高情商的幼儿，需要高情商的教师来培养。

第七，掌握现代教育技术能力。随着各种现代化的教学手段如电影、电视、录音、录像、幻灯、电脑及互联网等媒体在教学中的大量使用，幼儿园教师掌握这些技术已成为现代社会的必然要求。

第八，家长工作能力。幼儿园教师应具备与家长的沟通联系能力，为幼儿的发展提供更有利的环境。

第九，科研能力。科研能力的提高不仅有利于教师自身素质的提高，而且还有利于提高幼儿教育活动的质量。它也应成为现代幼儿园教师的能力素质之一。

第十，创新能力。现代社会需要创新型人才。创新型人才的培养需要有创新型的教师。创新型的教师会开拓、发展学生的创造性；无创造性的教师多会压抑儿童的创造性。所以，教师具有创新能力是现代幼儿园教师能力结构不可或缺的一方面。

(3) 第三维度是幼儿园教师的职业技能。

它是幼儿园教师职业能力的突出特色，也是最基本的专业能力。它包括弹（琴)、唱（歌)、跳（舞)、画（画)、讲（故事)、编(儿歌、简单的舞曲)、制（作手工）等方面的实施操作能力。它是幼儿园实现教育目标的重要手段和保证。幼儿教育的目标是促进幼儿体智德美全面和谐发展，《幼儿园工作规程》也明确规定，要培养幼儿活泼开朗的性格、勇敢坚强的意志。教育目标的具体落实依赖于幼儿园教师在一日生活活动中采用多种教育教学途径去完成。而幼儿心理特征如认知的直观形象性，情感的多变易感性，个性的多样性等特点决定了幼儿园教师要采用不同于中小学的教育手段，方有成效。幼儿园教师在教育教学中充分发挥其弹、唱、跳、画、讲、编等基本技能，把枯燥乏味的知识形象化，使昏昏欲睡的教学活跃化，能调动幼儿学习的兴趣，激发学习热情，使教育教学达到最优化的效果。所以，传统上，幼儿园教育把弹、唱、跳、画、讲、编看作是幼儿教育的专业基本功，并非没有道理。

我们在研究幼儿园教师的职业能力结构中，发现还有些能力因素不能包含在这三维之中，然而它们与教师职业能力又紧密相连。如学习能力，作为终身学习的现代社会必备的个人素质，其对职业能力的提高具有很大的促进作用。我们正尝试虚拟第四个维度。

幼儿园教师的角色要求体现于其职责之中。1996 年国家颁布的

《幼儿园工作规程》对幼儿园教师的职责作如下规定："观察了解幼儿，依据国家规定的幼儿园课程标准，结合本班幼儿的具体情况，制订和执行教育工作计划，完成教育任务"；"严格执行幼儿园安全、卫生保健制度，指导并配合保育员管理本班幼儿生活和做好卫生保健工作。"这是国家对幼儿园教师的角色期待：教育者、幼儿生活的管理者与护理者。幼儿园教师必须按一定社会的要求对幼儿进行德、智、体、美全面发展的教育。

幼儿园提出幼儿园教师对幼儿要做到"五心"：即"爱心、童心、关心、热心、耐心"，具体地规范了幼儿园教师角色在职业道德方面的要求。

幼儿园教师对自己的角色认同又是如何的呢？请听一位幼儿园教师的现身说法①：

从你当上幼儿园教师的那天起，就等于把自己交给了孩子。提前制订计划，按照计划教他们学这个、学那个，事先准备好活动材料；要教他们唱歌、画画、做游戏，教他们认识很多东西，以及手上的技能、技巧等，还要教他们学会自我保护，懂文明礼貌，养成好习惯；孩子不会做的事要帮他做，有了问题也要去解决，哪个地方需要赶紧过去……不然，领导会认为你的工作能力不强，家长也会对你有看法，他们在乎孩子跟着你学会了些什么，并用这个来判断你是不是一个负责任的好老师……

这个老师更具体详细地描述了她们在幼儿园中扮演的角色：幼儿生活的设计者、照顾者、班级活动的管理者、人身安全的保护者、认知发展的促进者、知识的传授者、社会化的引导者……这是当代幼儿园教师最真实的角色写照。

如此高的职业要求，那么，社会、幼儿园是否就能提供相匹配的薪酬待遇来留住幼儿园教师呢？从调查结果中我们可以看出，幼儿园

---

① 郑三元．冲突与融洽——幼儿园班级制度化生活中的潜课程研究［M］．北京师范大学出版社，2001.108

教师的付出与其得到的相应报酬并不成正比例，与其内心的预期也有较大的差距（见表29）。如果教师的实际工作量和报酬不能成正比，会致使教师在工作中逐渐懈怠，降低工作积极性。特别是在私立幼儿园，教师不是国家编制，工资由幼儿园自筹，因此没有统一的工资标准。但如果一名新教师的工资待遇只等同于一名超市的收银员，教师的社会地位将无从谈起。各类幼儿园教师的实际收入和希望收入相差近一倍，这说明幼儿园教师对目前的待遇较为不满，认为自己的劳动付出远远超出现有的薪水价值，或者从现有社会的整体水平看，与同等社会地位者相比，自己的待遇还有待提高。

“一想到我的有些同学初中毕业后就去站柜台，每天8小时，每月包吃住还能拿1 500元。我一天下来最少也得工作10个小时以上，每天身心劳累也才有1 000多元，心里就不平衡。凭知识、文凭、长相、能力，我哪样比她们差？当年我是被挑选进入幼师学习的，是同学中的佼佼者哦。”（访谈录）

目前，社会以个人收入的多少作为成功与否的主要衡量标准，而幼儿园教师的收入相对较低。根据亚当斯（J. S. Adams）的公平理论，人们不仅关心自己报酬的绝对量，而且关心报酬的相对量。部分幼儿园教师通过不恰当的社会对比，也极易产生挫折感，从而诱发职业倦怠。倦怠具有传染性，如果部分教师留在原单位用很少精力投入他们的工作，而更多地去制造人际矛盾和扰乱工作秩序，这很有可能对身边的同事产生很多负面的影响。

根据《中华人民共和国教师法》第25条的规定，教师的平均工资应当不低于或者高于国家公务员的平均工资水平。城市中的教办园和机关事业单位举办的幼儿园基本执行了这一条规定。比如，深圳教办园正式教师月工资一般在3 000~4 000元，工龄长的超过4 000元；惠州市某机关实验幼儿园，教师的月工资基本上在1 200~2 000元之间。东莞市实验幼儿园20年教龄的教师年收入约3万元，10年教龄的约2万多元（该数据时间为2007—2008年）。教师们反映，虽然基本工资不低，可是别的单位（比如机关）奖金福利远远高于幼儿园，所以总收入低于国家公务员，这确实是不争的事实。

在调查中我们还了解到，教师虽然工作经常加班，可是基本没有加班工资。

惠州市某幼儿园的老师告诉我们，暑假期间带班，加班费一天只有30~40元。中午代替保育员工作不能午休，也没有加班费。很多私立幼儿园每周工作六天，法定的休息日上班也没有加班费。这是在他们进园时合同就签好了的。

同样做教师，但在公办幼儿园、私立幼儿园中，他们却不能享受同等的待遇。对这一点，幼儿园举办者有他们的理由，因为《教师法》第32条也说到，社会力量所办学校的教师的待遇，由举办者自行确定。在民办的中小学，依据这一条，举办者用高薪从公办校挖人才，可是在幼儿园却成为给低薪的根据，这真叫人无可奈何。

和小学教师、中学教师相比，幼儿园教师虽然没有升学的压力，但他们的工作强度并不小，对每个孩子的保护都要非常操心，他们不是单纯的体力劳动，对每个孩子出现的丝毫变化都要随时把握，特别耗费精力，但与之相对应的工资待遇还是偏低，以至于许多教师不满意这种现象，纷纷改行，使得人才流失成为幼教界的一个新问题。

笔者曾访谈惠州市一间机关幼儿园的园长，她说："在我们幼儿园，家里（老公）买了汽车的，不足半年，几乎都不干这一行了。"

4. 幼儿园改制带来职业危机感和自我发展需要是幼儿园教师职业压力的新来源

近年来，我国的教育体制正进行着如火如荼的改革，各市、区厂办、街道幼儿园也在改革的浪潮中跃跃欲试。珠三角更是走在时代的前列，幼儿园改制已经全面铺开。人事制度、聘用制度等改革对推进和深化教育教学改革、激发幼儿园的生机与活力，调动幼儿园教师工作热情能发挥较大的作用。但同时我们也看到，由于全社会的整体改革还很不配套，尤其是行业保障机制等还没有完全建立起来，聘任实施过程也缺乏必要的规范和约束。聘任制的实施打破了教师的终身制，但当前社会保障制度以及相应的法律法规还不健全，使得教师的合法权益得不到相应的保护。定位和身份都不明确，这引起教师极大的担忧和焦虑。一些幼儿园直接领导者或管理者时不时把“待岗”、“下岗”作为一种手段来“管理”教师，使得不少教师感到前所未有的精神压力，大多数教师的职业稳定感已不复存在。当初不少教师选择进幼儿园就是因为看重教师是一个“铁饭碗”，可以后顾无忧。然而还没有熬到退休却要被“请回家”，被不懂教育的‘小丫头’顶替；或者时时刻刻担心着下一个下岗的会不会就是自己。因“不公”引起的压抑、气愤、心态不平和，因“惧怕失业”而引起的危机感、压力感使得教师没有良好的心境去发挥自己教育教学中的聪明才智，丧失了亲近教育、热爱教育、珍惜教育的积极情感。

珠三角地区有些私立幼儿园，老板为了避免给付高工资，一般教师只聘用2～3年便换掉。反正外来找工作的教师多的是，不愁找不到人。在这类幼儿园，教师年流动率有时高达50%。还有一种新情况值得重视，在一些地区，以改制为名，将公办幼儿园卖给私人，而有些老板为了收回投资，首先拿教师工资开刀。在惠州，有位幼儿园教师告诉我们，改制之前她每月1 000多元，改制后只能拿到800多元。

然而，幼儿园改制带来的职业危机感并不牵涉到私立幼儿园的教师们，因为他们一进来就没有享受过公立幼儿园的待遇，他们是《谁动了我的奶酪》的那只老鼠——“依旧穿上溜冰鞋，随时准备接受新的挑战”。

自我发展需要是教师职业压力源的又一新发展。教师自我发展需要是指教师个体对提高自己专业发展水平的一种渴望，是教师现有工作能力与社会发展要求之间不平衡状况的一种反映。现代社会的发展对教师的职业要求日趋提高，教师的权威地位正面临挑战：其一，随着人们对早期教育重要性的认识的加深，越来越多的家长开始关注幼教信息和学习教育知识，幼儿园教师对幼儿教育的文化优势从总体上看缩小了，迅速发展的大众传播使得家长在家里就能与教师同时得到大量的信息。其二，教育改革对教师提出了更高的教育教学要求。近几年，我国教育领域进行了很多改革，如从应试教育向素质教育转轨、课程改革等，这些改革对教师提出了更高的教育教学要求。随着这些改革的不断深入，教师原有的知识技能远远不够用了，他们必须掌握新的教育学、心理学、文化学等方面的知识，同时也必须掌握现代信息技术教育的手段与方法。面对新形势下教育思想和观念、教学课程和内容、教学方法和手段的变革，幼儿园教师无论在知识水平还是教育教学能力方面都存在诸多的不适应，以至于有“跟不上时代”之感。所以幼儿园教师存在非常迫切的自我发展的需求和压力。

5. 工作缺乏成就感

有几个人还记得自己幼儿园的老师？那是因为幼儿园老师对他们来说“源远流长”。而中小学老师被记住的、对人影响深刻的例子记载很多，魏巍《我的老师》描述他小学的蔡老师的生动形象令很多读过的人还记忆犹新，她也是小学老师职业光荣引以为豪的范例。但有几个人还记得自己幼儿园的老师？被引用最多的一个案例是：

有个科学院的院士成名后接受媒体采访，当被问及“您在哪所大学学到您认为最重要的东西”时，他回答：“在幼儿园。学到把自己的东西分一半给小伙伴，不是自己的东西不要拿，做错事要表示歉意……”这最重要的东西说的就是习惯。

但这个案例只是说明幼儿园教育的重要性，特别是早期教育对幼儿行为习惯的培养影响幼儿一生的发展，并不是具体哪个老师对他的影响。因此，工作缺乏成就感是很多幼儿园老师共同的感受。

访谈中，工龄15年的赵老师讲到她的失落：

有一次，在路上我碰到十年前我教的一个幼儿。我跟她打招呼，但她似乎不认识一样，想了很久才叫出“赵老师”。我一阵失落。那可是我全身心打造的一个“精品”：讲故事、诗歌朗诵、节目主持……我在她身上可花了不少时间哦！

工作没有成就感还体现在老师感到幼儿园工作的繁琐，工作没有挑战性和创造性，简单重复，如幼儿一日生活的照料以及与教学活动无关的事务等。这也是笔者访谈中幼儿园老师反映较多的感受。在商品经济浪潮的冲击下，面对一些简单劳动换取高额经济收入以及社会现实中其他种种光怪陆离的现象，教师容易对原有的价值观产生怀疑而导致不公平感，心态失去平衡。“高级保姆”的说法还存在，部分家长对幼儿园教师缺乏起码的尊重，使教师成就感削弱，产生失望情绪。幼儿教育不属于基础教育的范畴，相对于其他教育阶段而言，教育部门重视不够。同样的付出，不同的工种，幼师一级相当于小教二级，幼儿教育被视为教育界最低等的教育，这些现象都使幼儿园教师产生自卑感。

## 四、不同背景因素幼儿园教师职业压力状况分析

1. 公立幼儿园与私立幼儿园教师职业压力状况分析

本研究结果表明：私立幼儿园教师总体压力比公立幼儿园大一些。私立幼儿园在工作硬环境方面比公立幼儿园教师压力更大一些；但制度变革对私立幼儿园教师比公立幼儿园教师压力小一些（表31）。这可能与幼儿园性质差异有关。公立幼儿园以前一直由“皇粮”养着，其硬件设施和经济条件都较私立幼儿园好。这不仅为公立幼儿园教师提供了经济上的保障，也为教育教学改革提供了人力、财力、物力保障。而私立幼儿园得自负盈亏，自己养活自己。珠三角地区很多私立幼儿园是老板经营的，大多数是以营利为目的，老板为节约开支，尽量压低成本，幼儿园应有的硬件设施很多幼儿园没有配备（除了一些收费昂贵的贵族幼儿园）。因此私立幼儿园教师在工作硬环境上的压力比公立幼儿园大，该有的教学设备都没有。如一个到大学读函授的学员还不会用电脑，我们很遗憾、也很惊奇。但她说：“老师，我们幼儿园（私立）连一台电脑都没有啊！”笔者调查了惠州学院2005级学前教育函授班的25个私立幼儿园的学员，幼儿园配有电脑供教师查资料备课的占不到15%。

近年来一些地方以改革、试点为名，或以减轻财政负担为由，简单套用企业改制的做法，将公办幼儿园改为民办性质推向市场，同时撤销了原有的公办幼儿园教师编制，造成公办幼儿园教师工资待遇下降，大量优秀幼儿园教师流失。(园长访谈录)

近年在珠三角地区幼儿园改制之风也在蔓延。部分幼儿园面临着改制甚至“自生自灭”的威胁，一部分教师惶惶不可终日，为自己的未来而担忧焦虑，“对未来感到渺茫、有危机感”。而私立幼儿园教师进园以来一直就是端“泥饭碗”，他们不存在改制、转型的困扰，因此在这方面不存在压力。

2. 不同年龄教师职业压力状况分析

本调查结果显示，不同年龄教师的职业压力存在差异，从表32可以看出，25岁以下教师在工作硬环境以及家庭因素方面的压力平均分明显低于25岁以上教师。笔者认为，造成这种差异的原因主要可能是：25岁以下的幼儿园教师在事业上和生理上都处于蓬勃向上的“青年期”，他们热情活泼、积极向上，对生活和工作充满自信与希望，有较强的承受压力的能力。而且，刚工作不久的青年教师，对环境条件也不敢有太多的奢望，因而这方面的抱怨较少，压力不大；另外，25岁以下的幼儿园教师多处于未婚期，多数过单身生活，因此家庭因素对他们还不构成压力。45岁以上的教师处于教师生涯的“稳定期”，他们要么事业上小有成就，职称、住房、收入、荣誉差不多均已拥有，工作满足感较强，家庭生活也比较稳定，要么想着几十年都过去了，差不多要退休了，对环境也没有什么好抱怨的了，所以他们在工作硬环境和家庭因素方面的压力也相对较小。25～45岁的幼儿园教师正处于职业发展和人生的“关键期”，他们既要在幼儿园的教育教学活动中发挥骨干带头作用，又要为自己的职务晋升忙碌奔波，想发展提升自己又碍于环境等诸多因素，所以埋怨环境因素的可能多一些。25～45岁的教师也正处于家庭负担最重的时期，从孕育孩子到把孩子养大，按照中国传统的文化，女性是主要的承担者。

还有，家里上有老下有小，家庭经济压力较重。所有这些都给25～45岁年龄段的教师带来了相对较大的压力。

25～45岁的女性面临着很多重大的人生课题，如结婚、生育、抚养小孩、赡养老人，同时也面临着工作上的重大变化，如成为业务骨干和幼儿园领导，精神压力和经济压力比较大，生活角色和工作角色不容易很好转换，生理和心理很容易不协调，从而容易导致各种心理问题。

3. 不同职称幼儿园教师职业压力状况分析

不同职称教师的职业压力差异性不明显，只是无职称的教师自我发展需要的压力高于有职称的教师（表33）。我们认为这属于正常现象。无职称的老师多数是青年教师，需要不断地努力去发展自己提升自我，因此比已获得职称的教师压力要大。

4. 不同学历教师职业压力状况分析

不同学历教师的职业压力的差异不大，只是在自身能力因素方面的压力有些差异。进一步做方差分析，结果发现，并不是所有不同学历的教师在自身能力因素上都有差异，差异比较明显的是初中以下学历的教师与初中以上的高中、大专学历的教师（表34）。高学历不完全代表高能力，特别是幼儿园教师，这种职业需要爱心、耐心、责任心，品质胜于高学历、甚至高能力。

## 第四节　结　论

从前面的结果分析可以看出，目前珠三角地区幼儿园教师的职业压力状况呈现如下特点：

（1）幼儿园教师的职业压力普遍存在。有超过42.57%的人认为自己的工作压力很大或太大，认为没有压力或稍有压力的教师占总数的24.5%，属于压力中等稍偏大一点的群体。

（2）职业压力的主要来源按从重到轻的顺序依次是经济待遇、工作负荷、安全责任、社会期望、组织管理、工作硬环境、制度变革、自身能力因素、自我发展需要和家庭因素，其中前四项对教师职业压力具有显著预测水平。

（3）工资待遇偏低，与教师的期望值相差较远，而工作负荷偏重、社会期望值高。因此心理失衡、压力大，教师队伍不稳定，流失严重，年纪越轻越想改行。尤以私立幼儿园为甚。

（4）职业压力对教师的心理、生理和行为均产生了一定的负面影响。压力在对幼儿园教师的专业发展产生积极影响的同时，也对他们的教育教学行为和生理状况，尤其对他们的心理健康产生了诸多的消极影响。

（5）不同背景因素（不同类型幼儿园、不同年龄、不同职称、不同学历）教师的职业压力既有相似性，又各有特点。主要差异点有：私立幼儿园教师总体压力比公立幼儿园大一些。私立幼儿园在工作硬环境方面比公立幼儿园教师压力更大一些；25 岁以下教师在工作硬环境以及家庭因素方面的压力低于 25 岁以上教师；无职称的教师在自我发展需要的压力明显高于有职称教师；初中文化以下的教师在自身能力因素方面的压力比初中以上文化教师的压力大一些，但中专、大专和本科生在从事幼教第一线工作在能力方面并无显著压力差异。

（6）幼儿园转型等制度变革对公立幼儿园教师的冲击较大。近年在珠三角地区幼儿园改制之风在蔓延。部分公立幼儿园面临着改制甚至“自生自灭”的威胁，一部分教师惶惶不可终日，“对未来感到渺茫、有危机感”。而幼儿园转型带来职业危机感并不涉及私立幼儿园的教师们，因为他们没有享受过公立幼儿园的种种福利待遇，是《谁动了我的奶酪》的那只老鼠——“穿上溜冰鞋，随时准备接受新的挑战”。因此，反映在公立幼儿园中比较突出的组织管理和人际关系因子，在私立幼儿园教师压力中并不突出，他们是“东家不打打西家”，随时流动。

# 第三章　教师职业压力的个案研究

C老师是一所重点中学的物理教师，女，班主任，33岁。在一次全市公开课结束后号啕大哭，感觉近乎崩溃。无论同事怎么劝慰，她的情绪都一直很糟糕、很消沉。后经介绍，C来到惠州学院心理咨询中心。

## 一、个案概况

1. 主诉

工作以来，C一直不开心，觉得很压抑。前一段时间，为了准备一堂向全市展示的公开课，C的精神一直处在高度焦虑状态，晚上失眠状况严重，例假已停三个月。C曾去医院做过检查，无器质性问题，去过某医院心理咨询中心，心理医生对其的诊断是重度抑郁，并给予药物治疗。C认为心理医生跟她所说的道理她全都明白，但收效甚微，且听说抑郁性药物副作用大、有依赖性，于是自行中断了咨询和治疗。但情况仍然无改善。

生活史：C从小就是个品学兼优的好学生，是学生中的典范，深受父母和老师喜欢。小学毕业，C考进省重点中学。后因父母工作调动搬家去了普通中学，高中三年，C仍旧鹤立鸡群，非常顺利地考进了省属师范大学。在大学里，C的优秀得到了进一步的发挥和展示，除了成绩好以外，她喜运动、爱唱歌、懂书法、擅绘画、会弹琴……多才多艺，在各种比赛中频频获奖。C很愿意帮人，和老师、同学的关系融洽，C成为众人关注的中心。C的读书生涯很顺利、很开心。

2. 问题的发生与发展

生活的转折发生在工作后。尽管身份由学生变为了教师，C仍旧像读书时那样活跃，市里和学校有什么活动都踊跃参加，她的多才多艺给同事印象不错。第一次担任班主任，C很期望自己所带的班级能够成为佼佼者，她几乎把所有的时间和精力都花在学生身上。在她的带领下，班级各方面都处在年级领先的地位，这使得C在学校崭露头角，领导也非常器重她。

年轻气盛的C言语直率，情绪也易波动，有时会因为学生的不良表现而在办公室伤心落泪，或因小事深感不平而跟领导或老师据理力争。久而久之，老师们对她有了看法——锋芒太露、脾气大、骄娇二气。对于C来说，这是以前从未经历的挫折，她倍感失落、彷徨不安。她开始收敛自己的秉性，小心自己的措辞，注意自己的行为，烦恼事压在心里，苦水往肚子里吞，期望以此改变自己在他人心目中的形象。这种戴着面具的生活让一向率性而为的C觉得很累、很别扭，但为了不再被他人抓住什么辫子，她不得不忍耐着、压抑着。

但是，无论C怎么小心翼翼做人，总有她必须面临的评论，那就是评课。作为重点中学，对新教师的培养有一套规章制度，经常会有师傅、教研组其他教师、教导处以及其他学校的教师来听课、评课指导。C平常上课自然流畅，很有新意，但一有人来听课就不行。从接到任务开始就紧张焦虑，几乎夜夜失眠，上课时非常拘谨，觉得很难把自己的设想表达出来。尽管领导和教师对她的课评价不错，但C总觉得上得不怎么样，认为没有发挥出自己的真实水平。其他人对自己的好评是一种客套，C开始对自己的能力有些信心不足。

C是个自尊心很强、很要面子的人，很少将自己的烦恼向他人倾诉，即使回到家对爱她的丈夫，也不愿说出心里的苦闷。所以C觉得很压抑，失眠状况越来越严重，对夫妻生活也逐渐失去了兴趣，有时甚至到了厌恶的程度。

由于忙于工作，C陪女儿的时间很少，但对女儿要求却很严格，尽管4岁的女儿已能认出1 000多个汉字，但C还是不满意，很少给予表扬。一旦女儿出现错误，C就会朝她发脾气，用加倍练习来惩罚。女儿很怕她，疏远她，C心里很难过，但又不知道问题在哪里。

## 二、诊断

C 做了 CMI 测试，结果显示：总分是 30 分，各项指标的得分分别为：不适应 4 分，抑郁 3 分，焦虑 7 分，敏感 3 分，愤怒 6 分，紧张 7 分，表明 C 的心理健康属于临界神经症，主要表现为焦虑、紧张和易激怒。

性格测定：A 型性格

C 的问题属于教师职业压力引起的神经症。由于对职业压力缺乏认识和缓解技巧，导致紧张焦虑等严重的心理问题。

## 三、辅导

当时心理咨询中心由笔者坐诊，针对 C 的情况，笔者采取了以下几个方法加以辅导：

1. 运用精神分析法，帮助 C 了解自身症状的形成和发展过程，探求问题的根源

根据 C 是个高学历、高素质的教师的特点，我和 C 一起回顾了她的成长经历，以便共同探究问题的根源。C 从小到大一直很优秀，成为老师和同学关注的中心，在这种众星捧月的环境里，就算有时说话太直也没有人跟她计较，她的自我感觉变得越来越好，一些小性子也得以肆意滋长。

渐渐地，C 习惯了被人关注，有了一种欲罢不能的感觉。参加工作后，她仍然希望自己能出挑，成为教师中的“明星”。开始，C 以她出色的表现获得了同事们的称赞，但墙外有墙，山外有山，重点中学里其他老师也很优秀，C 觉得自己的中心地位受到了挑战，产生危机感。慢慢地，C 对于表扬的看法发生了变化：既然人家已给自己戴上了一顶很有能力的帽子，自己就得不断努力去证明自己。她把他人的每一句称赞都当作是鞭策，也变成是一种压力，而且压力越来越重，压得她喘不过气来。

初出茅庐的C锋芒太露，不够成熟，也给一些教师留下了爱出风头、任性、娇气、脾气不好的印象，这让她有点提心吊胆。她刻意压抑自己，在和这些教师打交道时心存芥蒂，有意掩饰，希望改变在他人心目中的形象，保住地位。从这时开始，C就更加害怕有人来听课了，而这种害怕已经从以前由于教学经验不足，担心上不好课变成了害怕在评课中被别人议论。在C的认知中，评课就是评人。

C想改变别人对自己"自我感觉太好"的印象，所以她对自己最好的评价就是"还可以"。她的这"还可以"潜意识中意味着"我不行"、"只是一般"。在消极暗示下，C逐渐失去了以往的自信。她渴望得到别人的肯定。但别人的称赞又被她定义为是在说客套话。受这种欲求不得、欲罢不能的自我矛盾心理的折磨，C痛苦不堪、筋疲力尽。

2. 运用认知疗法改变她的非理性观念，替代以合理的理性思维方式

认知疗法的主要代表人物贝克说："适应不良的行为与情绪，都源于不良的认知。"C有非常强烈的非理性观念：期望得到每一个人的关注和欣赏。这种非理性观念导致她对自己的期望很高，随时掩饰自己薄弱的一面，她所做的一切都是"只为了别人一句好话"（C语）。为此，她承受了许多外加的无谓的压力。要解决C的问题，关键在于调整她的认知，一方面让她充分认识自己，"人无完人，金无足赤"，在肯定自己的同时接纳自己的缺点，改变过于追求完美的个性；另一方面让她确立合适的自我期望目标，了解自己的极限，调节期望值。

同时，我还向她介绍了理性情绪疗法的一些知识，针对她的一些不合理的想法进行了分析，如针对"我只能让别人说我好，不能说我不好"的观念，我问："是否每个人都只有优点没有缺点？你是不是对别人的评价都是好的，没有差的？""是不是别人都要用好话来客套你？"针对C争强好胜"爱挑头儿"的性格，问"当别人没得第一时，你是否会觉得她很没本事？她就没有价值了？她就该跳楼了？"引导她从这些可笑的自我矛盾和冲突的分析中慢慢意识到其中

的不合理性，并引导她尝试用合理的想法来加以替换，比如“每个人都有优点，也有缺点，有人说别人不好是正常的；所以有人说我有缺点也是正常的”；“在优秀教师云集的重点中学，永远鹤立鸡群是不可能的”。她对评课的理解也由以前的“他们是在批评我，说明我不好”慢慢转变成“他们是在提建议，作指导，帮我不断提高和完善”。引导她试着从多方位思考问题、从积极的角度看问题。

3. 布置家庭作业，循序渐进，巩固强化，通过行为的改变达到情绪的缓和

第三次咨询结束时，我布置了一项家庭作业，让C回去写自己的优点。当C听到这项作业时，她疑惑地问“我还有优点吗?”在得到微笑和鼓励的点头后，C答应回去好好想想。第四次咨询时，C带来了家庭作业，我让她一项项地解释并举例讲述。刚开始时她很不自然，渐渐地她的脸上露出了笑容，例子也越举越多了。

第五次咨询时，C讲了她所取得的进步以及还存在的问题：有时还会不由自主地钻牛角尖。我鼓励她不要心急，要看到自己的进步。并用了一个0~10的刻度（0表示最糟糕，10表示最好）问句来让她衡量自己和周围人相比处在一个怎样的位置，C的回答是7~8之间。我又让她说出自己期望在他人眼里的位置，C想了想，觉得也就是8左右。这说明C对自己的评价和期望之间已没有太大的差距，她之所以不能容忍别人说她不好，是因为她习惯了听好话。就算她表现真实的自我，她的水平也还有7~8。当C意识到这点时，她自己也笑了：“其实我并不差，我干吗要怕别人议论呢。”

第六次咨询时，我和她一起分析了C的家庭关系给她的压力。C将工作中的消极情绪带回家庭，影响了和丈夫、女儿的关系，反过来这又成了两个新的让她烦心的压力。家庭压力和职业压力夹杂在一起，使得C不堪重负。特别是在没有上课压力存在时，家庭压力就成了C的主要压力源了。我从改善她和家人的关系入手，让她了解自己对家人的态度及其产生的原因，引导她用换位思考的方式来体会家人的感受。当C领悟到自己实际是在苛求女儿时，她有些震惊：“我本意是希望女儿好，在同龄人中出类拔萃，但无意中却伤害了女

儿，让女儿不快乐！”通过分析，C也意识到取得丈夫的理解和支持的重要性，开始尝试改变态度。我和她一起探讨了一些如何与丈夫、女儿相处的技巧和注意事项。

3个月后，其情况大为好转，半年后症状消失。

## 四、案例反思

这是一个由于职业压力过重引起紧张、焦虑等严重的心理问题的个案。这个案例有以下三点值得我们关注：

首先，从表面上看，这是个对职业压力适应不良的问题。但从深层次分析，我们可以看出教师的个人特质如认知方式、人格特征、自我期望、经验等对压力的产生和应付机制起着重要的影响作用。G. W. 布洛克善危机理论认为：容易陷入心理危机的个体在人格上有一定的差异性，表现为：看问题比较表面和消极，过分内向，做事瞻前顾后、犹豫不决，情绪不稳定，自信心低，过于依赖他人，行为冲动等。C属于A型性格类型的人，喜欢竞争，寻求升迁，追求成就；对压力敏感，容易过激，对压力的心理承受能力也差一些。C的问题最初是由公开课的压力引起的。对于缺乏教学经验的新教师来说，上公开课确实是一种压力。但这种外在的压力源因为C期望得到每一个人的关注和欣赏，希望完美无缺的非理性观念而得以强化。所以，要想缓解C的压力不适，不让她开课只是一个治标不治本的解决方式，关键在于调整她的认知。而本案抓住了问题的关键，有针对性地加以辅导，取得了良好的效果。

其次，由于压力的影响，C表现出比较高的焦虑、紧张和易激怒水平，并导致了和丈夫、女儿之间的紧张关系。这说明职业压力不仅会给教师本人的心理健康带来消极影响，还会影响到家庭生活和家人的心理健康。C害怕外人说她不好，而在不需伪装的家人面前也听不到好话，和丈夫又缺乏有效的沟通，这些都反过来增加了C的压力。由此可见，有效的社会支持对缓解职业压力是非常重要的。

第三，C的问题之所以长时间未能得到缓解，还与她没有一个有效的应付方式有关。抱负水平高、成就期望强的 C，除了工作还是工作，不懂得处理工作与休闲的关系。在压力面前，C 在学校里采取的是克制、伪装、压抑自己的方式，而在家里则是发泄、冷漠、惩罚，但这些消极的心理防御机制和应对方式并没有从根本上解决问题，所以，对教师进行压力管理和应付方式的培训很有必要。可让教师学会一些平衡情绪的方法，如可用透析法来提醒自己不沉湎于某一件烦恼的事情，疏导自己不愉快的情绪。尤其要处理好几种平衡关系：输出与输入的平衡、工作与休闲的平衡以及家庭与事业的平衡。让教师了解“资源守恒理论”，即在工作中不断付出自己的体力、精力和智力的同时，还要注意不断给自己注入资源，包括物质资源、社会资源和心理资源。从教师角度上说，学会自我心理保健也是一个非常有效的压力管理途径。

知识链接

## 适应压力

在加拿大魁北克山麓，有一条南北走向的山谷。山谷中有一个独特的景观：西坡长满了松柏、杉树等大大小小的树木，东坡却像被精心选过一般——只有雪松。这一奇异景观曾经了吸引不少人前去探究其中的奥秘，但却一直无人能够揭开谜底。

1983 年冬，一对婚姻濒临破裂而又不乏浪漫的加拿大夫妇，准备作一次长途旅行，以期重新找回昔日的爱情。两人约定：如能找回就继续生活，否则就分手。当他们来到那个山谷的时候，下起了大雪。他们只好躲在帐篷里，看着漫天飞舞的大雪。不经意间，他们发现，由于特殊的风向，东坡的雪总比西坡的雪下得大而密。不一会儿，雪松上就落了厚厚的一层雪。然而，每当雪落到一定程度时，雪松那富有弹性的枝丫就会弯曲，使雪滑落下来。就这样，反复地积雪，反复地弯曲，反复地滑落，无论雪下得多大，雪松始终完好无损。其他的树则由于不能弯曲，很快就被压断了。西坡的雪下得很小，不少树都没有受到损害。妻子若有所悟，对丈夫说："东坡肯定也长过其他的树，只不过由于不会弯曲而被大雪摧毁了。"丈夫点头之际，两人似乎同时恍然大悟，旋即忘情地紧拥热吻起来。丈夫兴奋地说："我们揭开了一个谜——对于外界的压力，要尽可能去适应；在适应不了的时候，要像雪松一样弯曲一下，这样就不会被压垮。"一对浪漫的夫妇，通过一次特殊的旅行，不仅揭开了一个自然之谜，而且找到了一个人生真谛。

# 第三部分

# 教师职业压力管理：策略研究

# 第一章　教师职业压力的社会管理策略

当代中国教师的生活现状如何，下面两首网上流传的打油诗，比较客观、真实地反映了中国普通教师的生活现状，是当代中国普通教师生活现状的真实写照。

**（一）教师生活的真实写照（简略版）**

满腔热血把师学会，
当了教师吃苦受罪。
急难险重必须到位，
教书育人终日疲惫。
学生告状回回都对，
工资不高还要交税。
从早到晚比牛还累，
一日三餐时间不对。
一时一刻不敢离位，
下班不休还要开会。
迎接检查让人崩溃，
天天学习不懂社会。
晋升职称回回被退，
抛家舍业愧对长辈。
囊中羞涩见人惭愧。
百姓还说我们受贿，
青春年华如此狼狈。

（作者：张建）

## （二）教师生活的真实写照（详细版）

鸡鸣即起，一日开始。检查卫生，辅导自习。
哪个缺课，谁又晚起？何人生病，身体不适？
仔细询问，调查清楚。三十分钟，早餐即毕。
锅先不刷，碗亦不洗。急急忙忙，就上班去。
先去打水，再来扫地。N摞作业，等你去批。
对的打✓，写上评语。还得表扬，以资鼓励。
错的打×，误在哪里？来龙去脉，一一指出。
分析到位，讲清道理。一丝一毫，不能马虎。
阅完作业，再出试题。单元过关，章节测试。
昨天月考，今日摸底。期中期末，不计其数。
题量适中，难易有度。查查网页，翻翻题库。
今天出完，明日印出。抓紧考完，加班阅毕。
统计成绩，写出分析。谁得第二，哪个第一？
张三李四，王五赵七。两次比较，名次何异？
课上讲评，面向全体。下课以后，单独找你。
排名后退，是何道理？知识水平，心理因素？
思想根源，刻苦程度？动之以情，晓之以理。
老师期盼，父母嘱咐！展望未来，充满荆棘。
事关前程，怎能儿戏？张三痛哭，李四流涕。
痛改前非，看我下次。不听音乐，不看电视。
刮风不管，下雨不顾。一心一意，专心致志。
多背单词，多做习题。下次月考，找回位置。
老师听罢，始露笑意。期中考试，就看你的！
谈话已毕，铃声将起。拿起教案，奔向教室。
师生礼毕，一课即始。先评作业，昨天做的。
普遍问题，大家注意。个别错误，单独处理。
今天学习，中国历史。文革部分，不出考题。
这块内容，我们删去。半个课时，很快过去。

现在来做，巩固练习。选择答案，A B C D。
回答不错，学得可以。布置作业，课后练习。
复习巩固，课前预习。再找时间，做张卷子。
两节课下，已近中午。口干舌燥，四肢乏力。
热点剩饭，聊以充饥。床头一歪，权作休息。
刚入梦乡，铃声又起，抖起精神，再上班去！
昨日开会，头发脾气。要当教师，先做傻子。
拼命干活，莫要索取。比上不足，比下有余。
撑不着你，饿不死你。若不想干，可以退出。
若干不好，我不聘你。博士难找，学士遍地！
明天上课，观摩学习。校长也听，教师都去。
精心准备，小心应付。制作课件，打印练习。
幻灯电脑，现代工具。全体观摩，怎能缺一。
上述各项，准备完毕。电话铃声，骤然响起。
政教主任，叫你快去。有位同学，是你班的。
一夜未归，在网吧里。找其谈话，通知父母。
写出检查，等候处理。不知不觉，西山日暮。
吃罢晚饭，辅导自习。学法指导，疑难解释。
有何疑问，尽管提出。但对高考，必须有益。
辅导完毕，正要离去。突然想起，还有一事。
有人反映，学生小纪。跟女同学，眉来眼去。
关键时期，这还了得？叫上小纪，到没人处。
把你找来，可知何事？从实招来，不得回避。
学生小纪，支支吾吾：我亦不知，老师明示。
青春少年，阳光沐浴。情窦初开，本不为奇。
但要清楚，学习目的。一切围绕，学习成绩。
有碍升学，必须放弃。他日登榜，出人头地。
男子丈夫，何患无妻？学校规章，利害得失。
一条一条，分析清楚。小纪听罢，满面泪涕。
痛改前非，回心转意。从今以后，专心学习。

若是再犯，我是白痴！转眼放学，学生离去。
喝一口水，喘一口气。十点过后，再查夜去。
水管已关，廊灯已闭。夜深人静，呼噜声起。
一天工作，终告结束。轻手轻脚，回到家里。
两眼一合，已然梦里。不是上课，就是考试。
和在醒时，并无二致。忽见眼前，众人攒聚。
通知栏中，贴一告示：教师老吕，四十有七。
疾病突发，撒手西去！明日医院，告别仪式。
没有课者，务必前去。看罢唏嘘，悲哉老吕！
辛劳一生，英年早逝。房小无车，更无积蓄。
妻儿无靠，父母无依。高风亮节，名扬千里。
今日一别，后会何期？悲上心头，心痛如撕。
蓦然惊醒，泪面如洗。天已微明，铃声又起。
新的一天，又要开始。

（作者不详）

这两首打油诗尽管有些偏激，却在某种程度上反映了当前教师职业压力的状况。职业压力过重导致教师身心和行为问题随着我国教育改革的不断深化日益彰显已是不争的事实。冯伯麟（1996）、张忠山(2000)、杨亚玲（2001）、王祖莉（2003）、朱丛书（2006）、饶淑园（2008）①、杨玉春（2009）② 等的调查显示：我国中小学教师工作满意度普遍较低，尤其对于工资福利以及晋升等处于不满意状态。沉重职业压力和经济负担带来的是大量优秀教师流失的危机，少数地区甚至由此引发教师消极怠工和罢课等社会冲突事件。这些潜在的危机亟待政府和社会给予关注和解决。教师职业压力虽然可以通过学校

① 饶淑园．珠三角地区中小学教师职业压力与管理研究［J］．教育导刊，2009（7）：21

② 杨玉春．中小学教师待遇问题调研报告［J］．当代教育科学，2009（5）：18～21

组织、教师个人的努力等方式减缓，但教师的很多压力是源于政府的社会管理问题，不是学校组织和教师个人所能解决的，政府应该担负起其职能，教师压力管理应成为政府社会管理的关注点。

## 一、教师职业压力：现行政府社会管理的“应为”

政府社会管理①是指政府通过制定专门的、系统的、规范的社会政策和法规，管理和规范社会组织，培育合理的现代社会结构，调整社会利益关系，回应社会诉求，化解社会矛盾，维护社会公正、社会秩序和社会稳定，孕育理性、宽容、和谐、文明的社会氛围，建设经济、社会和自然协调发展的社会环境。社会管理是现代政府公共管理的重要职能。它是实现社会良性有序运行的基本手段和保证。

教师职业压力是现行政府社会管理的“应为”，其理由有下面几点：

（1）从政府社会管理的职能上看，教师组织是社会组织中的一个细胞，教师职业压力属于社会事务中的一种。教师压力引发的矛盾会直接或间接地对社会产生不良影响，有些问题处理不好甚至还会引起社会冲突。因此政府应承担起缓解教师职业压力的职责和功能。

（2）从政府社会管理理念上看，政府主要是社会的服务者、协调者和一定范围内的干预者，公民及其各类组织才是社会的主导者。教师的许多压力源是需要政府的协调和干预方能缓解和消除的。“人本、责任、服务”精神是社会本位理念的核心内涵。

（3）从政府社会管理的价值原则上看，以人为本是其基本原则，维护社会公平正义、促进人的全面发展是其出发点和归宿，满足人民群众的物质文化需求是其终极目标；二是民主法制的原则，提高社会成员对社会管理的参与和自治程度，提高政府社会管理的透明度，逐步使社会管理活动从“人治”走向“法治”，逐步实现政府对社会的依法管理；三是宏观管理的原则，政府管理对象是巨大的社会空间和

① 陈振明．什么是政府的社会管理［J］．新华文摘，2006（3）

全体社会成员及其群体，应通过法律的、经济的和行政的手段，通过规划、引导、协调、扶持、监督和服务等方式，实施社会管理；四是协调发展的原则，做到人与自然、经济、社会发展的协调和平衡。而教师职业压力管理正需要政府贯彻其社会管理的价值原则去落实。

教师职业压力管理是政府社会管理的职能所在，它亟待成为政府社会管理的关注点，政府在教师压力管理中应起主导作用。随着我国教育改革的不断深化，教师职业压力过重并由此引发许多身心、行为问题日益彰显，它已严重影响教师的身心健康，导致许多教师旷教、改行、提前退休。还有教师的社会地位和工资待遇问题突出，杨玉春（2009）对山东、湖北、甘肃三省部分地市的调查发现，58%的教师对工资收入不满意，71.6%的教师会以收入高作为重新选择职业的条件，并反映工资待遇低是影响工作积极性的首要因素。另外，我国教师工资拖欠问题严重①。教师沉重的经济负担带来的是：一方面教师大量流失的危机，它将严重影响我国教师队伍的稳定，少数地区教师由此（特别是工资福利问题没处理好造成教师的压力）引发教师消极怠工甚至罢课等社会冲突事件；二是在物欲横流，拜金主义盛行的时代，很多教师因为清贫而失去尊严。这些做法已经伤害到教育的根本，当教师们连自己的精神家园都荒芜的时候，当教师们连自己的脊梁都无法挺直、头颅无法昂起的时候，凭什么指望教育还能培养出身心健康、品格优良的学生来呢？教师职业压力造成的消极影响和潜在的社会不稳定因素应当引起社会与政府的关注。政府应通过政策导向、体制设计、组织协调、观念倡导、舆论宣传、扶持援助、监督服务等方式和渠道减轻教师职业压力，消除其对教育事业乃至对社会发展可能带来的不利影响。

2008年春天，珠三角地区某市城区部分中小学教师因不满工资过低（总收入不到同类级别的公务员的一半）而消极怠工（或说是罢课）两天，已经引起相关部门的关注，虽然问题已解决，但这场教师的维权行动留给政府部门的反思却是深刻的。

---

① 徐静，任顺元．探讨教师的社会地位［J］．现代教育论丛，2009（1）

笔者认为，作为人类文明的传播者、道德的守望者、真理的捍卫者、知识的求索者、使命的执行者，教师的职业注定了教师必须要独立而有尊严地生活着。然而，近年来关于教育产业化、教师服务员化的说法甚嚣尘上。一些不懂教育规律和教育本质的人完全无视教育的事业性特点和教师工作的创造性特点，用产业化的模式经营教育，用对流水线工人的态度对待老师。广大教师负担沉重，经济窘迫，角色错位，前途未卜。

请理解教师的无奈：

### 拿什么来过年，我的老师①

从2003年过年开始，教师拿一个月基本工资过年已经五个年头了，五年奖金加起来不到四千元，也许还不到领导饭桌上一道菜的钱。

囊中羞涩的生活陪伴着教师一生的青春年华，
无私奉献的精神需要教师放弃物质生活，
提高待遇的口号永远出现在教师节领导的慰问座谈会上，
课时、课业、班务、成绩、升学率……
进修、职称、评比、课改、调研课……
哪样不榨干你的精力，
学生、家长、领导、社会……
层层对你加压，
油价、肉价、房价、通货膨胀……
你却用无价的精神去支撑这飞涨的物价，
老师，你是一只啃着干草挨着鞭子辛勤耕耘的牛！
既然是一只牛，就得吃草，挤出来的就得是奶和血！
这就是一只牛的奉献！
……

① 摘自西子湖畔网页，2008－03－14

2008 年就快到了，

我的老师，你拿什么来过年呢?!

## 二、教师职业压力：现行的社会管理不应有的缺位

教师职业压力管理是政府社会管理的职能所在。但是，由于我国现行的社会管理体制是在计划经济体制下演变而来的，改革开放以来，随着社会转型和体制转轨，在经济快速发展的同时必然产生新的矛盾和利益冲突，而社会管理与经济发展、教育发展不同步，社会管理与教育管理相对滞后、错位和缺位，也必然使教师职业压力的各种矛盾和问题突显出来。

1. 政策导向、体制设计的缺位

（1）重视政策法规的制定，但执行力度欠缺。随着教育作用逐渐被人们所重视，我国尊师重教的风气日渐浓厚。1985 年设立教师节，1993 年颁布《中华人民共和国教师法》，为维护教师较高的社会地位提供了法律保证。我们党和国家多次重申要解决教师的实际问题，使教师“真正成为社会上最受人尊敬、最值得羡慕的职业之一”。温家宝总理在 2009 年教师节时也强调：“一个国家有没有前途，很大程度上取决于这个国家重视不重视教育；一个国家重视不重视教育，首先要看教师的社会地位。”然而客观事实背后仍隐藏着无法回避的现实问题，尊师重教、教育优先发展只是停留在口头上，落实不力，教师社会地位低、经济待遇落后的状况并未得到根本改善，仍然成为广大教师重要的压力来源，据国家统计局[①]统计，我国教师工资（2003、2004、2005）在 19 个行业中的位置从没有进过前十位，始终在第 12、13 位徘徊。杨玉春的调查发现[②]，教师工资收入与各

---

① 国家统计局［EB/OL］. http：//www. stats. gov. cn/tjsjl ndsj12006/index-ch. htm

② 杨玉春 . 中小学教师待遇问题调研报告［J］. 当代教育科学，2009（5）：18 ~ 21

行业相比仍处在中等水平以下，约有70%的老师感到付出与回报失衡，收入低于付出。现实的情况表明，各地教师的实际收入与《教育法》关于“教师的平均工资应当不低于或者高于当地公务员平均工资水平”的提法差距很大。深层追究，因措施不到位，政策执行不得力，甚至政府机关的漠视等政府社会管理的职能“缺位”是其主要原因，政府对教师压力的社会管理表现出明显的滞后和弱化。

（2）人事制度改革过快过急，缺乏对教育与教师特点的考虑。我国教师人事制度改革的一项重大举措是教师聘任制度，这项改革确实对调动教师的工作积极性、促进学校工作起到了一定的推动作用。但是，在实施聘任制的过程中也暴露出不少问题，如改革进程过快过急；聘任年限过短，不符合教学周期较长、见效慢的教育规律；层级聘任制流于形式甚至滋生腐败；教师的合法权益被漠视；已被很多西方国家摈弃了的“末位淘汰制”在一些学校还在实施等问题。体制设计的欠缺造成教师聊以自慰的职业稳定性被聘任制所取代，不得不面临待岗的威胁，教师们的危机感和无助感日益激烈，感受到很大的压力。

教育体制的改革主要表现为聘任制所带来的压力，工作聘任方面的压力是我国中小学教师面临的一种新的压力。教学曾被看作是安全的职业——可终身从事的工作。但是聘任制的实施，这种情况已彻底改变了。2000年，教育部颁发《教师资格条例实施办法》，标志着教师持证上岗正式进入实施阶段，教师聘任制工作也从此开始全面启动。打破学校行政等级终身制和教职工“铁饭碗”、实行全员聘任制，是教育为适应社会主义市场经济发展的积极抉择，也是教育自身发展的必然要求。有教育界人士评价说，以前教师聘任制解决的还只是能上能下的问题，随着教师全员聘任及教师资格制度的实现，教师这一职业正面临前所未有的挑战。另一方面，现在小学阶段生源减少，而且不久这一现象会波及初中和高中，对教师的需求量也就相应减少，教师数量饱和，教师岗位竞争问题已越来越普遍。当学校进行人事制度改革，教师聊以自慰的职业稳定性被聘任制所取代时，习惯于认为教师工作比较稳定的教师们现在也不得不面临待岗的威胁。教师们感叹："现在教师这碗饭也越来越难吃了。"

2. 观念倡导、舆论宣传的错位

这种错位具体体现在对教师期望过高，责其过重，教师合法权益受损。教师职业被当作是太阳底下最崇高的职业，老师头顶"蜡烛"、"春蚕、""人梯"、"人类灵魂工程师"等闪闪发亮的光环，承载了社会、家长太多的希望和责任。教师是知识的象征、道德的化身："默默无闻做人梯，托起明天的太阳"；"捧着一颗心来，不带半根草去"；"燃烧着自己，照亮了孩子"。教师作为一项职业，在人类历史上所发挥的作用是极其重要的。在当今的知识经济时代，知识的增值更使人们看到了教育的重要，社会各界都对教师寄予厚望，对他们提出过高的要求和期待。"没有教不好的学生，只有教不好的教师"就是这种心态的反映。用教师自己的话来说是"神的要求，乞丐的待遇，无端的骂名"。教育一旦有什么闪失，政府、媒体和学生、家长，所有人都把矛头指向教师。遇有学生及家长对教师的投诉，学校和教育行政部门迫于外部压力而处理教师，甚至不惜委屈教师，给教师造成巨大的心理压力的同时，也使教师的合法权益受到损害。

请听一位教师的心声：

现在的家长都有一点赌徒的心态，都希望孩子以全部精力、最佳心态去读书、升学，不愿让孩子自由自在地去玩，不敢让孩子独自去面对生活，他们替孩子承担了太多的问题，养成了他们软弱、依赖的心理。因此阻碍了学生心理上的成熟。心理不成熟对孩子的成长有很大的潜在威胁：现在社会上不少学生遇到挫折就出走、自杀，最容易对这些心理不成熟的孩子产生暗示。所以，现在我们当教师的不容易。不知道哪句话说重了，就成了学生心弦崩断的罪魁，酿出大事故来。现在教师的形象跟过去也不一样了，家长和教师之间缺乏基本的信任。出了事，家长就会上门兴师问罪，学校挨骂，领导撤职，教师受处分，看似元凶服法，其实是"替罪羊"。谁还愿意做"严师"啊？

3. 职能转变、监督服务不到位

政府职能转变不到位，社会管理和公共服务比较薄弱；一些工作人员依法行政意识不强；缺乏正确、科学的教育管理观，脱离实际，形式主义、官僚主义严重从而导致教师压力管理的系列问题。

（1）评价机制的缺陷，导致教师的自我发展动机不强。现行的教师评价体系在一定程度上存在不利于教师发展的因素。比如，从评价功能看，多为奖惩性而忽视发展性；从评价组织实施看，多为横向的与他人比较，而忽视了纵向的自我比较；从评价理念看，仍以应试的观念、考试的分数、升学率为评价尺度；从评价主体看，仍然存在单一化问题，尚未形成教师、家长、学生、管理者等多主体共同参与、交互作用的评价模式；从评价过程看，仍过于关注评价结果，而忽视被评价者在各个时期的进步状况和努力程度。评价机制的缺陷，导致教师的自我发展动机不强，容易产生职业倦怠。

（2）对教师民生问题缺乏关注导致教师生存压力过大①。如住房、医疗、保险等关系教师民生的问题，并没有得到社会和政府的关心和实际的解决，所以给教师的感觉是“神的要求，乞丐的待遇”。

（3）形式主义的检查、评估过多导致教师负荷过重。教师工作时间长，他们不仅有繁重的教学任务和教育辅导学生的责任，而且还有许多非教育教学任务，如各级行政部门各种形式主义的检查、评估等，这往往导致教师疲于奔命，不仅对教师的身心健康有害，而且严重阻碍了教师的学习和发展。

上述情况表明，转变政府职能、强化社会管理是实行教师压力管理的重要而紧迫的任务。我们必须从全局和战略的高度提高认识，采取正确的思路和对策。

---

① 杨玉春．中小学教师待遇问题调研报告［J］．当代教育科学，2009（5）：18～21

## 三、教师职业压力：政府社会管理的“作为”

政府、社会应该担负起减缓教师职业压力的主导职责，并且是可实际操作的，下面提出几条具体的管理策略，以供政府社会管理决策参考和借鉴。

1. 提高社会地位和经济待遇，缓解教师生存压力

“教师的社会地位是指教师职业在社会生活中实现的经济利益、政治待遇及社会声望。”① 它不仅是生产力发展水平的标志，也同社会制度、文化背景和教育功能的实现程度密切相关。”教师社会声望的获得，既有赖于教师自身的形象和历史文化传统中的教师观念，更有赖于现实的尊师重教的社会风气的形成。我国自古就形成了尊师的优良传统，“天、地、君、亲、师”的思想给予教师很高的地位。荀子说：“天地者，生之本也；先祖者，类之本也；君师者，治之本也。”（《荀子·礼论》）今天，随着教育作用逐渐被人们所重视，尊师重教的风气也日渐浓厚。1966 年 10 月，联合国教科文组织发表了《关于教师地位的建设》，明确指出，鉴于“在教育事业发展中教师这种职业对人类和近代社会发展所作出的重大贡献，因而必须确保教师的应有地位。”我国 1985 年设立教师节；1993 年 10 月通过的《中华人民共和国教师法》为维护教师的较高社会地位提供了法律保证，第一次全面地对教师的权利和义务、资格和任用、待遇、奖励等方面作出了法律上的规定，指出“全社会都应尊重教师”。我们党和国家多次重申要解决教师的实际问题，使教师“真正成为社会上最受人尊敬、最值得羡慕的职业之一”。温家宝总理在 2009 年教师节时说②：“一个国家有没有前途，很大程度上取决于这个国家重视不重视教育；一个国家重视不重视教育，首先要看教师的社会地位。”政府也作了相关的规定来提高教师的地位与待遇，但与发达国家相对

① 孟育群，宋学文．现代教师论［M］．上海：上海教育出版社，2008

② 人民网．人民日报，2009－09－07

比，对教师的重视程度仍需加强。

世界各国为了在未来的国际竞争中取胜，也始终把提高教师的地位、作用，优化教师的生活与学习条件当作国家繁荣、民族振兴的重要举措。综观世界各强国和发展迅速的国家，他们无不重视教育兴国强国的作用及教师对教育发展的价值。亚洲“四小龙”的韩国①政府特别立法要求：“国家及地方自治团体”既要“努力造成一种全社会尊敬教师的气氛”，又“应特别优待教师的报酬”。自1990年以来，韩国教育总投入始终位居世界前列（排名第二或第三）。普通中学教师的年收入相当于40~50万元人民币，名牌大学教授年薪可达百万。这个收入水平已接近欧美发达国家的教师。事实上，韩国教师不仅收入可观，而且社会地位也高。在这个每年都要祭孔的国家，教师被尊为“国民的典范”和“一国精神的传承者”，尊师之习已经深入到人们的潜意识中，固定为日常生活中的礼节。德国教师是国家公务员，享有较高的社会地位，可以终身任职。日本的中小学教师平均工资比同期毕业的其他行业职员平均工资高16%左右；英国中小学教师的平均工资比一般职员的平均工资高35%；法国中小学教师平均工资比高级熟练工平均工资高出近一倍；美国中小学教师的工资一般比普通企业职员工资高25%~35%，也高于政府工作人员平均年薪，在全国13大行业中排名第六位。

经济收入是衡量一种职业社会地位的重要指标，它在很大程度上表明社会对该职业的价值认可和尊重的程度，是该职业社会地位的重要反映。人们选择职业的一个重要考虑因素就是经济因素。从社会学角度看，人才流动的走向是判断一种职业报酬是否合理的“显示器”。实践证明，“一个国家教师的工资待遇如果是‘低于型’，那么优秀教师必然大量流失②”。从客观上讲，教师对社会和经济发展的巨大作用决定了教师职业应当拥有较高的社会和经济地位。但长期以

---

① 教师待遇在国外．青年教师[J]，2009(3)

② 栗洪武．论社会学视野中的教师职业地位[J]．陕西师范大学学报（哲社版），2002(3)：127

来，我国教师，尤其是中小学教师的社会和经济地位一直偏低，这成为优秀教师流失①的主要原因之一。改革开放以来，我国教师的经济收入虽有所增加，但与具有同等学历、同等水平的其他职业的人相比，与教师的劳动付出相比，教师的经济收入水平仍然偏低。与其他国家之间存在很大差距，当今世界多数国家的教师平均工资都高于类似的或同等资格的其他职业的平均工资。教师巨大的劳动付出与偏低的经济回报之间形成强烈反差，这种不合理的“脑体倒挂”现实使得教师心理失衡，心理压力也随之增大，导致职业消极情绪的出现。迫于过重的经济压力，有的教师不得不放弃教职而另觅新的职业；有的教师则“身在曹营心在汉”，以“屈从性策略方式维系着自己的职业活动”。这严重影响了我国教师队伍的稳定。面对教师沉重的经济负担及由此带来的教师大量流失的危险，政府应当采取的较直接的解决办法就是切切实实地提高教师的经济待遇，关注教师的民生问题，将“尊师重教”政策落到实处。

研究表明，我国教育水平从国际竞争力角度看，明显落后于发达国家。为此专家们指出②，增加公共教育投入和增加教师的经济待遇以调动教师的积极性从而提高教育质量应当成为下一阶段我国教育改革和发展的核心议题。国家和社会增加教师的经济收入，在经济上对教师的工作予以肯定，这不仅有利于提高教师的社会地位，将更多有才华的优秀人才吸引进教师队伍，而且也有利于促进教师对自我价值的认识，使他们对自己的职业产生光荣感和自豪感，提高他们对工作的热情和满意度。真正像温家宝总理在2009年教师节时说的，“让尊师重教蔚然成风，让教师成为全社会最受人尊敬、最值得羡慕的职业。”

---

① 韦禾. 社会性别：教育研究的新视角［J］. 全球教育展望，2002（5）

② 赵中建，肖玉敏. 我国教育的国际地位与竞争力——基于相关数据与国家竞争力报告的分析［J］. 教育发展研究，2009（9）

具体可参考以下策略：①

（1）建议修改《教师法》，实行教育公务员制度。

教师的身份和法律地位是教师队伍建设的根本性问题，直接影响教师队伍的素质和教育质量。义务教育由国家免费提供，具有鲜明的强制性和公共性，从事义务教育工作的教师承担着国家公务职责。为改善中小学教师的社会地位和待遇，保障其能全面履行公务职责，建议修改《教师法》，明确义务教育教师作为教育公务员的法律地位，建立义务教育教师的教育公务员制度，以明确其权利、义务和责任，保障教师的地位和待遇，增强教师职业吸引力和队伍的稳定性，提高教师队伍的整体素质。同时，这样也有利于强化政府责任，促进政府统筹教师资源，合理组织教师有序的城乡流动，推进农村义务教育质量提高和均衡发展。《教师法》中应该规定在教师工资权益受到侵害时，“可以向人民法院提起诉讼”，给教师一条公正救济的途径。

根据国外的经验，可以考虑在试点地区尝试建立国家教育公务员制度，明确其对象范围、任职资格、工作职业、管理办法、权利、福利、待遇等重要内容，并予以法律或制度规定。

（2）建立公共教育政策保障机制，缩小城乡教师工资差距。

首先，建立公共教育财政体制，进一步完善农村教师工资的保障机制。鉴于农村地区县级财力不足，建议建立义务教育教师工资、待遇的中央、省（市）、县三级政府承担制度，其中农村教师的国标工资由中央、省级财政共同全额支付，以确保农村教师工资能按时、足额发放到教师手中；教师工资的拖欠问题由中央和省级财政尽快负责解决。

其次，要继续完善教师工资保障机制。应按照国务院、省政府有关文件要求，对没有完全落实“以县为主”教育管理体制的县（市、区）作出分析，针对存在的问题，提出具体整改要求，尽快调整县、乡财政体制和支出结构，将教师工资全额纳入县本级财政预算，并逐

---

① 杨玉春．中小学教师待遇问题调研报告［J］．当代教育科学，2009（5）：18~21

步在县域内统一教师工资发放标准。对财政确有困难的县（市、区），市级政府要进一步加大扶持力度，帮助其尽快将“以县为主”教育管理体制落实到位。要通过落实“以县为主”教育管理体制，进一步建立和完善农村中小学教师工资保障机制，确保农村中小学教师工资不低于当地公务员标准，按时足额发放。

最后，为农村和偏远地方教师发放“任教特殊津贴”，努力缩小城乡差距。建议在组织教育、财政、人事等部门充分调研的基础上，按照国家相关法律法规要求，抓紧制定并实施有关地方法规，因地制宜地实施地方性教师津贴制度，积极完善农村中小学教师收入增长机制，逐步提高农村中小学教师收入水平，切实鼓励教师在农村、贫困落后地区从事教育工作。地区间的贫富差异短时间内是不可能消除的，省有关部门可根据不同地区的经济社会发展水平，将地方性教师津贴设成若干等级，教师在不同等级的区域工作，就可按等级系数获得相应津贴。各级政府要按“纳入预算、明细核算、先收后支、统筹安排、专款专用、结余结转”的原则，将教育费附加、地方教育附加纳入财政预算管理，避免变相减少农村教育投入。建立农村教师特殊津贴制度，按照各地不同的经济发展水平划分等级，经济越落后、条件越艰苦的地区教师特殊津贴越高，其额度不应是点缀性、象征性的，而应具有较大力度，要使农村贫困地区教师的工资待遇等于甚至高于城市教师的平均水平。农村教师特殊津贴制度可先在国贫县试点施行。

（3）加大对中小学教师社会保障的力度，实行市场化的社会保险制度。

完善中小学教师的医疗、养老、失业保险和住房公积金等社会保障制度，将中小学教师尤其是农村中小学教师的医疗、养老、失业保险、住房公积金和政策性津贴纳入国家财政预算，按照“谁出政策谁买单”的原则共同分担，以保障中小学教师能享受到与当地公务员同样标准的医疗与养老保险等待遇。在住房上对农村教师实行弱势群体补偿政策。在整个城镇化过程中，绝大多数农村中小学并未享受到福利分房政策，他们在此过程中遭受了双重不利局面。有许多地方政府采取措施，比如：通过政府决策无偿划拨土地建设教师公寓，提高广大中小学教师的居住水平，改善他们的生活质量。

2. 完善教师人事制度改革，构建人性化的教师聘任制，舒缓教师心理压力

教师聘任制是我国教师人事改革的一项重大举措，其目的是建立起与市场经济相适应的学校用人与师资管理制度，形成双向选择、能上能下、能进能出的竞争激励机制，以激发学校内部的活力。但是，在实施聘任制的过程中暴露出来的问题不容忽视。必须建立起科学公平的教师聘任制，可以考虑实行短期聘任与长期聘任相结合的原则，新教师采取短期聘任，老教师采取长期聘任，使这一制度人性化；建立教师聘任的申诉机构，以维护教师的合法权益；树立“以教师为本”的管理思想等。教师聘任制要真正实现“公开招聘、平等竞争、择优聘任、合同管理”的原则，还教师一个良好的心态，这对减轻教师压力无疑是非常必要的。

3. 建立对教师的合理期望，减轻教师的责任压力

随着社会进步而产生的社会对教师的要求和态度不时地让教师感受到压力。他们中绝大部分人的成绩无人知晓，而每一点差错都会被新闻媒介和各种机构所渲染，迫使教师们必须走向“完人”。教师必须要“德高为师，身正为范”。时时刻刻都要警惕自己为人师表的形象，万万不能放松自我约束。身为教师是坚决不能犯错误的，一旦犯了，就会引起社会的公愤。教师已经成为社会的弱势群体之一。然而，同样是工作，为什么教师要在夹缝中生存？社会埋怨如今的教师或学校“教死书”而不教“创造知识”，这虽是实话，但这绝对不是教师或学校单方面的问题，主要还是社会体制、教育体制的问题：教育行政部门的评估机制主要是升学率，学校与家长注重的是升学率，学校招生是靠升学率，选拔人才也是通过“考试”，教师怎能不无所适从呢？而这种两难境地和不被理解则是教师产生压力的重要因素。事实上，教师也是普通而平凡的人，在如此高期望下，许多教师感受到的是抑郁，有些教师在压力无法消解之下甚至走上极端。

“清贫的家，简朴的衣着，渊博的知识，正统高尚的行为操守，

崇高伟大的社会使命”，长期以来，这成为社会对教师形象的完美刻画。然而这些诗情画意的赞誉，虽然崇高，但几近脱离了教师的现实生活，加之社会舆论习惯把教师当作教育失败的替罪羊，导致他们非但不容易从这项光荣而体面的职业中享受收获与喜悦，相反，还可能会遭受更多的委屈、作出更多的牺牲，而这也成了教师们难以言说的道德“十字架”。据调查，有三分之一的教师表示，教师职业很容易受到良心谴责，这与这种高调定位直接相关。

威尔逊提出：“所有对他人高度负责的角色，都存在相当多的冲突和不安全感。”① 教师作为一种对学生和社会高度负责的职业，所产生的角色冲突之多、心理压力之大是可想而知的。根据弗鲁姆的期望理论②，期望具有激励的作用，期望值高，激励力量就大。然而，当期望值过高时，就会对人产生一种过大的压力，反而不利于工作效率的提高。事实证明，过高的社会期望不仅没有使教师产生更高的工作效率，反而使其有“不堪重负之感”。因此，建立对教师的合理期望，增进对教师工作的理解和支持，对于减轻教师职业压力是非常必要的。

首先，社会各界要理性认识教师的作用。无疑，教师在促进学生身心发展过程中起着极为重要的作用，但是这种作用是一种主导作用而不是决定性作用。教师并不能主宰学生的发展，他只是对学生身心发展起方向性和引导性作用，而且这种作用的发挥是有条件的。因为学生的发展是包括教师、教育管理者、家长和社会等诸多教育因素共同交互影响的结果，是系统工程，需要全社会的配合与支持，要教师承担学生发展的全部责任是不合理的。

其次，政府和媒体应多一些对教师职业的正面宣传。近年来，诸如“我们的教师怎么啦”、“学校教育怎么啦”等指责教师的文章频频见诸报端，把师生矛盾、教育事件、学生事件全部归咎于学校和教师，似乎谁都可以对教师指手画脚、口诛笔伐，学校和教师采取的每

① 瞿保奎. 教育学文集·教师［M］. 北京：人民教育出版社，1991. 205

② ［美］维克托·弗鲁姆. 工作与激励［M］. 1964

一种惩罚性措施都会遭到社会舆论的强烈批评。教育部在2009年出台的《中小学班主任工作规定》[①]中规定班主任在日常管理中“有采取适当方式对学生进行批评教育的权利”就是最好的反证。不少媒体对个别有违师德的教师事件大加渲染，而对绝大多数兢兢业业、勤勤恳恳、尽心尽责、关爱学生的教师则相对宣传不多、肯定不够，这在造成教师不满、挫伤教师工作积极性的同时，客观上也给教师带来巨大的心理压力。殊不知，在媒体报道的那些有违师德的事件中，有不少是因为教师心理问题引起的。因此，政府和媒体应“扭转方向”，以大力宣传教师的职业精神为主要导向，不仅要大力宣传教师中的先进典型，更要从教师职业的特殊性出发，在全社会弘扬教师精神。

再次，家长对教师的工作要多一些理解和支持，少一些责备。现实生活中，较多的家长总是站在教师的对立面看待、评价教师，甚至在孩子面前诋毁教师；有些家长教育观念陈旧或偏颇，以单一取向，如考试成绩审视教育教学工作；当孩子受到意外伤害或与教师发生冲突时，不能以理智的态度对待教师。这些不仅使教师伤心，同时又感到压力很大。希望家长对教师多一份信任和理解，他们不是圣人，会有犯错误的时候，对他们不要太苛刻、要求太高。

4. 减轻工作负荷，释放教师身体压力

教师的工作负担过重，不仅对教师的身心健康有害，而且严重阻碍了教师的学习和发展，使他们没有更多的时间静下心来学习。为此，政府和学校有责任采取措施，减轻教师的工作负担，释放教师的身体压力。

第一，教育行政部门可以评聘教师职称为契机，严格教师学术进修制度。规定教师每隔几年必须接受而且有权利享有系统的、脱产的继续教育，为教师的专业发展提供保障。

第二，抓住当前调整中小学学校布局的机遇，减少班级学生人

① 教育部关于印发《中小学班主任工作规定》的通知［N］. 中国教育报，2009－08－19

数，逐步实行小班化教学。

第三，制定合理的中小学教师编制和工作量标准。

第四，学校可采取“有组织的舍弃策略[①]”，减少不必要的教师负担。“有组织的舍弃”一般是指校长有意识、有计划、有组织地舍弃一些不必要的教师负担，如免检资深教师的书面教案，设置“资源教师”岗位（“资源教师”的主要任务是为各科教师提供教学资料情报，为各年级、各学科准备试卷）等。

第五，各级行政部门减少各种形式主义的检查、评估。赋予教师专业发展的自主支配时间。

5. 建立科学评价机制，缓解教师自我发展压力

怎样评价教师，教师能否接受评价的方式，对教师有很大的心理影响。目前，我国终结性教师评价结果基本上体现在对教师的奖惩上：与年终奖金、福利待遇挂钩，有的还成为解聘教师的依据，这不利于激发教师的自我发展动机。依据马斯洛的需要层次论，生存需要是低层次的需要，自我发展需要才是高层次的需要。大量的调查表明[②]，当前，我国教师的压力主要不是来自教师追求自身发展的需要，而是来自与教师“生存需要”有关的低层次压力（如经济压力、考试压力、聘任压力等）。如果教师的工作还没有从这种低层次的“生存需要”上升为一种高层次的精神追求，教师工作仅作为一种谋生的手段，而不是一项值得毕生追求的事业，那么，教育教学活动就难以焕发它内在的生命力。因此，改革现行的以学生考试成绩为主要评价标准的教师评价机制，建立一种定性评价与定量评价、静态评价与动态评价、过程评价与结果评价相结合的教师评价机制，是缓解教师职业压力，推动教师自我发展的关键所在。实践证明，“发展性教师评价机制”对改善教师的生存状态、解决教师职业压力问题具有

---

① 冯大鸣．“有组织的舍弃”——教师减负对策［J］．中小学管理，2003（6）：31

② 齐学红．考试压力下的教师和学生——个案研究［J］．教育理论与实践，2001（1）：41

重要意义。国内学者王斌华教授认为[①]：“发展性教师评价制度是一种面向未来，以促进教师未来发展为目的的形成性教师评价制度。它没有将教师评价制度作为奖励和惩罚的机制。其目的是，在没有奖惩的条件下，促进教师的专业发展。在发展方向上，发展性教师评价立足现在、兼顾过去、面向未来，重视教师未来发展和促进教师自身不断成长；在实施过程中，发展性教师评价让教师充分了解学校对他们的期望，它根据教师本人的工作表现，确定教师个人发展需求，制定教师个人发展目标，向教师提供日后培训或自我发展机会，提高教师履行工作职责的能力。它不以评价结果作为奖惩依据，主张在宽松环境中促进教师专业发展。无疑，发展性教师评价机制的建立，不仅有助于缓解教师的职业压力感，而且也有助于消除教师职业的负面压力根源。

6. 提高行业门槛，建立“免入”制度

另外，有必要在师范院校培养或入职教师之前进行心理测试，避免某些不适合做教师的人进入该行业。应该承认，在现行的中小学教师队伍中，确有一部分教师本身的素质特别是心理素质比较差，如性格过于孤僻，不愿交往，甚至有人格障碍的，他们在走上教师岗位之后，更是背上了沉重的心理包袱，难以胜任教育、教学工作的需要。针对这一情况，应该从源头上抓起，适当提高教师资格准入的门槛。国家有关部门应通过对《教师法》和教师任职资格制度有关条款的修改和完善，明确把心理健康作为教师任职资格的重要条件之一。

总之，政府必须担负起减缓教师职业压力社会管理的职能，应用政策的、法律的、经济的和行政的手段，通过规划、引导、协调、扶持、监督和服务等方式，减轻教师职业压力，促进教育事业的发展。

---

① 王斌华．发展性教师评价制度［M］．上海：华东师范大学出版社，1998. 115

# 第二章　缓解教师职业压力的组织管理策略

美国教育协会主席 W. McGuirc 曾指出："职业枯竭的感受正打击着无数具有爱心、理想、乐于贡献的教师，使他们逐渐放弃自己的专业工作，这个重大的疾病正在折磨着教学职业，如果不能及时有效地纠正，那么就会达到流行的程度。"从这个意义上说，如何引导中小学教师积极看待职业压力、主动面对职业压力，这对于缓解教师职业压力和职业倦怠、增强教师个体成就感和幸福感而言，具有深远的现实意义。现代管理学也启示我们：人并非天生厌恶工作，而是愿意勤劳肯干的，他对工作的好恶取决于他所处的环境，既可把工作视为一种满足，也可把工作视为一种痛苦，由此可见，"环境"对教师职业压力的影响至关重要。教育组织者如何构建教师宽松的工作环境，营造教师和谐的心理环境，将不仅有助于提升教师职业压力管理的层次，帮助教师从职业压力中获得新生，而且将有助于激励教师主体性、积极性和创造性的生成和发挥。

缓解教师的职业压力的组织管理策略主要有如下几点。

## 一、科学管理，合理分解压力

压力是学校组织中必然存在的一个现象，学校组织之中的压力管理首先需要做的一项工作是组织内在压力系统合理有效地调整，进行科学管理。过度的集权使中层和一般教师对工作缺乏必要的权利和控制性，较容易引起管理者与教师的认知冲突。在现有的管理条件基础上，上层（压力事务繁重、责任重大、决策风险）向下层的分解与转移，降低了部分高层学校管理人员的过高责任压力与工作负担，使管理人员从繁重的事务性工作中解放出来，集中精力于重要的管理工作方面；同时，明确工作的权利与责任，可以消除下层人员的某些压力，如角色失调、缺乏控制等，有助于避免角色不清与角色冲突的现象。合理分权授权，加强参与管理，是调整学校中压力结构失衡与压力分配不均的有效措施。

1. 合理分权授权，使管理权层次化

这样做的目的是调动下属的积极性、主动性、创造性，有效开发人力资源。那么如何才能做到科学、合理、有效地授权呢？这就要明确授权的原则和方法。

（1）学校规模越大，事情就越多，就越应注重授权。因为学校规模大，工作协调量大，很容易被动。

（2）在学校变革时期，应注重授权。因为这时往往情况复杂，难以下手，所以有时就要扩大下级的权力，让他们果断行事，大胆主动探索。当然，有时也应注意集权，如关键问题、重大问题、事关全局的问题等，以防失控。

（3）授权应该考虑：下级的素质、能力和创新意识，授权的大小、快慢的因素。

（4）要允许下级犯“合理性”的错误。这是授权的一个前提条件，没有这一点，下级就得不到充分信任，就不敢放手大胆工作。

（5）要注意在学校常规管理科学化、稳定化、有序化的前提下授权。

（6）在学校组织成长的不同阶段，如成长初期、发展期、成熟期，授权方式和程度就要有所不同。一般而言，成长初期要强调集权，在发展期与成熟期则要强调授权、分权。

（7）分权授权应逐级下放，不可越级下放，避免产生责任权限冲突。

（8）分权授权后要有充分的上下沟通交流，如定期协商、意见交往等，形成信任与互助的关系。

（9）责任、权力一起授。邓小平说：“只交责任，不交权力，责任制非落空不可。”同样，只交权力不交责任，下级必然没有动力和约束。

（10）分权授权后要有必要的反馈控制，避免权力的滥用导致失控，应建立分权授权的反馈系统，包括定期汇报、总结，教师意见反馈等。

2. 加强教职工民主管理

在大多数的学校，教师代表、教职工代表大会所起的作用是非常微弱的，或者是流于形式。这便使得教师们无法形成一种对学校的归属感、主人翁感，而代之的是一种被压迫感。

教职工代表大会是在学校的党基层组织领导下的学校民主管理机构，是校长负责制的重要实施机构。学校民主管理要求教职工等学校管理主体，能依法行使参与学校管理的权利，共同决定学校的重大事务，对学校工作进行监督。

《教育法》第三十条第三款规定："学校及其他教育机构应当按照国家有关规定，通过以教师为主体的教职工代表大会等组织形式，保障教职工参与民主管理和监督。"《教师法》第七条规定，教师享有的基本权利之一是："对学校教育教学、管理工作和教育行政部门的工作提出意见和建议，通过教职工代表大会或者其他形式，参与学校的民主管理。"

从教师的角度讲，学校教师往往有表达自己看法的愿望和试图参与学校决策的需要。因此，让教师参与管理决策，为教师提供更多的参与决策机会，特别是对关系到教师个人工作活动的决策，充分听取他们的意见，积极采纳他们的建议，有助于提高教师的主人翁意识，使他们更加关心自己的学校与自己的工作，产生对学校的认同感、工作的自我控制感与使命感，减少工作中的失控压力与焦虑。教师参与管理不但可以化解疏远感、提高控制感，也能体现学校对教师的重视与尊重，从而调动教师的工作积极性与主动性，帮助教师减轻压力，有利于个人目标和学校目标的实现。

从学校管理者角度看，实行民主管理不但可以融洽校长与教职工的关系，提高校长决策的准确性和效力，提高校长在学校的地位与权威，也能防止权力集中导致的许多不良现象。参与管理可使教师对学校的决策过程有更进一步的认识，避免决策执行过程的矛盾与冲突。教师广泛参与，集思广益、信息充分，既提高了决策质量，又共同承担了责任。所有这些都能有效减轻学校高层管理人员的决策压力。所以说，教职工民主管理是合理调适学校组织中压力结构的有效管理措施。

## 二、制度管理，减少内耗压力

在学校管理中，制度管理是改变管理的无序状态和“头疼医头、脚疼医脚”的管理局面，提高管理和工作效率的一种管理思想。它有利于促进学校管理的规范化和制度化。其特点是强制性。它运用强制手段，主要依靠外力约束人的行为，使人的行为符合规章制度的要求。

工作的互相推托、推卸责任、互相抵毁、恶性竞争等现象是造成学校工作和活动效率低下、无端内耗、压力严重等问题的重要原因，对学校的正常工作有百害而无一利。工作职责不清、评价体系不健全是造成工作中的推诿现象和恶性竞争的客观原因。明确工作的目标、权利与责任，建立科学有效的评价体系有助于化解工作活动中的角色不清、评价不公正等现象，可有效避免学校中工作压力系统紊乱，降低整个学校系统中的压力水平。

### 1. 明确职责，减少工作混乱

“规章制度不是万能的”，但没有制度管理却是万万不能的，俗话说“没有规矩无以成方圆”。相信目前还没有哪所学校的教师素质能达到“无为而治”的水平，所以，学校制定岗位责任制、师德教育制度、教职工考勤制度、教师继续教育制度、教学研究制度、检查评比制度、质量评估制度、评先奖优制度、教师工作评价制度等，这些制度对于制度管理、规范管理行为、提高管理效益，都发挥着重要作用，它有利于促进学校管理的规范化和制度化，促进学校良好风气的形成。

制定科学的规章制度，能够让教师有的放矢，增强教师工作的主动性，明确教师工作的方向，避免教师工作的无序和盲目，而学校的管理部门也可以因此省去许多布置工作任务和强调工作重点的麻烦。

比如：将控制学生的考试成绩真实性作为制度去要求，大家一看就心中有数，从而及早准备，防患于未然，确保学校教育评价的客观性。

制定科学的规章制度，还有利于教师更好地认识自己。通过对照制度中的要求，每位教师都能系统全面地了解自己完成工作的情况，以利于自己更好地发扬成绩，总结经验教训，调整工作思路，更有针对性地开展工作。而教师个人努力的方向越明确，个人成功的可能性就越大，成就感就越强。这也就为教师的职业压力的缓解打下了一个基础。

制度管理的重点是校长以身作则，依法管理，不以自己的主观意志、长官意志左右制度执行的过程和结果。营造公平竞争的环境，做到考核评价公平、奖励惩罚公平、发展机会公平，保证学校管理制度的顺利进行。当然，要做到这些无非都是要做到目标明确、任务明确、权限明确还有责任明确。

2. 科学评价，防止恶性竞争

众所周知，竞争是发展的动力。在学校管理中，科学准确地区分优劣，是推行良性竞争的前提。但是，由于教师劳动时间的模糊性、成果鉴定的困难性、价值实现的滞后性，导致对学生评价、对教师的教育教学效果评价的困难。教师的劳动成果主要表现为学生的成长、发展情况。党的教育方针一贯强调：教育要促进学生德、智、体、美、劳全面发展。但是在现实的学生评价中因为多种原因，过分地强调了对学生的知识评价，最终学生考试成绩成为评价学生、评价教师最主要的依据。甚至把学生的考试成绩与教师的业绩考评、评优、晋升、奖金直接挂钩，导致一些教师为了得到好的评价不惜牺牲学生和自己的心理健康、身体健康，甚至少数人会在评价过程中弄虚作假，产生妒忌、诽谤、破坏等行为。“唯分是举”的急功近利和单一狭隘的考评方式难以衡量教师的真正价值，这不仅会限制教师教学的主体性的发挥和成就感的获得，而且容易削弱教师自我发展的需求动机，加大了其对教师职业的忧虑。因此，学校管理者应在评价主体、评价内容和评价方式上作出根本性调整，学校管理者在对教师进行评价时不能一概而论，必须改变传统的教师评价理念和考核方式，采用灵活多样的评价形式和评价方法，变奖惩性评价为绩效性评价，变终结性评价为发展性评价，从而构建起保障教师合理竞争、持续成长的评价体系。

斯塔弗尔比姆指出："评价最重要的意图不是为了证明，而是为了改进。"然而，学校管理对教师的评价似乎只是着眼于奖惩、鉴定和选拔，恰恰忽略了其发展的意义。中小学教育是义务教育、基础教育，应建立科学、公正的教师评价体系，促进教师的教育行为和教育理念向素质教育回归，从而达到预期的教育目的。

3. 赋予教师教学自主权

赋予教师教学自主权就是让教师在以下几个方面获得自主：一是自主安排教学时间；二是自主安排工作内容；三是允许个人的教育观点、个性以及情感在工作中得到体现。在工作中，他们的声音不被当作"异见"、"不正常"或"病态"，他们和管理者有着同样的话语权。

## 三、柔性管理，有效化解压力

柔性管理策略就是以人为本，关注教师的思想、情感和需要，充分发挥教师的主动性、积极性和创造性去应对现实存在的各种问题，有效化解教师压力的一种管理方法。学校管理的核心是人，柔性管理把人看作管理的核心，注重调动学校中师生的主动性与创造性，把激励人的行为作为学校管理的最高目标。缓解教师职业压力的柔性管理策略主要有如下几点：

1. 改革管理制度，树立现代管理理念，以制度"活力"化解教师压力

缓解教师压力首先要从改革教师管理制度开始，力求为他们提供一个自由、自主、宽松的制度环境。

(1) 考勤制度松一些。条件允许的学校可以改变坐班制度，凡没有课的教师，都可以在上午第二节课和下午第二节课到班。这样，教师就改变了过去"上班、坐班"的呆板机械的工作状态，消除了"怕罚款"的紧张心理。这种做法既减轻了教师的工作压力，也不影响学校的工作。

（2）工作负担减一些。为了平衡教师超负荷工作的心理，要对教师的工作量进行调整，如调低教师的满负荷工作量，对超负荷的教师加大课时津贴补助；对学生的作业量、教师的课外辅导次数都严格按照国家规定执行；不同资历和水平的教师在备课、听课、作业等教学环节上，作出不同的要求。

（3）评价机制活一些。由于多种原因，在现实的学生评价中多是以学生考试成绩作为评价标准，并以此作为评价教师最主要的依据，甚至把学生的考试成绩与教师的业绩考评、评优、晋升、奖金直接挂钩，导致一些教师为了得到好的评价不惜牺牲学生和自己的身心健康。教育系统应建立科学、公正的教师评价体系，促进教师的教育行为和教育理念向素质教育回归，从而达到预期的教育目的，同时也将教师从考试压力中解放出来。

2. 淡化“官”念，树立服务意识，降低领导“威力”以化解教师压力

人本主义管理理念认为：学校管理者与被管理者只是社会身份上不同，在人格上是平等的，管理者要尊重被管理者的人格，与之建立起一种平等、亲密的友善关系。而建立这样一种关系，就要求管理者关心被管理者的生活、学习和工作，洞悉他们的思想、心情，体谅他们的困难和疾苦，多一份关怀，多一份真诚。另外，管理者要特别注重自身的人格修养，努力做到胸襟坦荡、言行一致、廉洁奉公、不计私怨、不抱成见、严于律己、宽以待人。学校培养的是人才，管理对象也是人，所以学校的管理工作不同于一般的行政管理工作，学校管理者也不是行政部门的“官”，因此学校管理者更应淡化“官”念，经常与教师进行沟通，想教师所想，急教师所急，持之以恒地为教师服务，不以“言”威号召人，而以德服人。其实作为校长，只有真正被教师所信任、所拥护，这所学校的发展前途才远大，这所学校的教师才能正确面对压力、克服压力、化压力为动力。

3. 尊重、关心、理解教师，满足教师情感的需要，缓解教师发展的压力

自我实现的人性观认为：效率的最大化不是管理的全部内容和唯

一目标，人的情感需要、发展需要才是管理目标的重要内容。因此，一个人性化的管理者应着力创造一个适宜人性张扬的环境。要做到这一点，首先必须尊重教师，着力营造尊师重教的环境。要尊重教师的劳动、教师的创造、教师的需要，保持管理者和教师之间有一种感情融洽的良好人际关系，并形成积极的情感。学校管理者要爱护、保护教师，关心教师，在政策允许的范围内，竭尽全力为教师办实事、办好事。当教师的利益受到侵害或教师被误解时，要敢于直言和大胆维护教师权益。要严肃学生的纪律，严肃处理学生侵犯教师身心健康的现象。其次要重视教师的公平需要，营造公平的环境，做到考核评价公平、物质分配公平、奖励惩罚公平、发展机会公平，以增强教师的满足感。再次必须重视教师的发展需要，营造有利于教师发展的环境。学校管理不仅要做到“为了人、尊重人、理解人”，还要做到“依赖人、满足人、发展人”。发展是人的高层次的追求，学校要帮助教师进行职业生涯设计，营造有利于教师发展的环境，使教师在良好的环境中能“不断地寻求一个更加充实的自我，追求更加完善的自我”。工作上，依靠他们，支持他们，充分授权，使他们觉得自己是在“挑大梁”，以充分发挥个人的才能，展示个人的特长；学习上，支持他们，使他们获得再学习、再提高的机会。

4. 加强领导、教师之间的沟通与理解，减少校园人际内耗压力

学校中构建良好、畅通的沟通渠道，有助于思想统一、信息共享、减少心理隔阂、缩短人际距离。沟通是释放压力的良好渠道，领导与教师加强沟通，有助于减轻其角色模糊和角色冲突、减少对自我角色的不确定性，同事间的沟通可消除许多不必要的猜疑，彼此间还可以加深感情。很多人际关系紧张往往是由于缺乏沟通与理解造成的。大量研究表明，积极、和谐的公共支持氛围对于消除教师压力很重要。在这种和谐氛围中，教师间能互相关心，这样教师可从同事那儿获得压力根源的解析，共同分担问题或与同事多进行一些交往活动能有效地帮助他们消除压力感；Claxton 也认为，形成“压力综合征”的关键之一是孤独感。然而由个人采取主动去消除孤独感太困难，所以需要在学校形成一种环境，使人们不再将个体承受压力看作是一种

个人失败，是个人无能及对工作的不胜任的结果。管理者必须意识到一点，即管理不善会成为压力生成的重要根源。如管理者设立不现实的目标让教师去完成，或者没有同教师进行充分交流，没有认真倾听教师们的声音等，这些都可能造成一些本可以避免的教师压力。所以管理者要创设一定的氛围，加强人际沟通。

（1）要建立管理者与普通教师的沟通渠道。

沟通能促使管理者和教师之间加深理解、增进感情、统一认识。管理者不懂得沟通或不善于沟通，就达不到以情感人、使人心悦诚服的目的。因此，管理者要做到虚心、耐心地倾听教师的心声，沟通时还要诚恳、及时，用真情打动对方。

（2）加强正式沟通渠道的建设。

学校可以设计沟通渠道，帮助教师了解学校的各项政策与规定，工作评价内容与方法，使教师了解学校的目标意图，增进教师对学校的向心力与归属感。如教师论坛、教师联欢晚会、校园网站聊天室、博客、校长信箱及 E-mail、学校领导与教师代表恳谈会议、教师礼仪培训等活动，都可以成为教师之间、学校领导与普通教师之间沟通的重要渠道。

（3）重视非正式沟通渠道的作用。

非正式沟通渠道能有效避免正式场合的拘束感和谨慎感，增强沟通的亲和力和平等性，往往能使棘手的学校内部人际摩擦问题迎刃而解。

*5. 着力构建良好的校园文化，发挥柔性管理的价值导向功能*

学校的生存和发展离不开校园文化。校园文化是一所学校独特的风格和整体精神，是学校的灵魂所在。良好的校园文化是教师成长发展的土壤，它构成了学校生存和发展最稳定、最有活力的基础，对于增强学校的凝聚力、向心力和持久力，保证学校行为的合理性，推动学校的发展具有重要的作用。因此，建设优良的校园文化是柔性管理的高层次目标追求。

校园文化建设的核心是构建学校共同的价值观。即要求学校教职工对学校共同发展前景、方向有一种相对共同的要求和想法，这是学校教职工对自己长远的根本利益和需求认识的结果，是学校共同价值观中比较长远和稳定的因素。

学校管理者要千方百计地向教师传达学校所形成的一套清晰明确的价值系统，使教师能够理解、接受、认同它，从而自觉地将其内化为自己的追求，并为实现这种共同的价值目标而努力。值得注意的是，在强调学校组织的共同价值观“共同性”的同时，必须承认学校共同价值观所具有的“包容性”，即承认教师个体价值的多样性、差异性和文化的多元性。学校管理者对学校教师不同的价值观念和文化特征，一定要持一种宽容、谅解和包容的态度。从本质上讲，共同价值观自身就是一种包容性的价值观，只有承认这种包容性，才能将学校组织中教师个体的价值选择与学校的目标追求结合起来。以学校的共同价值目标推动一种生动活泼的、健康向上的、人人心情舒畅的校园文化的形成，发挥价值在学校管理中的导向功能，这正是柔性管理所追求的一种境界。

## 四、善用激励，变压力为动力

学校要发展，需要有一群努力上进、具有竞争性的教师。学校领导要通过有效的压力管理，在学校中形成合理的压力氛围，促使教师保持高昂的士气、饱满的工作情绪、积极的工作态度，全身心地投入到工作中去。要善于利用压力，激励教师不断挑战自己、提升自己。具体来说，学校管理中的激励策略有以下几种：

1. 期望和目标激励，增强使命感

### 皮格马利翁效应

皮格马利翁效应（Pygmalion Effect）又叫罗森塔尔效应，指人们基于对某种情景的知觉而形成的期望或语言，会使该情景产生适应这一期望或语言的效应。美国心理学家罗森塔尔和雅各布森于1968年对这一现象进行了试验研究，他们在奥克学校对小学1～6年级的学生进行了一次名为“预测未来发展的测验”，实为智力测验；然后，在这些班级中随即抽取20%的学生，并让教师认识到“这些儿童的能力今后会得到发展的”，使教师产生对这一发展可能性的期望。8个月后进行了第二次智力测验。结果发现，被期望的学生，特别是一、二年级被期望的学生，比其他学生有了明显的提高。这一倾向，在中等的学生身上表现得尤为显著。而且，从教师所做的行为和性格的鉴定中可知，被期望的学生表现出更有适应能力、更有魅力、求知欲更强、智力更活跃等倾向。这一结果表明，教师的期望会传递给被期望的学生并产生鼓励效应，使其朝着教师期望的方向变化。大量研究表明，教师是根据学生的性别、身体特征、社会经济地位、兄弟姐妹情况等各种信息形成对某个学生的期待的，期待形成后又通过各种方式如分组、强化、提问等影响被期望的学生，使学生形成自己的期望，最后又表现在学生的行动中，学生的行为表现又进一步影响教师的期望。罗森塔尔把这一现象称作皮格马利翁效应，原因是此效应的机制源于古希腊神话传说：塞浦路斯国王雕刻了一尊美少女塑像，他对自己用象牙雕刻的少女产生了爱恋之情，他的真诚感动了上帝，上帝赋予这座少女雕像以生命，与有情人结成幸福的伴侣。

皮格马利翁效应体现的是心理暗示的力量。教育管理工作中，管理者如果能赏识、信任教师并对教师有较高的期望，就会对教师产生积极的暗示，从而激发教师工作的热情，提高其工作效率。

在西方的管理理论中，北美学者弗鲁姆提出了著名的期望理论。他认为，人们采取某项行动的动力或激励力取决于其对行动结果的价值评价和预期达成该结果可能性的估计。换言之，激励力的大小取决于该行动所能达到目标并能导致某种结果的全部预期价值乘以他认为达成该目标并得到某种结果的期望概率。用公式可以表示为：

$M = \sum V \times E$,

其中：$M$表示激发力量，是指调动一个人的积极性，激发人内部潜力的强度。

$V$表示效价，是指达到目标对于满足个人需要的价值。

$E$是期望值，是人们根据过去经验判断自己达到某种目标或满足需要的可能性是大还是小，即能够达到目标的主观概率。

效价（$V$），是指达到目标对于满足个人需要的价值。同一目标，由于各个人所处的环境不同、需求不同，其需要的目标价值也就不同。同一个目标对每一个人可能有三种效价：正、零、负。如果个人喜欢其可得的结果，则为正效价；如果个人漠视其结果，则为零值；如果不喜欢其可得的结果，则为负效价。效价越高，激励力量就越大。该理论指出，效价受个人价值取向、主观态度、优势需要及个性特征的影响。可以根据行为的选择方向进行推测，假如个人可以自由地选择$X$结果和$Y$结果的任一个，在相等的条件下：如果选择$X$，即表示$X$比$Y$具有正效价；如果选择$Y$，则表示$Y$比$X$具有正效价。也可以根据观察到的需求完成行为来推测。例如，有人认为有价值的事物，另外的人可能认为全无价值。如1 000元奖金对生活困难者可能很有价值，而对百万富翁来说意义不大。一个希望通过努力工作得到升迁机会的人，在他心中，“升迁”的效价就很高；如果他对升迁漠不关心，毫无要求，那么升迁对他来说效价就等于零；如果这个人对升迁不仅毫无要求，而且害怕升迁，那么，升迁对他来说，效价就是负值。

期望值（$E$），是人们根据过去经验判断自己达到某种目标或满足需要的可能性的主观概率。目标价值大小直接反映人的需要动机的强弱，期望概率反映人实现需要和动机的信心强弱。弗鲁姆认为，人总是渴求满足一定的需要并设法达到一定的目标。这个目标在尚未实现时，表现为一种期望，期望的概念就是指一个人根据以往的能力和经验，在一定的时间里希望达到目标或满足需要的一种心理活动。

对于目标的期望值怎样才算适合？有人把它形容为摘苹果。只有跳起来能摘到苹果时，人才最用力。倘若跳起来也摘不到，人就不跳了。如果坐着能摘到，无需去跳，人便不会努力去做。由此可见，领导者给教师制定工作目标时，要让教师经过努力才能完成，这才有利于调动职工的积极性。目标太高使教师失去完成的信心，他就不努力去做；目标太低，唾手可得他也不会努力去做。因为期望概率太高或太容易的工作都会影响职工的成就感，失去目标的内在价值。所以领导者制定工作目标以及使教师获得奖励的可能性都有个适度问题，只有适度才能保持教师恰当的期望值。

弗鲁姆认为，期望的东西不等于现实的东西，期望与现实之间一般有三种可能性，即：期望小于现实，期望大于现实，期望等于现实。这三种情况对人的积极性的影响是不同的：①期望小于现实，即实际结果大于期望值。一般地说，在正强化的情况下，如奖励、提职、提薪、分房等，当现实大于期望值的时候，有助于提高人们的积极性，在这种情况下，能够增强信心，增加激发力量。而在负强化的情况下，如惩罚、灾害、祸患等，期望值小于现实，就会使人感到失望，因而产生消极情绪。②期望大于现实，即实际结果小于期望值。一般地说，在正强化的情况下，便会产生挫折感，对激发力量产生削弱作用。如果在负强化的情况下，期望值大于现实，则会有利于调动人们的积极性，因为这时人们作了最坏的打算和准备，而结果却比预想的好得多，这自然对人的积极性是一个很大的激发。③期望等于现实，即人们的期望变为现实，所谓期望的结果，是人们预料之中的事。在这种情况下，一般地说，也有助于提高人的积极性。如果从此以后，没有继续给予激励，积极性则只能维持在期望值的水平上。

在实际生活中，每个目标的效价与期望常呈现负相关。难度大、成功率低的目标既有重大社会意义，又能满足个体的成就需要，具有高效价；而成功率很高的目标则会由于缺乏挑战性，做起来索然无味，而导致总效价降低。因此，设计与选择适当的外在目标，使其既给人以成功的希望，又使人感到值得为此而奋斗，就成了激励过程中的关键问题。

作为学校管理者，应给教师创设既远大又切实的奋斗目标：

（1）提高中华民族的整体素质，将青少年培养成合格加特长的人才。

（2）把学校办成规范加特色的学校。

（3）把自己造就成全能型、科研型、学者型教师。

并做到三者有机结合，来诱发教师的工作动机，激发其内心的积极因素。

同时还要注意以下两点：

第一，注意目标激励的渐进性。可表述为“一年入门，三年懂行，五年成熟，七年显才能”。因为教师的所有进步都是外在教育和内在进取两大互动因素综合作用的结果，所以应科学地为教师设计近期、中期、长期的奋斗目标，不停顿地启动其从教的强烈内因，激励其发展成才。

第二，注意目标激励的调适性。倘若期望值过高，盲目乐观，实现不了，会产生心理挫折；如果缺乏信心，期望值过低，又容易产生悲观失望的情绪。所以，应及时帮助教师调整期望值，以便适应变化着的外界环境。这样有利于潜能的发挥，克服消极因素，强化行为动机。

2. 感情激励，增强温暖感

在拉封丹的寓言作品中，有一则南风的故事：

南风与北风比赛，看谁更有力量。北风说，你看，路上有一个行人，谁能让他脱掉身上的大衣，就算谁赢。南风笑了笑，同意了。于是，北风立即呼啸而起，让行人感到一阵刺骨的寒冷。可是，行人不仅没有脱掉大衣，反而把大衣裹得更紧了。北风使尽浑身解数，也无法达到目的，只好无可奈何地退了回去。温暖的南风开始轻柔地吹拂行人的脸庞。他感到越来越暖和，越来越燥热，不由自主地解开了纽扣，然后脱掉了大衣。这样，南风就向北风宣告自己赢得了胜利。

南风与北风的故事说明了一个道理：温暖胜过严寒，关怀胜过苛责。

故事告诉我们，每个管理者都应该树立这样的理念：每个人都是重要的，每个人的身上都蕴藏着某种潜能，值得尊重。如果对教师采取“刚性”的管理措施，教师对你是敬而远之，拒绝配合；采用和风细雨的“南风”式的管理方法，就会轻而易举地让教师“脱掉大衣”，达到管理目的，收到更好的管理效果。

情感是人的社会性需要是否得到满足的一种心理感受和体验。情感激励是通过满足人们的社会性需要而使之发挥积极性、主动性和创造性的一种激励方法。学校管理者要引领教师达成教育目标的实现，除了采用物质激励外，更多地采用情感激励的方法，使教师的社会交往、受关爱、受尊重及自我实现等社会性需要获得满足。具体方法有：

（1）尊重、信任教师。

领导的信任和尊重可以转变为教师的精神支柱，这种精神上的激励，常常比奖金更贵重。实践证明，尊重、信任可以给人以巨大的精神鼓励，激发责任感，增强向心力。因此，作为校长，在业务上要尊重教师的创造精神；在用人上要以事业为本，信任为重，让他们在职权范围内独立地处理问题，充分发挥其才干；在日常生活中，校长要善于表达感情，不要整天板着面孔，更不要在公众面前斥责下属——即使有过错，也要选择适当的时机和他们谈心，指出错误，并给他们创造改正错误的机会和条件。有些问题作为领导要主动承担责任，使有错误的人得到温暖的同时，也乐意接受教训。如果批评不当，言语过重、过激，就会使人感到失去威信，丧失信心，并易造成与领导的对立情绪。

（2）关怀、体贴教师。

关怀、体贴是人们普通的心理需求。校长关心教师要情真意切，一切从爱出发，给每人以均等的机会，一视同仁，对于与自己的思想有隔膜的、有错误的同志更应该关心。“精诚所至，金石为开”，让他们充分发挥聪明才智，切忌一个“嫌”字。“嫌”往往使自己的感情天平失去平衡，致使一些教师因“嫌”而感情淡薄、疏远，甚至对立。人人都有感情，人人都需要感情。从这个意义上讲，爱的实质就是“给予”：给予关怀，给予温暖，给予体贴，给予心理的补偿，使他们感到温暖。如创造条件提高教师的福利待遇，切实帮助解决困难教师的生活，帮助解决教师子女就业问题等。道路坎坷扶一程，能使人终生难忘；困难时候拉一把，会使人感激不尽。

（3）理解、宽容教师。

教师的气质、性格、能力各有其特点，作为校长，必须做到“宰相肚里能撑船”，凡事宽容大度，“水至清则无鱼，人至察则无徒”。理解和宽容是人际沟通的金钥匙。为此，校长应采用换位思考、置换体验的方法，设身处地了解教师的需要、苦衷和感受。“欲知心腹事，需从口中言”。作为领导者，可以根据需要，召开不同类型的会议和个别谈话，向教师讲明学校工作情况和实际困难，倾听教师意见，就教师所关心的问题给予认真解答。有的教师教学认真负责、能力强、成绩好，但毛病也不少，有的甚至牢骚满腹，作为校长，要着重看他们的长处，注重捕捉他们身上的闪光点，并及时给予肯定。

校长与教师之间的矛盾是经常发生的，校长要宽容大度，耐心听取反对自己的话，严肃认真地检查自己，主动承担责任，同时要正确对待反对过自己而且证明其是反对错了的人，不计冤仇，不图报复，主动亲近。这样，校长的容人之量会使教师产生内疚之心、感激之情、“报答”之行。

人本主义心理学的“需要层次理论”告诉我们，一定的需要往往需通过特定的激励去满足。教师作为社会文化的继承人和传播者，他们的文化层次普遍较高，职业敏感性强，审美倾向性和个人需要的档次都较高。教师需要的这些特点，是由教师阶层自身的文化层次、职业特征、道德观念、审美倾向所决定的，是一种极其稳定的心理体验。由于情感激励主要是通过满足教师的高级需要，如荣誉、成就、尊重、自我实现的需要，以满足教师的贡献感、创造感和趣味感等内在情感，所以，从价值观的角度来调动教师的工作积极性，具有稳定、持久、多样性的特征。科学地使用情感激励，具有长效增力作用，同时可以避免物质激励所带来的物质畸形发展、个人主义恶性膨胀等负面影响。

3. 成就激励，增强荣誉感

美国心理学家塞利格曼 1967 年用狗做了一项经典实验。起初把狗关在笼子里，只要蜂音器一响，就给以难受的电击，狗关在笼子里逃避不了电击，多次实验后，蜂音器一响，在给电击前，先把笼门打开，此时狗不但不逃反而是不等电击出现就先倒在地上开始呻吟和颤抖，本来可以主动地逃避却绝望地等待痛苦的来临。随后的很多实验也证明了这种现象在人身上也会发生。这就是心理学家称的“习得性无助”。它是指通过学习形成的一种对现实的无望和无可奈何的行为、心理状态。这一现象表明，如果一个人在学习中无论做出怎样的努力，都无法逃避失败的命运而没有成功的体验，那么，他就会采取自我无能挫败的策略，他们在工作中懒散、怠慢，有时是破坏性的，只完成不费力气的任务或面临困难主动放弃。他们沮丧，并经常以愤怒的形式表现出来。

米切尔（Meicher，2000）认为当自我描绘的积极心理图式在早期的探索阶段一再受挫时，个体会无所适从，转而陷入一种停滞观望的状态。教师职业出现的倦怠状态是一种习得性的自我保护适应行为。

美国哈佛大学教授戴维·麦克利兰（David McClelland）于20世纪50年代提出了著名的“三种需要理论”，他认为个体在工作情境中有三种重要的动机或需要：①成就需要：争取成功需要做得最好的需要；②权力需要：影响或控制他人且不受他人控制的需要；③亲和需要：建立友好亲密的人际关系的需要。麦克利兰认为，具有强烈的成就需要的人渴望将事情做得更为完美，提高工作效率，获得更大的成功，他们追求的是在争取成功的过程中克服困难、解决问题、努力奋斗的乐趣，以及成功所带来的成就感，并不看中成功所带来的物质奖励。麦克利兰发现高成就需求者有三个主要特点：喜欢设立具有适度挑战性的目标，不喜欢凭运气获得的成功，不喜欢接受那些在他们看来特别容易或特别困难的工作任务。希望得到有关工作绩效的及时的、明确的反馈信息，从而了解自己是否有所进步。同时麦克利兰认为，动机是可以训练和激发的，因此可以训练和提高员工的成就动机，以提高工作效率。

既然成就动机是可以激发的，而且很有成效，那么，学校领导者应该充分利用它来提高教师管理效能。要关心教师的工作，帮助教师“成名成家”。美国心理学家阿特金森（J. W. Atkinson）认为，个人的成就行为往往为取得成功的需要和避免失败的需要所激励。工作有成就，科研有成果，成名成家，这是教师精神上的需求，也是最高层次的需要。学校管理者应创造条件、搭设舞台，指导和帮助教师实现自我价值，满足其成长和成就的需要。

在具体落实上，学校管理者可以通过实施荣誉激励，增强其成就感。首先应大力提倡集体荣誉感；其次，应充分肯定正当的个人荣誉感。应着重把握以下几点：①帮助教师摆正成就与荣誉的辩证关系。应充分利用教师特别是青年教师有理想、有志气、有抱负的成就心理，积极鼓励他们在工作中做出突出成绩。②充分运用知名度效应。即大力宣传教师的先进事迹，在师生中形成明显的认同感和强烈的凝聚心理。③充分运用竞争激励机制，使其成就在竞争中产生，荣誉在竞争中获得。学校除了要大力表彰上级教育主管部门所要求评选的一些称号、荣誉外，还可以根据各校实际从多角度去评选有能力的教师，以增加成就感。如举办“最受学生欢迎的教师”、“最受学生欢迎的班主任”、“教师十大歌手”、“校园师德标兵”等评选活动，激励教师。

4. 公平激励，平抑社会比较带来的失落感

公平理论又称社会比较理论，是美国心理学家亚当斯（J. S. Adams，1965）提出来的一种激励理论。该理论的基本要点是：人的工作积极性不仅与个人实际报酬多少有关，而且与人们对报酬的分配是否感到公平更为密切。人们总会自觉或不自觉地将自己付出的劳动代价及其所得到的报酬与他人进行比较，并对公平与否作出判断。公平感直接影响职工的工作动机和行为。因此，从某种意义来讲，动机的激发过程实际上是人与人进行比较，作出公平与否的判断，并据以指导行为的过程。

亚当斯公平理论，可以用公平关系式来表示。设当事人 a 和被比较对象 b，则当 a 感觉到公平时下式成立：

$$op/ip = oc/ic$$

其中：$op$——自己对所获报酬的感觉

$oc$——自己对他人所获报酬的感觉

$ip$——自己对个人所作投入的感觉

$ic$——自己对他人所作投入的感觉

当上式为不等式时，可能出现以下两种情况：

第一，$op/ip < oc/ic$。

在这种情况下，当事人 a 可能要求增加自己的收入或减小自己今后的努力程度，以便使左方增大，趋于相等；第二种办法是他可能要求组织减少比较对象 b 的收入或者让其今后增大努力程度以便使右方减小，趋于相等。此外，他还可能另外找人作为比较对象，以便达到心理上的平衡。

第二，$op/ip > oc/ic$。

在这种情况下，当事人 a 可能要求减少自己的报酬或在开始时自动多做些工作，但久而久之，他会重新估计自己的技术和工作情况，终于觉得他确实应当得到那么高的待遇，于是产量便又会回到过去的水平。

除了横向比较之外，人们也经常作纵向比较，即把自己目前投入的努力与目前所获得报偿的比值，同自己过去投入的努力与过去所获报偿的比值进行比较。只有相等时他才认为公平，如下式所示：

$op/ip = oh/ih$

其中：$op$——自己对现在所获报酬的感觉

$oh$——自己对过去所获报酬的感觉

$ip$——自己对个人现在投入的感觉

$ih$——自己对个人过去投入的感觉

当上式为不等式时，也可能出现以下两种情况：

第一，$op/ip < oh/ih$。

当出现这种情况时，人也会有不公平的感觉，这可能导致工作积极性下降。

第二，$op/ip > oh/ih$。

当出现这种情况时，人不会因此产生不公平的感觉，但也不会觉得自己多拿了报偿，从而主动多做些工作。

调查和试验的结果表明，不公平感的产生，绝大多数是由于经过比较认为自己目前的报酬过低而产生的；但在少数情况下，也会由于经过比较认为自己的报酬过高而产生。

亚当斯认为，在管理工作中领导者要十分重视在工作待遇上的不公平、不合理现象对人的心理状态的影响，努力在工作任务的分配上，在工资、资金以及工作绩效的评价中，力求公平合理，以调动人们的积极性。

公平对于个体来说只是一种主观的反映，这种主观感受受人的知识经验、意识倾向、价值观等因素的影响。因而，对于本来比较公平的客观事实，主观上也有可能判断为不公平。由于教师劳动方式的个体性和独立性，决定了教师在工作上多见自己，少见别人。在学校内部，教职工的“贡献”与毕业早晚、受教育程度高低、教育教学经验和努力程度有关；教职工的“报酬”包括工资级别、职称职务、奖金、工作岗位、受重视程度等。教职工进行纵向比较和横向比较后，如果认为自己的“贡献”与“报酬”相符，就有公平感，因而心理平静、心情舒畅，工作积极性高；反之，如果发现“贡献”与“报酬”不符，甚至相差很大时，则会产生心理上的不平衡，有时会以减少贡献来求得公平、合理，严重的还会影响学校工作的正常进行。

因此，我们在具体的学校管理过程中，运用公平理论不应将其取向指于完全的公平，因为这种绝对化的公平在学校管理中是不可能存在的。即使我们设计出一个理性上完全符合公平要求的理论和实践框架，但由于主观期望值的不同，也将使其无法实现。而我们所能做到的，是分析学校成员在面对公平问题时，在选择参照物的取向、衡量投入与产出之间的关系以及在他们作出公平或者不公平结论后的行为表现，以期从中发现我们在学校工作中还存在着哪些不足之处。面对不足，从公平着眼，从不公平处着手，学校管理者可以从正确处理四对矛盾出发，采取以下策略：

（1）客观——主观公平策略（objective - subjective）。

客观公平是指学校领导在客观上必须做到公平合理，主观公平是指教师主观认知上的公平，“人所认为的投入是主观上的东西，由于看法不同，它是可以改变的，对投入和结果的评价，都是主观的东西。这同时意味着通过改变对投入和结果的看法（知觉），也能够消除心理上的不公平感”。学校领导在教师管理中务必使客观公平和主观公平得到协调统一，即一是要在客观上确实做到公平公正，对下级一视同仁，公平对待；二是要使下级在主观上感到并承认这种公平。只有二者完美地结合起来，才能使教职工由此产生“公平感”。

（2）纵向——横向公平策略（longitudinal - transverse）。

公平理论相当强调个人的纵向与横向比较所产生的公平与不公平感。纵向公平是指国家教育行政部门、学校领导和教职工之间在情感上的平等沟通、政治经济利益上的公平分享。横向公平主要指领导者之间、教职工之间在提职晋升、评先评优、住房分配、子女升学就业等方面被公平对待。学校领导应审查处事是否公平合理，进而调节上下级之间的矛盾和冲突，重新建立新的平衡关系。因此，一方面必须消除地位上的障碍，另一方面要克服水平上的障碍。这里的水平包括觉悟水平和知识水平。

（3）合理——合情公平策略（fair - reasonable）。

坚持公平合理，既要有原则性，又要不乏灵活性。一方面，为使学校各项工作高速有效地运行，必须建立一些硬性标准和规范，学校领导在处理那些常规性的问题时，一定要从合理的角度出发，力求做到合理公平；另一方面，对那些非常规性的特殊问题，又要从合情的角度出发，努力做到合情公平。

（4）分配——程序公平策略（distributing - process）。

我们对公平的理解也不应该仅局限于亚当斯所提出的分配公平的角度，还应把它扩展到程序公平的领域，因为许多公平的分配方案有时并不是设计上出现了问题，而都是由于程序上的问题导致了不公平的结果。要确保用来确定分配的程序是公平的，就必须要吸收学校成员尽可能地广泛参与到学校各项政策和计划的制订过程中去。因为让受到决策影响或实施决策的人们参与决策的制定，他们才更可能接受这一决策，并可能鼓励他人也接受它，进而形成学校承诺，增强政策与计划的民主性和合法性。只有做到这一点，即使学校成员对自己的 *O/I* 比率不满意时，也会以更加积极的态度去对待它，因为“群体成员不愿违背他们自己参与制定的决定”。

5. 物质激励，增强实惠感

教师的职业特点，决定于“奉献”应多于“索取”，但也不能一味地只讲精神不谈物质。注重运用物质激励手段，增强实惠感，既可缩小与其他行业物质待遇的差距，平抑教师心理的不公正和不平衡感，又可使占有欲得到相对的满足。但也应注意两点：①引导他们正确地对待物质待遇。教师应有物质欲，但不能“一切向钱看”，特别要注意防止工作责任和奖罚上的“一刀切”。②合理使用资金，把钱花在“刀刃”上。

## 五、培训、教育、引导，增强抗压能力

学校组织一些培训和活动，如请一些专家给教师作有关心理调节和压力调控的讲座，使教师学会调控情绪的一些方法；利用学校工会的“教师之家”的功能，开展多种形式的活动，能有效地帮助教师排解压力和增强抗压能力。学校管理者要引导教师调整自己以适应变化的环境。教师个人要勇于面对职业压力，以主动积极的态度应对压力。

1. 引导教师认识教育工作的价值和乐趣

对于自我实现者来说，工作是令人兴奋、充满乐趣的，工作就是娱乐。

——马斯洛

教师的工作繁忙而琐碎，不仅有沉重的生理压力，还有沉重的心理压力。在压力之下，有的教师感到单调、疲惫，有的教师却感到充

实、丰富、幸福，区别就在于认识事物的角度不同。所以，作为学校管理者要缓解教师压力，就必须引导教师从工作中认识教育的价值和乐趣。要使教师认识到教师的价值在于培育生命、在于推进社会进步、在于有机会交流自己的思想和情感。孟子把“得天下英才而教育之”当作人生之三大快乐之一，大概就是出于这种理解吧。

全国优秀教师谷淑红却觉得她的价值、她的欢乐、她的幸福统统因为能够跟孩子们在一起。一年到头早出晚归，辛苦操劳，她总是兴致勃勃，欢天喜地，一点也不觉得累。可是一到放假她就病倒了，天天休息天天吃药，一直病到新学期开学第一天，来到学校看到孩子们，病就突然好了。丈夫开玩笑说她生的是假病，为的就是让他服侍照顾，而她却说，离开了孩子们，她就离开了幸福和欢乐；与孩子们在一起，她就感到朝气蓬勃、年轻有为、浑身充满使不完的劲。孩子们也体会到老师的爱和欢乐，记者一一问班里的孩子们，你们谷老师最爱谁，孩子们人人都说：“我们谷老师最爱我！”若问谷老师，如果让她重新选择，她会选择什么职业，谷老师说：“让我选择一百次，我还是当教师！”

可见，能否把职业当作事业来追求，关系到能否悦纳自己的职业；能否悦纳自己的职业，关系到能否幸福快乐地工作和生活，而这一点，对于在教育岗位上一干就是三十几年的教师来说，对他们的身心健康是何等重要！

（方方，2007）

2. 引导教师有效管理时间

引导教师关注一下自己的时间是如何应用的，了解自己需要改变的是什么、不需要改变的是什么。关于时间管理，常见的问题很多：由于缺乏目标、没有计划而浪费了很多时间但又不知时间花在哪里了；犹豫不决、当断不断，使自己更加紧张；同时想做许多事，随着压力增加却不知该做什么；对不想做、难做的事情一拖再拖；通过做一些琐碎的小事来逃避该做却不愿做的事情等。找出自己时间管理上的误区后，就要设法把它们从自己的习惯上排除；如果你在一天结束时却不清楚时间是怎么过去的，那么进行时间研究，搞清楚你做了什么、什么时间做的、做了多久，找出与工作无关的时间，找出自由时间，最后找出所有不自由的时间；设立清楚的、可以达到的目标，找出与目标有关的、可以在较短时间内进行的工作，并定期评估目标；要学会对自己做其他事情的要求说不；把时间和工作分成小块，改变拖延的习惯；根据事情的轻重缓急排出优先次序，并将要做的事情列出清单，一旦这些已确定，就着手去做。运用“80/20 定律”，勇于舍弃不太重要的事情。许多人喜欢将任务集中于期限即将到达之前完成，结果常常把事情留到最后一刻去做，这无疑会加重他们的压力感。

**二八原则**

也叫 80/20 定律，是时间管理学中的重要原理，它源于意大利经济学家巴列特，所以也称巴列特定律。“总结果的 80% 是由总消耗时间中的 20% 所形成的”，按事情的“重要程度”编排事务优先次序的准则是建立在“重要的少数与琐碎的多数”原理的基础上的。举例说明：80% 的销售额是源自 20% 的顾客；80% 的电话是来自 20% 的朋友；80% 的总产量来自 20% 的产品；80% 的财富集中在 20% 的人手中。这启示我们在工作中要善于抓主要矛盾，善于从纷繁复杂的工作中理出头绪，把资源用在最重要、最紧迫的事情上。

3. 引导教师改变对压力事件的感知，改变思维方式

人们的不良情绪有些确实是因为生活中的不利境遇所引起的，但也有些是由于对事情的真实情况缺乏了解或认识有偏差而盲目地生长起来的。任何东西都有两面性，用不同的态度看待它，就会有不同的体验。找出那些不实际的且可能会引发压力的信条。如作为一名教师，应当受到领导的肯定和学生的赞扬；教师应当完全胜任自己的工作、并取得充分的成就，才能认为自己是有价值的。

有一种小虫子很喜欢捡东西，在它所爬过的路上，只要是能碰到的东西，它都会捡起来放在背上，最后，小虫子被身上的重物压死了。

假如人能学会取舍，学会轻装上阵，学会善待自己，凡事不跟自己较劲，甚至学会倾诉、发泄、释放自己，人还会被生活压趴下吗？

认知重组，可以改变一个事件的意义，面对一个压力事件，如果我们以乐观的态度去对待，就会体验到相对较小的压力。对压力进行了大量研究的麦克尔等认为，乐观主义是对压力应对和健康有重要意义的个性特征。乐观主义是一种感知过滤器，它使许多情景都改变了原有的色彩。阿尔波特认为幽默也可以作为对压力事件的重新感知，幽默可以使人获得新的视角，使人重新定义普通的问题和压力事件，幽默可以在消极事件和压力感之间起调节作用。

4. 引导教师建立良好的人际关系

人是社会的人，教师是学校中的教师，建立良好的人际关系对缓解压力很重要。有学者曾提出健全人际关系的四项原则：健全的人际关系需要有效的沟通，我们要以坦诚的态度，对别人表示出真诚的关怀与信赖，要有同情心，对他人的不幸感同身受，同时，要尊重他人；对于学生，教师可给予真诚自然的关爱，认真倾听学生的声音，设身处地地理解学生的感受，尊重与理解总是相互的，当教师受到学生真正欢迎时，面对同样大的工作量，也会体验到更多的乐趣。与同事之间的竞争虽然不可避免，但要尽力维持良性竞争的关系，避免恶性的不正当竞争；遇事应设法从各种角度来发现较佳的处理方式，以弹性处理问题的态度，会使事情得到更圆满的解决。而处理事情过于固执，坚持一种固定的模式，则常会遭遇挫折；另一方面，不要吝惜对他人真诚适当的赞美，赞美会使对方感受到成就感，感受到尊重与关怀，不但带给对方快乐，也会带给自己快乐。

5. 加强对教师的新课程的培训

基础教育课程与教学改革正在不断深化，基础教育阶段新的课程标准相继出台，教材更新力度加大、速度加快，新的课程理念和教学理念在不断推广，现代教育技术纷纷涌现，所有这一切都对教师提出了更高更严的要求。因此，应加强对教师的新课程的培训，增强教师对新课程的领悟、运用能力，减轻教学的压力。新课程实施过程中协助教师做好压力的疏解工作，使教师更有效地应对新课程。由于新课程实施过程中教师压力的来源是多方面的，疏解这一问题也应从多角度加以考虑。

（1）为教师创设一个宽松、和谐的课改环境。

研究表明，学校积极和谐、宽松民主的公共支持氛围对解除教师压力很重要。在此氛围中，教师可以抛开不必要的顾虑，全身心地投入到课改中。为此，第一，要建立发展性教师评价制度。发展性教师评价力图通过评价激发教师的发展要求，帮助教师制定发展目标，并为教师发展提供咨询、帮助和发展机会，从而促进教师发展，进而实现学校的发展目标。因为它不以评价结果作为奖惩依据，主张在宽松环境中促进教师专业发展，这不仅有助于缓解压力感，而且在消除压力来源方面具有重要作用。第二，对教师建立合理的期待和要求。教师在新课程下专业能力的发展是具有阶段性和规律性的，发展的潜在性变为令人满意的现实需要一个较长的过程，对教师的要求必须结合教师的专业成长规律和发展的实际可能性对教师提出合理的期待和要求。这既能增加成就动机又能减少挫败感。

（2）构建有助于教师专业成长的平台。

新课程下专业能力的缺失，是导致教师对新课程的不适应，从而感受到巨大压力的重要根源。所以，疏解压力也要切实地为教师专业成长提供帮助。第一，加强对教师的培训。教师培训是影响课程实施的一个重要因素，有效的培训能促进教师观念、行为的转变，增强对课改的适应性和信心，并将新课程的理念创造性地体现在教学行为上。第二，开展以校为本的教学研究。由于不同学校、不同教师在新课程实施过程中会遇到不同的问题，形成教师新课程下的专业能力也需要建立以促进学生发展为宗旨，以课程实施过程所面对的具体问题为对象，以教师为研究主体的校本教学研究，从而在理论的指导下既注重切实解决实际问题，又注重概括、提升、总结经验和探索规律，使新课程实施过程同时成为教师专业成长的过程。第三，建立教学合作的共识。新课程实施是具有较高专业要求的复杂过程，需要多方集思广益。如一些中小学就为集体备课专门安排了每周两次的时间，这样使教师共享教研经验，也有助于教师专业能力的提高，消除教师工作中的孤独感、无助感，舒缓某种程度的压力和紧张情绪。第四，引导教师进行教学反思。在教学实践中以自己的教学活动和具体的课堂情景作为认知对象，对教学行为和过程进行批判的、有意识的分析、再认知，以总结成功的经验和存在的问题，思考解决问题的办法，使教学经验不断被提炼、升华成为一种开放性的系统和理性的力量。反思实施过程中的问题，不断完善课改方案。合理、完善的课改方案会减少教师在实施中的诸多困难，降低压力感。

（3）引进先进的教学理念，适当程度上缓解应试教育对教师的压力。

应试教育给师生带来的压力和危害已是有目共睹。很多专家学者提出了不少新型的教学方式和理念，如目标教学、小组学习、赞赏式学习等，但无一例外，在应试教育面前显得不堪一击或对减轻教师压力没多大作用。但有些教学理念则不然，例如，生本教育理论是华南师范大学郭思乐教授经过多年研究所提出的，目前已在多所学校开展了试点工作，并且取得了令人惊讶的效果。正如郭思乐教授所说，“你想减轻学生的负担吗？你想提高学生的成绩吗？你想变得年轻漂亮吗？请你试一试生本教育”。

6. 引导教师加强锻炼，学会身心放松

有一个压力管理的小故事：

培训师在课堂上拿起一杯水，然后问台下的听众：“各位认为这杯水有多重？”有人说是半斤，有人说是一斤，讲师则说：“这杯水的重量并不重要，重要的是你能拿多久？拿一分钟，谁都能；拿一个小时，可能觉得手酸；拿一天，可能就得进医院了。其实这杯水的重量是一样的，但是你拿得越久，就越觉得沉重。这就像我们承担的压力一样，如果我们一直把压力放在身上，不管时间长短，到最后就觉得压力越来越沉重而无法承担。我们必须做的是放下这杯水，休息一下后再拿起这杯水，如此我们才能拿得更久。所以，各位应该将承担的压力于一段时间后适时地放下并好好地休息一下，然后再重新拿起来，如此才可承担更久。”

故事告诉我们，放松是为了更好地工作，有张有弛才能提高工作效率，持久作战。

锻炼会使人精神放松，提供自然的愉悦，是有效的压力应对策略之一。许多研究表明，锻炼会减轻人对心理压力源的反应，也可阻止或减轻诸如沮丧、消沉之感，改善在工作压力下大脑的活动节奏，清理、宣泄在人际交往或工作压力中的情感，降低压力水平，摆脱轻度烦恼，增加自控、自主、自我满足感。教师长期伏案工作，工作忙碌，坚持锻炼非常重要，教师可以选择适合自己生活方式且为生理能力所接受的锻炼方式，以有氧健康为目标，持续坚持锻炼。

教师因为工作繁忙和家庭负担，往往没有时间进行身体锻炼。学校每周或每天应该调剂出一定的时间允许教师进行适当的体育活动，或者学校可以利用周末的时间组织教师进行一些身心放松的活动。如教职工舞会、卡拉 OK 比赛、羽毛球比赛、篮球比赛、女教师健身操比赛、钓虾、烧烤等；有条件的学校寒暑假组织教职工外出旅游等。这些活动能大大加强教师的集体凝聚力，同时也将很大程度上起到缓解教师工作压力的作用。

知识链接

### 日常健身锻炼方法

弹脑端。坐在椅子上，两手掌心分别按两只耳朵，用食指、中指、无名指轻轻弹击脑部，自己可听到咚咚声响。每日弹几下有解除疲劳、防头晕、强听力、治耳鸣的作用。

练眼。用眼工作时每隔半小时，远望窗外几分钟，再以紧眨双眼数次的方式休息片刻，也可做转动眼珠运动。这样有利于放松眼部肌肉，促进眼部血液循环。

伸懒腰。当身体长时间处于一种姿势时，肌肉组织的静脉血管就会淤积很多血液，这时伸个懒腰，便会促使全身大部分肌肉舒张或收缩。在短短数秒钟的伸懒腰动作中，很多淤滞的血液被赶回心脏，这就可以大大增加循环血液的容量，改善血液循环。

梳头。用木梳从前额至头顶部向后部梳刷，逐渐加快。梳时不要用力过猛以防划破皮肤。这样可刺激头皮神经末梢和头部穴位，促进局部血液循环，达到消除疲劳、强身和促进头发生长的效果，对脑力劳动者尤为重要。

脸部运动。工作间隙，将嘴巴最大限度地一张一合，带动脸上全部肌肉以至头皮，进行有节奏的运动。可以加速血液循环，延缓局部各种组织器官的老化，使头部清醒。

咬牙切齿。“咬牙切齿”可以拉动头部肌肉，促进头部血液循环，进而起到清醒大脑、增强记忆的功效。

摇头晃脑。可以增加脑部的供血，还可以减少胆固醇在颈动脉血管沉积的可能，从而有利于预防中风、高血压及颈椎病的发生。

静养内观。微闭双眼，全身各部位放松，随着深呼吸运动，由头到脚，如温水蒸气浸润全身，如此做3~5次顿感轻松舒适，疲劳顿消，其目的在于加强内脏的锻炼。

抓耳挠腮。拉引、按摩耳朵能通过神经末梢对各器官进行刺激，促进血液、淋巴的循环和组织间的代谢，调节人体脏腑机理，使机体得以改善，达到强身健体的作用。

（中体倍力健身俱乐部专业教练张勇刚推荐）

# 第三章 教师职业压力的个人管理策略

教师职业压力的产生是外因（外部客观环境）和内因（教师个体特征）相互作用的结果。改善外部环境，减少压力来源，是缓解教师职业压力的一个重要方面。但是教师工作环境往往不是短期能改变的，因此，教师提高自我心理保健能力就显得尤为必要，它是缓解教师职业压力最关键也是最有效的措施。教师可以通过认知重组、情绪调节、人格塑造、社会支持网络、职业生涯发展等策略来应对压力。

## 第一节 认知重组策略

视工作为乐趣，人生就是天堂；视工作为痛苦，人生就是地狱。生命本没有意义，是人类赋予它意义，它才变得有意义。

——哲学家

### 一、认知评价与 ABC 理论

认知评价（cognitive valuation）是指个体从自己的角度对遇到应激源的性质、程度和可能的危害情况作出估计，同时也估计面临应激源时个体可动用的应对应激源的资源。对应激源和资源的认知评价直接影响个体的应对活动和身心反应，因而是应激源是否会造成个体应激反应的关键因素。

人的观念和信念会影响对压力事件的评价和解释，而认知评价是产生压力过程中重要的中介变量，在相同压力事件下，不同的人可能有不同的压力感，那是该压力事件对不同的人具有不同的意义所造成的，此不同的意义来自于不同的认知评价。对这个问题，压力 ABC

理论作了详细解释。

美国著名心理学家埃利斯（A. Ellis）在自身成长体验和临床心理治疗实践的基础上，于20世纪50年代提出了著名的压力ABC理论。埃利斯宣称：人的情绪不是由某一诱发性事件的本身所引起的，而是由经历了这一事件的人对这一事件的解释和评价所引起的。这就成了ABC理论的基本观点。在ABC理论模式中，A指诱发事件（activating events）；B指信念（beliefs），个体在遇到诱发事件之后相应产生的对这一事件的看法、解释和评价；C指特定情景下，个体的情绪及行为的结果（consequences）。人们通常认为情绪是直接由诱发事件引起的，即A引起了C，但ABC理论认为，A只是引起情绪及行为反应的间接原因，B才是情绪及行为反应的更直接的原因。如两个很口渴的旅游者，同样看到半杯水，一个说："太好了！这里有半杯水。"另一个说："唉，只有半杯水。"显然这里高兴或不高兴并非由"半杯水"（A）引起，而是由对"半杯水"的看法（B）引起的。理性的信念会引起人们对事物适当、适度的反应，而非理性的信念会导致人的不恰当的情绪反应。所以，每个人都应该对自己的情绪负责。

埃利斯列举了十一条非理性认知的表现：

（1）人应该得到自己生活中的每一位重要人物的喜爱与赞扬。

（2）一个有价值的人应该各个方面都比别人强。

（3）对于有错误的人应该给予严厉的惩罚与制裁。

（4）如果事情非己所愿，将是可怕的。

（5）不愉快的事情是由外在因素引起的，自己不能控制和支配。

（6）人要活得好一点，就必须依赖比自己强的人。

（7）面对困难和责任很不容易，倒不如逃避更好。

（8）对危险可怕的事情要随时警惕，经常提防其发生的可能性。

（9）以往的经历和事情对现在具有决定性的、难以改变的影响。

（10）对于他人的问题应当非常关切。

（11）任何问题都有一个唯一的正确答案。

情绪困扰的产生乃是一个人不断地对自己重复暗示那些不合逻辑

的语句所造成的。埃利斯反复地指出："人怎么想就会有怎样的感觉。"困扰情绪反应如沮丧和焦虑，是由自我挫败信念引起的，而这些信念是学习来的以及根据自创的非理性想法而产生的。

不合理信念的几个特征：

第一，绝对化要求。指人们以自己的意愿为出发点，对某一事物怀有认为其必定会发生或不会发生的信念，它通常与"必须"，"应该"这类字眼连在一起。比如："别人不应该误解我"，"做事应该公平"，"家长应该讲理"等，怀有这样信念的教师极易陷入情绪困扰之中。事实上，这类绝对化的要求总是难以实现的，因为客观事物的发生、发展都有其规律，是不以人的意志为转移的。教师遇到不理解、不公平时就痛苦，遇到家长不讲理就生气、想不通，就是因为头脑中有绝对化要求在作怪。

第二，过分概括化。这是一种以偏概全、以一概十的不合理思维方式的表现。如有的教师一次公开课没上好，就认定自己教学失败，整个人生失败，以致对自己失去了信心。以自己做的某一件事或某几件事的结果来评价自己整个人、评价自己作为人的价值，其结果常常会导致自责自罪、自卑自弃的心理及焦虑和抑郁情绪的产生。

第三，糟糕至极。这是一种认为如果一件不好的事发生了，将是非常可怕、非常糟糕，甚至是一场灾难的想法。这将导致个体陷入极端不良的情绪体验如耻辱、自责自罪、焦虑、悲观、抑郁的恶性循环之中，而且难以自拔。

有位农妇不小心打破了一个鸡蛋，这本是一件再平常不过的事，但她却沿着这种思路想下去了：一个鸡蛋孵化后就变成一只小鸡，小鸡长大后成了母鸡，母鸡又可以下很多蛋，蛋又可以孵化很多母鸡。最后农妇大叫一声："天啊！我失去了一个养鸡场"。可以想象，农妇将会怎样痛苦下去。

点评：失去一个鸡蛋的痛苦竟放大成失去一个养鸡场的痛苦，在常人看来的确有点荒诞，但生活中这种人实在不少。孩子生病了，母亲一边守着，一边又焦急地想，孩子的学习肯定耽误了，误了学习肯定影响升学，影响了升学肯定影响就业。如此这般，这位母亲会被越来越大的痛苦困扰。上班路上，因车子晚点，有可能要迟到，这也是一件平常事。但有人却会想：迟到了肯定会招致领导的批评，同时还会影响奖金，从而影响年终考核，还会影响晋升，还会……如此，再坚强的心也会被击垮。

我们总觉得活得很累，总有排泄不完的痛苦，这是为什么？原因很多，其中之一肯定是常犯一种错误——放大痛苦，糟糕至极。如果我们只看眼前的错误，就事论事，不泛化，不扩大，不追究以前，也不浮想未来，这样痛苦就被包裹了，局限了，也就小多了，人生当然轻松许多。

## 二、认知重组：ABCDE 模式技术

在情绪 ABC 理论基础上产生的理性情绪疗法，是修正非理性信念，形成理性信念、保持积极情绪的一种心理训练方法。理性情绪疗法理论，又称 ABCDE 理论，D（disputing）是对非理性信念的辩论、驳斥和对抗，成功后，理性信念建立起来了，便产生了有效的治疗效果 E（effect）。

为了对情绪 ABCDE 理论有更直观、更深刻的认识，请看下面《苏格拉底与失恋者的对话》：

### 苏格拉底与失恋者的对话

苏（苏格拉底）：孩子，为什么悲伤？

失（失恋者）：我失恋了。

苏：哦，这很正常。如果失恋了没有悲伤，恋爱大概就没有什么味道。可是，年轻人，我怎么发现你对失恋的投入甚至比对恋爱的投入还要倾心呢？

失：到手的葡萄给丢了，这份遗憾、这份失落，您非个中人，怎

知其中的酸楚啊。

苏：丢了就是丢了，何不继续向前走，鲜美的葡萄还有很多。

失：等待，等到海枯石烂，直到她回心转意向我走来。

苏：但这一天也许永远不会到来。你最后会眼睁睁地看着她和另一个人走了去的。

失：那我就用自杀来表示我的诚心。

苏：但如果这样，你不但失去了你的恋人，同时还失去了你自己，你会蒙受双倍的损失。

失：踩上她一脚如何？我得不到的别人也别想得到。

苏：可这只能使你离她更远，而你本来是想与她更接近的。

失：您说我该怎么办？我可真的很爱她。

苏：真的很爱？

失：是的。

苏：那你当然希望你所爱的人幸福？

失：那是自然。

苏：如果她认为离开你是一种幸福呢？

失：不会的！她曾经跟我说，只有跟我在一起的时候她才感到幸福！

苏：那是曾经，是过去，可她现在并不这么认为。

失：这就是说，她一直在骗我？

苏：不，她一直对你很忠诚。当她爱你的时候，她和你在一起，现在她不爱你，她就离去了，世界上再没有比这更大的忠诚。如果她不再爱你，却还装得对你很有情谊，甚至跟你结婚、生子，那才是真正的欺骗呢。

……

研究发现，不少老师对人生和教育现象持有许多非理性信念，波纳德提出了16项教师的非理性观念：

- 我必须不断得到学生、其他教师、管理者以及家长的赞同。

- 我的课堂必须总是像我设定的那样有条不紊地进行。
- 学校应当公平。
- 学生不应该遭受失败。
- 行为不端的学生应得到严厉惩罚。
- 在学校不应有不舒服的感觉或失败感。
- 教师总是需要许多他人的帮助来解决与学校有关的问题。
- 不能在学校中将工作做得很好的教师是无用的。
- 在学习和品行方面有过问题的学生将永远有问题。
- 学生或者其他老师可能使我感觉很糟。
- 见到家庭生活不幸福的学生时我不能忍受。
- 我的班级每时每刻都必须在我的完全控制之下。
- 对于所有问题我必须都能找到完美的解决办法。
- 当学生有问题时，那是家长的责任。
- 我必须做一名完美的教师而从不犯错误。
- 在学校中避免问题发生比面对问题要容易。

这些非理性的看法常常败坏情绪，促使教师压力的产生。运用理性情绪疗法去驳倒它，建立其理性的合理信念，可以优化自己的情绪生活。

理性情绪疗法的运用，简要表示如下：

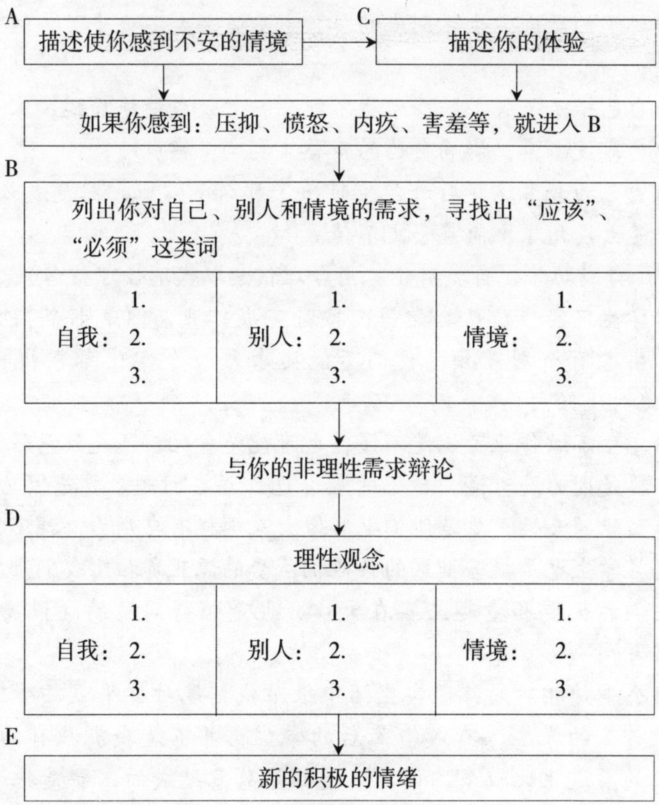


运用ABCDE模式进行心理调节案例一：

A（负性事件）：班里有些学生不爱学习，不遵守纪律，总是拖欠作业，因此成绩总是不好。

C（情绪和行为反应）：苦恼、生气、不平、焦虑、伤心、失眠、吃不下饭、对学生常恐吓、偶有体罚。

B（把貌似合理实则不合理的信念挖掘出来）：

●学生应该学好功课，不好好学又屡教不改的学生真是朽木不可雕也；

●这么不听话，把我的话当耳边风，这是对我的挑衅和蔑视；

●班里的后进学生比别班的多，也更差，太不公平了，运气怎么这么差；

●自己辛辛苦苦工作，学生不配合，考试成绩拖后腿，家长和领导还以为我没本事，影响自己的声誉又影响考核成绩；

●自己为教育这些后进学生付出了那么多心血，但是成效不大，自己真是太没用了，简直一文不值。

D（自我劝导、自我辩论，用合理信念取代不合理信念）：

●学生确实应该认真学习，按时完成作业，但是十个指头有长短，学生也有个别差异，我们不能要求每一个学生都学得一样好（克服绝对化倾向）；

●学生不做作业可能是不懂，也可能是贪玩，不是故意跟自己过不去。要是因为没听懂，自己的教育也许存在问题。要是因为贪玩，爱玩是孩子的天性，要是他们也能像大人那样有自制力，就不算孩子了。况且学生也是挺苦挺累的，他们承受的课业负担比我们那时重多了，他们的玩耍和童趣又实在太少，也是值得同情的（设身处地，换位思考）；

●公平是相对的，现实生活中很难找到绝对公平。每个班都有不肯做作业的学生，有成绩落后的学生，并不是我班独有的现象。自己班的后进生比较多，但这不是领导故意造成的，要是把这些学生调到别的班里，对其他同事来说岂不也一样（克服要求绝对公平的思想）；

●其实学习不认真的学生也有许多优点（比如说体育好、爱劳动、乐于助人、有义气等），不能否定他们的一切，不能用有色眼镜看他们（克服“以偏概全”）；

●自己在后进学生的转化上做了大量工作，虽然效果不显著，也不是毫无效果，有几位不是有了明显进步吗？即使这项工作不能令人满意，自己也不是一文不值，有的方面曾经受过领导的表扬，自己还是很有价值的（自我效能感）；

●即使真的一点效果也没有，但是尽到自己努力了，对得起学生和家长了，可以考虑适当降低对这几位学生的作业要求（克服完美主义倾向）。

E（效果）：心理恢复平衡，能够心平气和地看待后进生的违纪行为和不良成绩，消除或缓解了焦虑、苦恼、愤怒、不平等诸多不良情绪。

（方方，2003）

运用 ABCDE 模式进行心理调节案例二：

A：与不少行业的从业人员相比，教师地位和待遇都不高；

B：有的行业工作轻轻松松，收入比教师高几倍，这是社会分配的严重不公平；虽然说是“百年大计　教育为本”、“科教兴国”，可是从教师的待遇看起来，对教育还是不够重视；

C：心情不愉快，有压抑感，经常发牢骚；

D：不公平是绝对的，公平是相对的，比上不足，比下有余，与成千上万下岗工人比，教师的收入算是非常高了，我们应该心满意足。中国的国情是大国办了个穷教育，或者说穷国办了个大教育。为了发展教育事业，国家已经尽了不少努力，应当体谅国家的处境和困难。随着社会经济的发展和进步，以后这种状况总会有所改观；

E：心理恢复平衡，比较安心地工作。

上述案例证明，合理情绪疗法是帮助中小学教师减缓职业压力的重要武器。上述案例告诉我们以下事实：运用合理情绪疗法消除负面性事件引起的不良情绪，关键有两条：第一是挖掘出自己对该事件认知评价中的所有不合理信念 B；第二是要用正确合理的信念来代替不合理信念 B。一旦从根本上改变了对诱发事件的看法，也就从根本上解决了不良情绪和由此引起的不良行为。在这个过程中，运用 ABCDE 模式，挖掘不合理信念 B，这是第二位重要的，短期内可以学会的，而树立正确的理念和认知才是第一位重要的，非得长期自我修养不可。换句话说，我们要想对症下药地运用合理情绪疗法这个良方来对自己进行心理自助，不仅要掌握 ABCDE 模式的运用技术，更重要的是必须学会用理性的、全面的观点看待世界，要有合理的认知。

## 三、合理认知，学会快乐地生活

### 学会放弃

一次，我们几位同学去拜访大学时的老师。老师问我们生活得怎么样。一句话勾出了大家的满腹牢骚，大家纷纷诉说着生活的不如意：工作压力大呀，生活烦恼多呀，做生意的商战不顺呀，当官的仕途受阻呀……一时间，大家仿佛都成了上帝的弃儿。

老师笑而不语，从房间里拿出许许多多的杯子，摆在茶几上。这些杯子各式各样，有瓷器的、有玻璃的、有塑料的，有的杯子看起来高贵典雅，有的杯子看起来简陋低廉……老师说："都是我的学生，我就不把你们当客人看待了。你们要是渴了，自己倒水喝吧。"

我们说得已经口干舌燥了，便纷纷拿了自己中意的杯子倒水喝。等我们手里都端了一杯水时，老师讲话了，他指着茶几上剩下的杯子说："大家有没有发现，你们挑选的杯子都是最好看最别致的杯子，而像这些塑料杯就没有人选。"我们并不觉得奇怪，谁都希望手里拿着的是一只好看的杯子。

老师说："这就是你们烦恼的根源。大家需要的是水，而不是杯子，但我们有意无意地会去选用好的杯子。这就如我们的生活，如果生活是水的话，那么，工作、金钱、地位这些东西就是杯子，它们只是我们用来盛起生活之水的工具。杯子的好坏，并不能影响水的质量，如果将心思花在杯子上，你哪有心情去品尝水的苦甜，这不是自寻烦恼吗？"

（方寇晴，摘自《读者知音》）

古希腊哲学家爱比泰德说过："人的烦恼不起于事件，而起于他对事件的看法。”同一压力事件，有的人压力感重，有的人压力感轻，看法不同，所产生的情绪反应也不一样。如果从一个角度来看，可能引起消极的情绪，使人陷入心理困扰；从另一个角度来看，也可能发现它的积极意义，从而使消极情绪转化为积极情绪，走出心理困境。正是由于看问题角度不同，产生的效果也就不一样，积极思维者愉快、乐观、幸福，消极思维者焦虑、沮丧、紧张，备受压力的折磨。用什么样的眼光看世界，就会收获什么样的心情。因此，在审视、评判某一情境时，改变思维方式，转换看问题的视角，辩证地分析事情的利弊，就会产生完全不同的感受，就能把压力变为动力，进而把自己的心理调整到最佳状态，使痛苦不堪的心理困境转眼化为乌有。

请听一位教师的叙述：

我曾听过这样一个故事：波涛汹涌的大海中，有一艘船在海浪上颠簸，一位年轻的水手爬向高处去调整风帆的方向。他往上爬时犯了一个错误，低头向下看了一眼，浪高风急顿时让他感到非常恐惧，腿开始发抖，身体失去平衡。这时一位老水手在下面喊：“向上看，孩子，向上看！”这位年轻的水手按他的话去做，重新获得了平衡，终于将风帆调好，船驶向了预定的航线，躲过了一场灭顶之灾。的确，遇到困难的时候，换个姿势看问题，从一个新的角度来面对困难，视野要开阔得多。

每当我们换个角度看问题时，我们常常会发现：山重水复疑无路，柳暗花明又一村。其实，很多我们所认为的困难，只不过是不合理的思维方式造成的，一味的钻牛角尖只会把自己逼向死胡同，退一步才能海阔天空。

## 狐狸和葡萄的故事

在一位农夫的果园里，紫红色的葡萄挂满了枝头，令人垂涎欲滴，当然，这种美味也逃不过在附近安营扎寨的狐狸们，它们早就想享受一下了。

第一只狐狸来到了葡萄架下，它发现葡萄架远远高出它的身高，它站在下面想了想，不想就此放弃，机会难得啊！想了一会，它发现了葡萄架旁边的梯子，回想农夫曾经用过它，因此，它也学着农夫的样子爬上去，顺利地摘到了葡萄。（这只狐狸采用的就是问题解决方式，它直接面对问题，没有逃避，最后解决了问题。）

第二只狐狸来到了葡萄架下，它也发现以它的个头这一辈子是无法吃到了。因此，它心里想，这个葡萄肯定是酸的，吃到了也很难受，还不如不吃，这酸的葡萄不吃也罢。因此，它心情愉快地离开了。（这只狐狸运用的是心理学当中经常提到的“酸葡萄效应”，也可以称为文饰作用或合理化解释，即以能够满足个人需要的理由来解释不能实现自我目标的现象。）

第三只狐狸来到了葡萄架下，它刚刚读过《钢铁是怎样炼成的》，深深地被主人公的精神所打动。它看到高高的葡萄架并没有气馁，它想：我可以向上跳，只要我努力，我就一定能够得到。“有志者事竟成”的信念支撑着它，可是事与愿违，它跳得越来越低，最后累死在了葡萄架下，献身做了肥料。（这只狐狸的行为，在心理学上我们称为“固执”，即重复某种无效的行为，有时我们也称它为强迫症。它说明，不是任何事情我们以解决问题为取向都是最佳的方案，要以自己的能力，当时的环境等多种因素来决定。）

第四只狐狸来到了葡萄架下，一看到葡萄架比自己高，愿望落空了，便破口大骂，撕咬自己能够到的藤，正巧被农夫发现，一铁锹把它拍死了。（这只狐狸的行为我们称它为“攻击”，这是一种不可取的应对方式，于人于己都是有害无利的。）

第五只狐狸来到了葡萄架下，它一看自己的身高在葡萄架下显得如此的渺小，便伤心地哭了起来，它伤心为什么自己生得如此矮小，如果像大象那样不是想吃什么就吃什么吗？它伤心为什么葡萄架如此的高，自己辛辛苦苦等了一年，本以为能吃到，没想到是这种结果。（这只狐狸的表现我们在心理学上称之为“倒退”，即个体在遇到挫折时，从人格发展的较高阶段退回到人格发展的较低阶段。）

第六只狐狸来到了葡萄架下，它仰望着葡萄架，心里想，既然我吃不到葡萄，别的狐狸肯定也吃不到，如果这样的话，我也没什么好遗憾的了，反正大家都一样。（这只狐狸的行为在心理学中称之为“投射”，即把自己的愿望与动机归于他人，断言他人有此动机和愿望，这些东西往往都是超我所不能容的。）

第七只狐狸来到了葡萄架下，它站在高高的葡萄架下，心情非常的不好，它在想为什么我吃不到呢，我的命运怎么这么悲惨啊，想吃个葡萄的愿望都满足不了，我的运气怎么这么差啊？越想它越郁闷，最后终日郁郁寡欢，得癌症而死。（这只狐狸的情况是“抑郁症”的表现，即以持久的心境低落状态为特征的神经症性障碍。）

第八只狐狸来到了葡萄架下，它尝试着跳起来去够葡萄没有成功，它试图让自己不再去想葡萄的诱惑，可是它抵抗不了，它还试了一些其他的办法也没有见效。他听说有别的狐狸吃到了葡萄，心情更加的不好，最后它一头撞死在了葡萄架下。（这只狐狸的下场是由于它心理的不平衡所造成的，在现实生活中我们会经常遇到类似的“不患无，患不均”的现象，很多人在与别人作比较的时候，因为心理的不平衡而选择了不适当的应对方式。）

第九只狐狸来到了葡萄架下，同样是够不到葡萄。它心里想，听别的狐狸说，柠檬的味道似乎和葡萄差不多，既然我吃不到葡萄，何不尝一尝柠檬呢，总不能在一棵树上吊死吧。因此，他心满意足地离开去寻找柠檬了。（这只狐狸的行为在心理学上我们称之为“替代”，即以一种自己可以达到的方式来代替自己不能满足的愿望。）

第十只狐狸来到了葡萄架下，它看到自己的能力与高高的葡萄架之间的差距，认识到以现在的水平和能力想吃到葡萄是不可能的了，因此他决定利用时间给自己充一下电，报了一个研究生课程进修班，学习采摘葡萄的技术，最后当然是如愿以偿了。（这只狐狸采用的是问题指向应对策略，它能够正确分析自己和问题的关系和性质，找到最佳的解决方案，是一种比较好的应对方式。）

第十一只狐狸来到了葡萄架下，它同样也面临着相同的问题。它转了一下眼珠，把几个同伴骗了来，然后趁它们不注意，用铁锹将它们拍昏，将同伴摞起来，踩着同伴的身体，它如愿以偿地吃到了葡萄。(这只狐狸虽然最后也解决了问题，但它是在损害他人利益的基础上来解决的，这种应对方式不可取。)

第十二只狐狸来到了葡萄架下，这是一只漂亮的狐狸小姐。她想我一个弱女子无论如何也够不到葡萄了，我何不利用别人的力量呢？因此，她找了一个男朋友，这只狐狸先生借助梯子给了狐狸小姐最好的礼物。(这在心理学上称为“补偿原则”，即利用自己另一方面的优势或是别人的优势来弥补自己的不足，这种方式在一些情境下也不失为一种好方法。)

第十三只狐狸来到了葡萄架下，它对葡萄架的高度非常地不满，这导致了它不能尝到甜美的葡萄，于是它就怪罪起葡萄藤来。说因为葡萄藤太好高骛远，爬那么高，说葡萄的内心其实并没有表面看上去那么漂亮。发泄完后，平静地离开了。(这只狐狸的行为在心理学上我们可以称之为“抵消作用”，即以从事某种象征性的活动来抵消、抵制一个人的真实感情。)

第十四只狐狸来到了葡萄架下，发现自己无法吃到自己向往已久的葡萄，看到地上落下来已经腐烂的葡萄和其他狐狸吃剩下的葡萄皮，它轻蔑地看着这些，作呕吐状，嘴上说：“真让人恶心，谁能吃这些东西啊！”(这只狐狸的行为在心理学上我们称之为“反向作用”，即行为与动机完全相反的一种心理防御机制。)

第十五只狐狸来到了葡萄架下，它既没有破口大骂，也没有坚持不懈地往上跳，而是发出了感叹，美好的事物有时候总是离我们那么远，有这样一段距离，让自己留有一点幻想又有什么不好的呢，于是它诗兴大发，一本诗集从此诞生了！(这只狐狸的行为在心理学上我们称之为“置换作用”，即用一种精神宣泄去代替另一种精神宣泄。)

第十六只狐狸来到了葡萄架下，它发现想吃葡萄的愿望不能实现后，不久便产生了胃痛、消化不良的情况。这只狐狸一直不明白一向很注意饮食的它，怎么会在消化系统上出现问题呢。(这只狐狸发生的情况在心理学中我们可以称之为“转化”，即个体将心理上的痛苦转换成躯体上的疾病。)

第十七只狐狸来到了葡萄架下，也发现了同样的问题，它嘴一撇，说："这有什么了不起的，我们狐狸中已经有人吃过了，谁说只有猴子能吃到果子，狐狸一样行!"（这只狐狸所表现的言行是一种情绪取向的应对方式，在心理学中我们可称之为"傍同作用"，即当自我价值低于他人价值时，寻找与自己有关系的人来实现自我价值。)

第十八只狐狸来到了葡萄架下，他心里想，我自己吃不到葡萄，别的狐狸来了也吃不到葡萄，为什么我们不学习猴子捞月的合作精神呢？它们有猴子捞月，我们有狐狸摘葡萄，说不定也会成为千古佳话呢。于是它动员所有想吃葡萄的狐狸合作，搭成狐狸梯，这样大家都吃到了甜甜的葡萄。(这只狐狸采取的是问题取向的应对方式，它懂得合作的道理，最终的结果既利于自己，又利于大家。)

（孙远刚，《大学生心理健康纲要》)

狐狸的故事其实都是我们生活的原型，你是否从中发现你的影子，悟出一些道理了呢?

苦和乐是相对的，都是对生活的一种感受，快乐与不快乐全在于你自己看事物有没有正确合理的思维方式。

教师常常陷入思维误区，从而造成认知偏差，导致挫折与困扰，从而失去幸福与快乐，此所谓"作茧自缚"。而这种"作茧自缚"常源于不合理的比较方式。

苦恼之源常来自于不合理的比较，摆脱苦恼的灵丹妙药往往也是比较。

为了远离烦恼，可以这样做（方方，2003)：当我们感到工资不如人家高的时候，与下岗工人比；当学校给不了那些"只给政策不给钱"的待遇时，与其他省领不到工资的教师比；当别人评到职称而自己屡战屡败时，与大学毕业找不到工作的年轻人比；当别人无德无才却青云直上，你枉有千里马之才却只让拉磨时，与古今中外才华横溢却惨遭不幸的人才比，并在"大马拉小车"的轻松自如中享受人生的韵味；当这一切都不如人家时，还可以这样比：我的妻子（丈夫）比他们的贤惠（体贴），我的孩子比他们的出息，我的身体比他们的健康，我的家庭比他们的和睦，甚至我降生在南方这鱼米之乡，比人家那风沙弥漫的、终年积雪的、常发洪水的、常闹地震的、滴水贵如油的地方的人们强一百倍、一万倍……

合理的认知是心理健康的基础，错误的认知是导致压力的最重要原因之一。要避免错误认知对情绪的困扰，必须在头脑里牢固地树立起正确的认知观念。对教师来说，至少必须牢固地树立以下正确合理的信念：

**（一）树立正确的教育观，学会悦纳学生**

教育观的核心是学生观。正确的学生观至少应该包括：

一是要把学生当人。学生既然是人，就有人格尊严，就有尊重和自尊的需要，教师必须把他们当作一个独立完整的人来对待；既然学生是人，就有差异，十个指头有长短，世界上找不到完全相同的两个人，因而每一个学生都是独一无二的，教师要承认这种差异，悦纳这种差异，允许学生优秀，也允许学生不优秀，鼓励学生的进步，也容忍学生的退步；成绩好的学生是可爱的，暂时落后的学生也是可爱的；听话的学生是可爱的，淘气顽皮的学生也是可爱的。这样，就有可能建立民主、平等、和谐、安全的师生关系，在理想的师生关系中享受人间最美好的感情。

二是把学生当孩子。学生是人，但这种人不是“大人”，而是“小人”，不管他的个子有多高，块头有多大，孩子毕竟是孩子，他们眼里看到的世界与教师眼里看到的世界是不同的，他们犯的错误有很多是成长中的必然，是美丽的错误，是教师年轻时也犯过的错误。我们要蹲下来与孩子说话，宽容地看待他们，全面地、发展地看待他们。如此，教师就可以大大减少因“恨铁不成钢”而产生的极度焦虑、愤怒和哀怨，在师生友好交往中与孩子们一起体验成长的快乐。

三是把学生当学生。学生是人，是孩子，我们要尊重他们，爱护他们，保护他们，但是这绝不意味着放弃严格教育的责任。教育的最终目的和终极的功能是为年青一代的幸福服务，教师不仅要为学生今天的幸福负责，也要为他们明天的幸福、一生的幸福负责。这样一来，一种神圣的使命感、责任感就会油然而生，这种使命感和责任感是教师实现人生价值的动力，也是教师心理健康的滋润剂。

### （二）树立崇高的职业观，学会悦纳教师职业

教师认知方式与教师的职业境界关系密切。曾经有人概括过教师的职业境界有四个层次：一是把教育看成是社会对教师角色的规范要求；二是把教育看作是出于职业责任的活动；三是把教育看作职业良心的活动；四是把教育当作幸福的体验。教师的职业境界不同，在心中引起的体验就不同，其面对压力的认知就会有苦有乐。

#### 短信：来生不当教师的十大理由

一、教师寿短。目前中国人的平均寿命是72岁，但教师的平均寿命却只有59.3岁，某市教育局对全体教师进行体检，结果是：35岁以上的教师仅有8%的教师身体各项指标正常！颈椎病、肠胃病、头痛病、眼病、妇科病、心血“三高”、心理疾病成为教师的多发职业病。并且50%的教师有心理障碍，教师的亚健康超出常人的3倍多！教师的寿命太短了，来生不愿做教师的第一个理由就是俺不愿意找死！教师实在是天下最折寿的事业。

二、教师太累。俺前世可能做过牛、做过马，至于有多累，当然也不知道了，但今生做了这回教师却让俺彻底知道做教师的厉害了。特别是当班主任时，体会到了起得有时比鸡还早，睡得有时比狗还晚，干得有时比牛还累。也许有哪位仁兄会说俺说的太悬，要不你做回有良心、对学生负责的教师试试？早操要跟、午休要查、晚休要查；平时除了一天两节课外还要备课、批改作业、批阅试卷；找学生谈话、调查学生的生活、学习、心理情况，排除学生之间的纠纷；准备实验等，有时累得话都不想说，饭都不想吃，腰酸腿疼、头晕眼花，动都不想动。偶尔一回两回那是活得充实，但天天这样就真的不想做教师了，身体透支让教师的生命打折！

三、教师太苦。老师的苦和累，有多少人知道呢？但教师心里的

苦比身体的累更让人难以承受。因为是教师，就必须为人师表，身正示范，不可能像其他人一样想哭就哭，不可能像其他人一样想骂就骂，你更不能在学生面前发牢骚，因为教师的一言一行都潜移默化地影响着学生。无论你心中有多少凄楚和痛苦，任何时候都要以从容的微笑面对学生。无论你的生活有多少暴风骤雨，你都要给学生以风和日丽的灿烂晴空。只要你还能站着，就要挺直腰板上完45分钟的课，只要你还能张开嘴，就要让最后一排的学生听见你的谆谆教导，否则你就不配做人类灵魂的工程师！教师啊，你苦得虚伪、苦得无奈！

四、教师太穷。在物质上，教师一向是贫寒的表率，而且必须是两袖清风方才称得上是师德典范。选择了做教师是为中国的教育事业贡献自己的一份微薄之力，是为中华民族的腾飞而拼搏，但选择做教师的初衷不是选择贫穷。选择了做教师你就不可能开着宝马车横冲直撞，你就不可能开着林肯车“肆意撞人”，选择了教师你就不可能遍游祖国的大好河山，你一是没有时间，二是没有钱。教师太穷了，我初中时的一位老师说过：“当老师太没有出息了，还不如回家捡鸡毛卖的钱多。”至于800万乡村教师依旧处于“民办”性质中，在广袤而贫穷偏僻的土地上，他们默默无闻地支撑起乡村义务教育的天空，到底有多苦、有多穷、有多累，只有他们心里清楚。也许有人会说，与下岗职工、乞丐比较，你们教师舒坦多了，君不知，此话差矣！人往高处走，水往低处流，人生的最高境界是超越！不断地超越！

五、教师太难。做教师太难了，教师也是普通人，虽然常说教师的职业是太阳底下最光辉的事业，但这只能是指整个群体，作为个体的教师有几个在太阳底下熠熠生辉？当教师的确太难，往往无力面对社会的谴责、学生家长的责骂、学校的压力、家人的埋怨。只有尽职尽责、诚惶诚恐地在自己的工作岗位上默默耕耘着，但有时又有心无力。晋级难、调动难、工作难、住房难、求人难，就是小伙子找对象也难！真是：“教师难，难于上青天！”

六、教师太忙。教师实在是太忙了，在别人看来可能是活得充实，但教师宁愿换一种充实的活法。有人这样描述一类人的“充实”：“一、三、五看录像，二、四、六打麻将，星期天没事干，泡个小妞，下个饭店，晚上没事做，专干下三烂……”教师也想有这种“充实”，但既然选择了做教师就没有这种机会！

教师到底有多忙？在这里不妨引用一个红袖网友的原话：“做过十年的教师，从教幼儿到大学生，最不能忘却的是当初中班主任，想起来都后怕：没日没夜地陪学生学习，经常会晚上十点钟后有家长找来说孩子没回家；正吃饭时孩子在外面闯祸了，要去处理；有时是自己刚下课坐下，教室里出了乱子，又得起身，连水也顾不上喝一口，中午时间又去留那些没交作业的孩子或者去给那些掉队的孩子补课。更有甚者，孩子家长出了问题，自己连婚都没结，还去家里协调、做工作！有时实在忍无可忍打了学生，那麻烦就更大了，有家长甚至故意在你面前耍泼打孩子，其实我知道他们是想打我……”

七、教师可悲。教师作为一种人，时刻承受着生活的多重挤兑！在生存的夹缝中艰难地爬行着。社会要求他们在精神上要是一个完人，时时刻刻要警惕自己为人师表的形象，万万不可放松对自己的自我约束，由此可知教师的生存状态是极为可悲的。教师不是那种既想当婊子又想立牌坊的人，但教师既要对学生负责，还要以笑脸面对学生家长，既要向校长负责，还要回家面对家人的牢骚和埋怨。教师在里外不是人的境遇中步履维艰着，教师真的是可悲的！

八、教师无奈。家长对教师的种种要求让教师无奈：在家长看来，自学生入校那天起，教师就要承担起学生的成长、教育、思想状态甚至安全等责任。当然教师能做到的就从来没拒绝过，并也一直兢兢业业地工作着。但细想一下，教师被玩儿了！要知道教师不是保姆，不是家长，他只是传道、授业、解惑者！家长在暗度陈仓、偷换概念，无形之中逃避了自己的责任与义务，转嫁了自己的困难与烦恼，只是不知这是不是构成了对教师人权的侵犯？日本的学生违反了学校纪律，学生家长要向老师道歉，但中国的教育符合中国的国情，中国的学生违反了学校纪律，教师不处理是教师的失责，教师要是不会处理事情或者处理不得当的话，给人家下跪还不行，还要赔偿人家30万精神损失啊！记得一篇报道曾经写过，教师罚站会侵犯学生的50多种权利。可是，作为学生不尊重老师的劳动成果——讲课，是否也侵犯了教师的权利呢?

九、教师寒酸。教师太寒酸了，因为教师常常囊中羞涩、兜中无钱，教师在紧张的工作中常常和名牌擦肩而过；教师出门常常晕头转向而分不清东西南北，因教师不能够游览祖国的大好河山，一是没时间，二是没钱啊。教师常常不敢参加朋友的请吃，因没钱还账！教师常常在买菜的时候被摊主一眼识破，因教师常常为一斤萝卜两斤葱和人家讨价还价。

十、教师呆板。爱人常说我是书呆子中的典型代表，每当听到此话都默然无语，有时虽然心里不服，但也无奈接受。官场上流行着一句话："光跑不送，原地不动；不跑不送，降薪留用；又跑又送，提拔重用。"但教师大多呆板之极，有时提着猪头连庙门也找不着！说到这里不禁想起一个乡镇长拍着一个年轻教师的肩膀说的一句话："小伙子，好好干，干好了我提拔你当售货员。"

特级"国宝"教师霍懋征于2010年2月11日逝世，国务院总理温家宝赶到现场亲自为她送别。霍懋征老师毕业于北京师范大学，年轻时放弃大学教授不当，放弃教育部官员和全国妇联官员不当，醉心于小学语文教育长达61年。她83岁高龄时还坚守在教育岗位上，耳聪目明、精神抖擞、兴致勃勃，一天工作十多个小时还是其乐融融。问她何以能这样，她说看到那么多孩子健康成长起来了，成了国家的有用之才，而且他们都得到了幸福和快乐，因此自己就感到十分幸福和快乐。

两种截然不同的精神状态，源于两种截然不同的职业境界。当你把教师职业当作一项事业而不仅是一个饭碗时，当你把教育岗位当作一种创造性地实现自身价值的舞台而不是一种负担时，我们就会像霍懋征一样，在工作中得到欢乐，而不是烦恼和悲伤，更不是职业倦怠，我们就会感到，工作着是美丽的，忙碌着是快乐的。

### (三) 树立积极的人生观，学会快乐地生活

孔子说："知之者不如好之者，好之者不如乐之者。"只有发自内心的"乐而为之"，教师才会对自己从事的事业满腔热忱，才能在

压力与挫折面前不气馁，才能热爱学生，并从这种爱中得到极大的职业享受。教师要做到“乐而为之”，必须有正确的人生价值取向。这种价值取向源于教师个人对教师职业的正确认识，它是教师克服压力、保持良好心境的思想基础。

## 怎样做幸福的人

有人说，假如将全世界各种族的人口按一个100人的村庄来计算的话，那么，这个村庄将有80人住房条件不好；70人为文盲；50人营养不良；1人正在死亡；1人正在出生；1人拥有电脑；1人拥有大学文凭。如果我们以这种方式认识世界，那么忍耐与理解则变得再明显不过了。也请记住下列信息：如果今天早上你起床时身体健康，没有疾病，那么你比其他几百万人更幸运，他们甚至看不到下周的太阳了；如果你从未尝试过战争的危险，牢狱的孤独，酷刑的折磨和饥饿的滋味，那么你的处境比其他5亿人更好；如果你能随便进出教堂或寺庙而没有任何恐吓、暴行和杀害的危险，那么你比其他30亿人更有运气；如果你的冰箱里有食物，身上有衣可穿，有房可住及有床可睡，那么你比世上75%的人更富有；如果你在银行里有存款，钱包里有票子，盒里有零钱，那么你属于世上8%最幸运之人；如果你父母双全，没有离异，那么你的确是那种很稀有的地球之人；如果你读了这封信，那么你刚刚得到了一个双重的祝福，因为有人想到了你，而你并不属于那另外20亿文盲。所以，去工作而不要以挣钱为目的；去爱而忘记所有别人对你的不是；去跳舞而不管是否有他人关注；去唱歌而不要想着有人在听；去生活就像这世界便是天堂。你一定是个幸福的人。

美学家认为，世界上并不缺少美，缺少的是发现美的眼睛。同样，生活中并不缺少快乐，缺少的是发现快乐的眼睛。教师必须树立积极向上的人生观，在平凡的工作中享受工作，在平凡的生活中享受生活。

请读一读契诃夫的这篇散文——《生活是美好的》：

## 生活是美好的

（对企图自杀者进一言）

生活是极不愉快的玩笑，不过要使它美好却也不很难。为了做到这点，光是中头彩赢20万卢布，得个“白鹰”勋章，娶个漂亮女人，以好人出名，还是不够的——这些福分都是无常的，而且也很容易习惯。为了不断地感到幸福，那就需要：（一）善于满足现状；（二）很高兴地感到：“事情原本可能更糟呢。”这是不难的。

要是火柴在你的衣袋里燃起来了，那你应当高兴，而且感谢上苍：多亏你的衣袋不是火药库。

要是有穷亲戚上别墅来找你，那你不要脸色发白，而要喜洋洋地叫道：“挺好，幸亏来的不是警察！”

要是你的手指头扎了一根刺，那你应当高兴：“挺好，多亏这根刺不是扎在眼睛里！”

如果你的妻子或者小姨练钢琴，那你不要发脾气，而要感激这份福气：你是在听音乐，而不是在听狼嗥或者猫的音乐会。

你该高兴，因为你不是拉长途马车的马，不是寇克的“小点”，（注：寇克是19世纪德国的细菌学家，“小点”是指细菌。——中译者）不是旋毛虫，不是猪，不是驴，不是茨冈人牵的熊，不是臭虫……你要高兴，因为眼下你没有坐在被告席上，也没有看债主在你面前，更没有跟主笔土尔巴谈稿费问题。

如果你不是住在十分边远的地方，那你一想到命运总算没有把你送到边远地方去，岂不觉得幸福？

要是你有一颗牙痛起来，那你就该高兴：幸亏不是满口的牙痛。

你该高兴，因为你居然可以不必读《公民报》，不必坐在垃圾车上，不必一下子跟三个人结婚。

要是你给送到警察局去了，那就该乐得跳起来，因为多亏没有把你送到地狱的大火里去。

要是你挨了一顿桦木棍子的打，那就该蹦蹦跳跳，叫道："我多运气，人家总算没有拿带刺的棒子打我!"

要是你妻子对你变了心，那就该高兴，多亏她背叛的是你，不是国家。

依此类推……朋友，照着我的劝告去做吧，你的生活定会欢乐无穷。

教师是太阳底下最光辉的职业，教师也应该是太阳底下最快乐的人！为了让我们在压力状态下轻松起来、幸福起来、快乐起来，请时刻保持警醒，时刻准备着唤起心理健康自我教育的主观意识，时刻准备自我放松、自我调节、自我缓解、自我成长，学会悦纳职业、悦纳学生、悦纳自我、悦纳他人、悦纳生活、悦纳世界，微笑着面对一切！

## 第二节　情绪调节策略

人类已进入情绪重负的非常时代。要想克服这种情况，只有锻炼自己的意志，学会控制情绪，理智地克服所谓"情绪应激"。

——阿诺欣

案例1：某老师在上课，该班一男生没有认真听讲，并发出怪声，引起周围同学哄堂大笑，严重扰乱课堂秩序，该老师顿时火冒三丈，气冲冲从讲台上走下来，扭住一同学的耳朵大声训斥，该同学委屈地申辩说不是他惹的祸，并指出真正的"肇事者"。老师发现打错了人，又让被冤枉的同学惩罚真正的"罪魁祸首"，却对自己错打学生一事只字不提。该学生家长知道后，为讨个说法，找到学校理论，闹得沸沸扬扬。

案例2：一位教师与自己的爱人因家庭琐事在家中大吵了一顿，下午上班时情绪还处在低谷，带着情绪进了课堂，在上了一节课之后到办公室，说："今天心情很不好，课上完了，但是我没有找到一点感觉。不知道这节课学生们会不会有收获?”

从心理学角度上来说，心理产生问题或症状的最核心表现就是情绪上的反映。而不良情绪主要的表现症状是焦虑、抑郁、不安等。从第二部分第一、二章我们调查的结果来看，中小学教师产生焦虑，感到疲劳、不安等不良情绪比例都很高。同时，调查还显示，不少老师会把自己的不良情绪带入课堂，从而影响教学质量。因此，中小学教师的情绪问题、心理健康问题不容小视。

## 一、情绪管理的内涵及界定

高曼（Goleman，1995）所著《情绪智力》（*Emotional Intelligence*）一书的面世，使EQ广泛受到各界的瞩目与重视，同时使情绪管理的重要性愈发受到大家的肯定，甚至将EQ与情绪管理画上等号。根据沙洛维与梅尔（Salovey & Mayer，1990）的观点，情绪智力——EQ涵盖下列五种能力:

1. 觉察自我情绪

能随时随地自我觉察自己情绪的人，即对自己了解较多的人；反之，不了解自身情绪状态的人，必然沦为如柏拉图所说的“感觉的奴隶”。可见，只有掌控自我感觉才能成为生活的主宰，面对人生大事时才能较好地进行抉择。

2. 妥善管理自我情绪

情绪管理必须建立在自我认知的基础上，并强调如何摆脱焦虑、怒气、灰暗或不安。当欠缺情绪管理能力时，常须与低落的情绪交战，而掌握自如的人则能很快走出生命的低潮，重新接受挑战。

3. 自我激励

做事不是依靠外界的动力，而是靠自我激励的情绪专注于某一目标，保持高度热情，克服一时的冲动和满足，不达到目的决不罢休。有了这种激励情绪，工作就能保持高度热忱，不断提高效率。

4. 觉察他人的情绪

觉察他人情绪的能力就是所谓同情心，亦即能设身处地地站在别人的立场，为别人设想。愈具同情心的人，愈容易进入他人的内心世界，也愈能觉察他人的情感状态。

5. 人际关系的管理

这是协调与管理他人情绪的艺术，包括领导和组织能力，以及协调人际关系和谐程度的能力，即通常所谓的“人缘”。

## 从薛宝钗看情商

薛宝钗是曹雪芹在《红楼梦》中塑造的封建正统的典型角色。她个性温婉淡雅，少言寡语，随分从时。她才情四溢，更有着超一流的情商。宝钗的高情商主要体现在以下两个方面：

第一，感知好他人的情绪。

感知好他人的情绪以同感共情为基础，以换位思考为手段，要求沟通者与被沟通者真诚相待，设身处地地感受、体察另一个人的内心感受，做到情感对焦、思维并轨。

宝钗的为人处世很值得称赞，无论是对长辈，还是对下人，她都能设身处地地为他人着想，其一言一行无不体现着细腻和体贴。纵观荣国府大大小小百十来个人物，宝钗无疑最得人心，上至贾母、下至仆人，大家都对她交口称赞。《红楼梦》第五回中写到，宝钗“年岁虽大不多，然品格端方，容貌丰美，人多谓黛玉所不及。而且宝钗行为豁达、随分从时，不比黛玉孤高自许、目无下尘，故比黛玉大得下人之心”。

第二，管理好自己的情绪。

管理好自己的情绪以理性为基础，以自制为目标，力图不让自我的负面情绪控制自己的行为，避免做出极端冲动的行为。除此之外，管理好自己的情绪还包括力图培养主观幸福感，养就乐观人格，时刻呵护自身的心灵旺盛。

宝钗不仅善于察觉他人的情绪变化与需求，也能有效地管理自己的情绪。同样是寄人篱下，宝钗从小就学习懂事贴心，练就“德言容工”，没有形成自卑情结。面对宝玉的愤世嫉俗，宝钗选择了放弃劝解宝玉去考取功名；面对黛玉的一再挖苦奚落，宝钗采取不回应的姿态。由此，宝钗做事理性通透、体贴周到，又自持稳重，真真是个八面玲珑的处世高手。

现代社会不仅看重人的智商，同时也看重人的情商。因为情商代表了一个人的社会适应能力，是一个人生存能力的体现，情感潜能的挖掘和情感能力的运用影响着个人生活的诸多方面，可以作为预测一个人能否取得职业成功或生活成功的有效指标。

（岳晓东. 北京青年报，2010－04－17）

## 二、情绪管理对教师的影响

一切对人不利的影响中，最能使人短命夭亡的，就算不好的情绪和恶劣的环境了。

——著名长寿学者胡夫兰德

### （一）情绪管理是身心健康的“护航者”

中医有这样的说法：怒伤肝、喜伤心、思伤脾、恐伤肾。也就是说，稳定、愉快等积极的情绪有利于机体的内脏器官和腺体的正常活动，增强身体的抵抗力；而烦躁、愤怒、狂喜等大起大落的不良情绪则会引起机体的生理活动紊乱，导致免疫系统的功能障碍。

美国生理学家爱尔马为了研究心理状态对健康的影响，设计了一个很简单的实验：把一支玻璃试管插在有冰水的容器中（此时容器中的冰水混合物的温度正好是0℃，然后收集人们在不同状态下的“汽水”。当一个人心平气和时，他呼出的气变成水后是澄清透明、无杂无色的；悲痛时水中有白色沉淀；生气时有紫色沉淀。他把人在生气时呼出的“生气水”注射在大白鼠身上，几分钟后大白鼠就死了。由此，他分析：生气（10 分钟）会耗费人体大量精力，其程度不亚于参加一次 3 000 米赛跑；生气时的生理反应十分剧烈，分泌比任何情绪都复杂，都更具有毒性，因此，动辄生气的人很难健康。

教师心理压力导致的健康问题主要表现为烦躁易怒。有些教师因为不顺心的事情，常常烦躁不安，有时就向学生发泄，讲课时精力集中不起来，动辄发火。如能在学生面前耐得住，往往就把一天中所受的窝囊气一股脑儿地向家人发泄。目前，教师这种令人担忧的身心状况，实际上已成为污染学生心理健康的重要源头。教师作为一种特殊的社会成员，面对的是“祖国的未来与希望”，其身心健康问题不仅具有单纯的个体生命的意义，而且具有广泛的社会意义，因此值得关注。

**（二）情绪管理是良好的人际关系的“润滑剂”**

情绪在人际关系中起着信号、表达和感染的作用，是人际交往的重要手段。情绪智力的高低直接影响着人际关系的亲疏与稳定。对自我情绪的认知、表达和调控，对他人情绪进行觉察和把握，有助于教师处理好人际交往问题，建立和谐的人际关系。

1. 情绪表达是人际沟通交流的基础

良好的人际关系的建立和维持，离不开有效的人际沟通。在教学过程中，教师首先要选择出试图沟通的信息，并将这些信息转换为学生可以接受的形式，如文字、语言或表情等，然后清晰、准确、充分地表达出来。教师只有清楚、准确地了解自己的情绪，才能根据课堂环境的要求，有效地调整自己的情绪状态，更好地向学生表达自己的信息，有效地完成沟通，为良好师生关系的建立、维系和发展奠定基础。

2. 情绪控制是良好人际关系的保障

良好的人际交往既需要热情更需要理智，对自己负责，对学生尊重、宽容、忍让，力图合情合理地解决问题，这就需要很强的情绪调控能力。一个自控能力较差的教师，常会不顾场合乱发脾气，很可能把“自我发泄”引向“向学生发泄”，其行为充满情境性，喜怒无常，过度情绪化，甚至耿耿于怀，这将直接挫伤师生关系。而稳定、良好的情绪则有利于师生关系的建立和巩固。

3. 移情能力是人际关系融洽的关键

移情能力是情绪智力的集中体现，它要求教师不仅能够知觉自己的情绪，而且还能觉察学生的情绪，理解学生的态度，对学生的情绪作出准确的识别和评价。这种能力有助于超越师生之间的角色差别，具有一定的人格功能，有助于教师觉察学生、理解学生，建立起和谐、融洽的师生关系，增强教师的师生交往和社会适应能力。

## 情绪稳定性测验

对下列题目作出“是”或“否”的回答：

1. 尽管发生了不快，仍能毫不在乎地思考别的事情。
2. 不计小隙，经常保持坦率诚恳的态度。
3. 习惯于把担心的事情写在纸上进行整理。
4. 在做事情时，往往具体规定有可能实现的目标。
5. 失败时仔细思考，反省其原因，但不会愁眉不展，整天闷闷不乐。
6. 具有悠闲自娱的爱好。
7. 常常倾听众人的意见。
8. 做事有计划地积极进行，遇到挫折也不气馁。
9. 无路可走时，能够改变生活方式和节奏，以适应生活。
10. 在学业上，尽管别人比自己强，但仍保持“我走我的路”的信条。
11. 对自己的进步，哪怕只是一点点，都会高兴地表现出来。
12. 乐于一点一滴地积聚有益的东西。
13. 很少感情用事。
14. 尽管很想做某一件事，但自己估量不可能时也会打消念头。
15. 往往理智、周密地思考和判断，不拘泥于细枝末节。

计分标准：每题选择“是”记1分；“否”不记分。然后将各题得分相加，算出总分。

【评分与评价】0～6分：你的情绪不是很稳定，经常患得患失，不能很好地生活。常常拘泥于一些小事情，无论做什么事情都过分认真，总是忙忙碌碌，耗费心机。难以作出重大的决策，一丝不苟反而使自己感觉迟钝。7～9分：情绪一般稳定。10～15分：你的情绪很稳定，大多擅长于处理事物的方法、判断及思考等，不拘泥于细微小节，能积极大胆地处理一些事情，在各种困难面前毫不动摇。

## 三、教师情绪管理的原则

1. 建立情绪疏导机制，控制消极情绪

教师在教育教学过程中，会不可避免地体验诸如焦虑、抑郁、苦闷、紧张、愤怒等消极情绪，对此，关键是要学会有效疏导。教师不要试图去过度抑制消极情绪，而要根据不同情境作出适时、适地、适量的情绪选择和表现。哲学家亚里士多德认为，人人都会生气，但是在什么场合、用什么方式表达生气可就不容易了。因此，教师需要从基于自身情绪特征，构建合理而有效的情绪宣泄机制，避免将消极情绪随意带入教育教学过程，尤其是带入对学生的评价之中；否则，这将会影响教师的身心健康、教育和教学能力的输出、课堂教学质量、对学生的正确评价以及师生间的人际关系。

2. 自觉养成积极健康的情绪情感

哲学家康德认为，人们知道什么是真理不等于知道为什么这是真理，知道为什么是真理不等于知道应当怎样去做，知道怎样做不等于愿意并真正去做。教师对于学生主导作用的有效性来源于教师本人对一定社会价值体系的信念和热情，来源于其积极而健康的人生态度，来源于其善于自我激励和能够感染、鼓舞学生的乐观主义情绪。教师只有自觉养成积极健康的情绪情感，才能以此感染、鼓舞学生积极乐观向上。以下是北京师范大学伍新春教授的“教师幸福法则”，值得广大教师借鉴。

阅读以修炼心智；表达以绽放思想；简单以聪慧大脑；
歌唱以释放压抑；舞蹈以享受快乐；运动以享受健康；
微笑以滋润心灵；豪爽以释放激情；勤奋以充实人生；
善良以获得坦然；宽容以寻求安慰；感激以体验幸福；
平和以净化灵魂；博爱以提高境界；自强以振奋精神；
真诚以赢得信任；尊重以赢得尊重；坚韧以赢得成功。

3. 正确对待学生情绪情感发展的特征和变化规律

教师职业的特殊育人任务决定了教师的情绪管理并非只是管理好自我情绪那么简单。学生正处于身心发展尚不成熟的阶段，尤其是小学生的心理和行为具有极大的不稳定性，情绪的起伏与变化难以预测。如果教师不能正确对待学生情绪情感发展的这种特征和变化规律，以更高的师爱境界应对学生这种大起大落的情绪变化，就很容易引起教师的情绪冲动和情绪失控。

## 四、教师情绪调节的过程

### （一）觉察自己的情绪（what——我现在有什么情绪）

教师克服负性情绪的前提，首先是树立调整情绪的自觉意识，即必须承认某种负性情绪的存在。有人惧怕黑暗，得先承认他对黑暗的惧怕心理，如果他认为那是很丢人的事而不肯承认，就无法克服这种恐惧。

1. 总结自己曾有的各种情绪

总结过去的行为，可以更清楚地了解自己独特的内在反应模式及情绪反应原因，具体做法如下：①找一个独处的时间和空间，大声地把任何感觉不加责备、不做逃避地说给自己听；②选定某一种情绪主题后，自由联想与童年相关的事情，把所想到的事情不做任何筛选地大声讲出来，用来澄清自己内心的感受；③问问父母兄长或儿时的朋友关于自己童年回忆中的喜怒哀乐，从过去的经验或回忆中总结自己的情绪。

2. 记录、整理每天的情绪，增加对情绪的认识和觉察

撰写个人的心情日记或记录自己每天的情绪状态，了解自己的情绪、想法。这样不仅能增强情绪的觉察能力，也能洞悉情绪与事件、想法之间的因果关系。

| 日期 | 天气 | 情绪 | 原 因 | 事件纪要 | 情 绪 |
|---|---|---|---|---|---|
| 日 | 晴 | 愉悦 | 与家人郊游 | 晚上听说明天校长要突击检查 | 紧张、压力 |
| 一 | 阴 | 抑郁 | 学生迟到多，纪律不好 | 班级被点名批评 | 沮丧、懊恼 |
| 二 | 阴雨 | 生气 | 批评学生时学生顶嘴 | 整顿班级纪律 | 气恼 |
| 四 | 多云 | 烦恼 | 职称论文不能如期发表 | 接到论文退稿通知 | 失望 |
| 五 | 转晴 | 愉快 | 学生上课较认真，作业完成得较好 | 老同学说能帮忙提前发表论文 | 高兴 |

**（二）了解情绪的成因（why——我为什么会有这样的情绪）**

认知是平衡主客观关系的杠杆，调整情绪需要认知帮忙。教师在产生消极情绪后，通过对产生的原因进行分析，找出哪些原因是可以改变的，哪些原因是短时间内不能改变或根本无法改变的。对可以改变的原因及时进行调整或改进；对不能改变的，则通过从其他方面的努力加以补偿。从而减轻、消除消极情绪的困扰，达到心理平衡。

现实生活中引起教师不良情绪的原因有很多，概括起来包括生理因素、遗传因素、认知因素和环境因素四个方面。

1. 生理因素

人体内部生物节奏会影响人的情绪。有研究认为，人的体力、情

绪和智力都呈现出一种周期性的盛衰节律，它们的周期分别为23天、28天和33天。

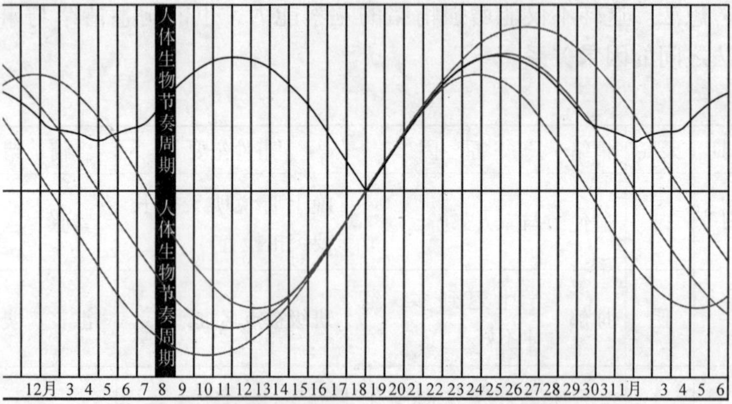


**人体生物节奏周期表（体力、情绪和智力）**

2. 遗传因素

遗传因素对情绪的影响主要表现在人的神经类型上。不同神经类型的人在情绪体验上存在较大的差异。前苏联生理学家巴甫洛夫根据神经类型的三个基本特征，即兴奋与抑制过程的强度、灵活性和平衡性，把人的气质类型分为以下四种基本类型，不同的气质类型，其情绪表现的状态是不同的。

（1）不可遏止型：情绪兴奋性高，反应迅速，心境变化剧烈，抑制能力较差；易冲动，热情直率，精力充沛，性情暴躁，脾气倔强，感受性较低，而耐受性较高；外倾性明显。

（2）活泼型：情绪兴奋性高，心境变化快但强度不大，不随意反应性强，面临各种应急情境时能迅速作出反应。

（3）安静型：情绪兴奋性和不随意反应都较低，沉着冷静，情绪稳定，冷漠，自制力强；感受性较低，而耐受性较高；内倾性明显。

（4）弱型：感受性很强，内心体验深刻，多愁善感，情绪压抑，情感脆弱，经不起挫折和打击，容易出现异常情绪。

3. 认知因素

（参照认知重组策略一节）

4. 环境因素

（1）社会环境因素：社会尊师重教氛围不浓，教师待遇低，人事制度改革实现聘任制、“末位淘汰制”，家长社会对教师期望过高，责任过重等，给教师带来压力和焦虑。

（2）学校环境因素：校长的专制作风，同事间的竞争，学生难管，班主任难做，学生考试成绩排名，并直接与教师的评优、评先、奖金挂钩，工作条件差，职称难评，工作量大，检查、考评活动太多。

（3）家庭因素：夫妻或其他家庭成员关系是否和谐，家人是否支持自己工作，子女教育问题等都会影响教师的情绪。

### （三）调节情绪的方法（how——如何有效管理情绪）

#### 禅师与武士

一个好斗的武士与禅师辩驳天堂与地狱之意。老禅师不屑一顾，对武士说：“你不过一小丑罢了，不值我费心与你论道。”武士恼羞成怒，拔剑欲刺禅师。禅师缓缓道来：“此乃地狱也。”武士惊而顿悟，纳剑入鞘，拜谢点化。禅师再道：“此即天堂。”

这个故事告诉我们，能否控制情绪乃天堂与地狱之别。有人就是因为一时激怒难以控制做出后悔莫及的事情而心境如同进入地狱。

## 五、教师情绪管理的方法

### （一）制怒策略

“冲动是魔鬼，冲动是炸弹里的火药，冲动是一颗吃不完的后悔药。”春节联欢晚会中郭冬临小品中的台词相当有哲理。教师要学做情绪的主人，当喜则喜，当悲则悲。

(1) 遇到发怒的情境时，先从1数到10再开口，或接受俄国作家屠格涅夫的忠告，将舌头在口内转10圈，并行三思：一思发怒有无道理？二思发怒后有何后果？三思我正要发怒，有其他方式替代吗？这样就可以制怒，变得冷静而情绪稳定。

(2) 在激烈争论，即将发生冲突时，通过有意识地降低说话的音量、放慢语速、避免身体前倾，就可淡化、缓和紧张冲突的气氛，渐渐心平气和。

(3) 在控制不住愤怒时，可迅速离开现场，避开双方在"气头"上发生冲突。

(4) 在居室挂制怒条幅。例如，郑板桥的"难得糊涂"，"退一步海阔天空，忍一时风平浪静"，帮助自己制怒。

**(二) 愉悦策略**

努力创造机会增加积极的情绪体验，抑制、减缓消极不良的情绪。具体方法有：

1. 音乐调节

音乐调节是指借助情绪色彩鲜艳的音乐来振奋精神，调节心理活动，以保持良好的情绪和行为的一种方法。

从心理学上分析，音乐能表达情感，音乐的旋律、节奏和音色通过大脑感应可唤起听者相应的情绪体验，激发内心积极的情感得以释放、消极的情感得到宣泄。音乐还能吸引和转移人的注意力，改变或抑制现有的负性情绪，从而使人获得良好的心理状态。

不同乐曲的作用于人的感觉器官也不一样，由于乐曲的旋律、速度、音调等不同，可分别产生镇静安定、轻松愉快、活跃兴奋等不同的作用，从而能调节情绪，稳定内环境，达到镇痛、降压、催眠等效果。如喜欢西方古典音乐的教师，在感到很抑郁的时候，可以听听一听西贝柳斯的《悲痛圆舞曲》、巴赫的《A大调意大利协奏曲》、施特劳斯的《蓝色多瑙河》、比才的《卡门》组曲；而在感到焦虑的时候，可以听听海顿的《皇家焰火音乐》、罗西尼的《威廉·退尔》、鲍罗廷的《鞑靼人的舞蹈》；失眠的时候，可以听听莫扎特的《催眠曲》、门德尔松的《仲夏夜之梦》、德彪西的钢琴协奏曲《梦》。如果是喜欢中国古典音乐的教师，可选择一些具有舒缓、低回、轻柔、婉转、幽雅等特点的乐曲，如《春江花月夜》、《月夜》、《南渡江》以及《病中吟》、《催眠曲》、《渔光曲》等。中国的古典音乐中也不乏节奏明快、旋律流畅、音色优美的乐曲，可以振奋精神、愉悦心情，如《流水》、《喜相逢》、《赛马》、《光明行》、《喜洋洋》、《百鸟朝凤》、《八哥洗澡》等。另外，还可以选择一些反映天地人间生机盎然的音乐来听听，比如《百鸟行》、《空山鸟语》、《荫中鸟》等。另外也可以采取主动式的音乐疗法，如参加卡拉OK、演唱会等形式自娱自乐，效果也很好。

2. 色彩调节

“生命是张没价值的白纸，自从绿给了我发展，红给了我情热，黄教我以忠义，蓝教我以高洁，粉红赐我以希望，灰白赠我以悲哀；再完成这帧彩图，黑还要加我以死。从此以后，我便溺爱于我的生命，因为我爱他的色彩。”（闻一多，1949）从诗中可以发现，颜色不仅与人的视觉有关，而且可以影响人的情绪和行为。心理学家把颜色对人们心理上的各种影响称为颜色的心理效应。那么，我们常见的红、橙、黄、绿、蓝、紫、黑、白，又有哪些具体的心理效应呢？

红色：在可见光谱中，红色的波长最长，所以给人视觉上一种醒目感。红色能使人产生活泼、生动的反应，但长时间会令人有不安的反应。红色强烈，饱含着一种力量、热情，象征着希望、生命。当一个人心情抑郁的时候，看到红色会立刻改变心情状态。

橙色：在可见光谱中，橙色波长仅次于红色，具有富丽、辉煌、炙热的感情意味。橙色像太阳光，冬天到橙色的房间里，会给人带来温暖的感觉。实验显示，在橙红色房间里工作的人，比在蓝绿色房间工作的人对于温度的感觉相差5℃～7℃，因为橙红色能使人的血液循环加速。

黄色：在可见光谱中，黄色波长居中，是色彩中最亮的颜色，具有快乐、活泼、希望、光明的感受。黄色能带来尖锐感和扩张感，但缺乏深度。所以在警示色中多用黄色。

绿色：人们的视觉最能适应绿光的刺激，由于我们生活在绿色环抱的大自然中，所以对绿光的反应最平静。绿色代表永远、和平、年轻、新鲜。由于它安宁、静止的特性，绿色能舒缓人们疲劳的脑神经和视神经。

蓝色：在可见光谱中，蓝色光波较短，蓝色是无边无际的天空色，又是深不可测的海洋色。蓝色表现出冷静、理智、透明、广博等特性，其与积极火热的红橙色相比，是一种内敛的、收缩的、学习的色彩。蓝色具有很强的稳定感，适合瑜伽等静态运动。

紫色：在可见光谱中，紫色的光波最短，紫色具有蓝红双重性格，所以明亮的紫色具有积极、威严、尊贵的含义。我国对紫色从古代就赋予了它特殊的含义，如“紫气东来”、“紫禁城”等，古人称天为“紫墟”。

黑色：黑色在视觉上和心理上是一种消极性的色彩，使人们想到黑暗、寂寞、神秘，黑色还具有严肃、含蓄、庄重的意味。据说英国有一座桥，一开始是黑色的，跳桥自杀的人很多，后来人们把它漆成绿色，由于色彩的心理暗示作用，自杀的人明显减少。

白色：白色与黑色是阴阳两极的颜色，白色有它固有的感情特征，既不刺激也不沉默，象征洁白、光明、纯真、轻快。

色彩对于人的情绪有抑扬的作用，当人们情绪失落的时候，多接触橙红色；当人们情绪激奋时，用蓝绿色调整。让我们学会用色彩来改变自己的心情。

3. 运动调节

体育运动是一种欢快的身体活动，它使人身体健康、心情舒畅，性格开朗，是现代人向往高质量生活不可缺少的重要手段。

体育锻炼对改善人的情绪、保持积极的心境状态具有积极意义，大量研究结果表明①：参加一定强度的体育锻炼可以降低中度抑郁和焦虑，但其对重度抑郁不起作用。体育运动能改善自我概念，带来流

---

① 陈大为．体育活动对情绪健康的影响［J］．体育与科学，2002（3）：46～47

畅的情绪体验，并能培养人们的主体意识和活泼愉快、积极向上的精神。体育活动能使教师的不良情绪得到合理的宣泄，使教师的精神状态达到平衡缓和，从而消除心理上的疲劳，促进心理健康。

（1）瑜伽减压。瑜伽通过各种姿势按摩、牵引身体的各个部位，调节神经系统及内分泌系统。它还是一种心灵治疗法，可调整人们内心活动，消除烦恼，清除潜意识的垃圾，是一种减压和心灵美容的良方。

（2）太极拳减压。太极拳与导引、吐纳术有机地结合在一起，从身体的调节入手，加上意念的调控，进而达到内外兼修、身心统一。太极拳减压法是一种适合现代社会的心理健身方法，对于长期处于压力状态的人群有比较明显的减压效果，同时还对矫正人的身体姿势、改善身体微循环系统，扩大肺活量，强健肌肉，畅通经络等起到很好的作用。

4. 旅游调节

旅游能使人脱离造成抑郁的恶劣生活环境，获得心理学上所谓“移情易性”的效果。马克思说：“一种美好的心情比10剂良药更能解除生理上的痛楚和疲惫。”在自然界中，奇峰峻岭、流泉飞瀑、葱郁的森林和广阔的草原等，能使人不由自主地开阔胸怀，产生无限的美感，激起人们健康、积极的情绪变化。愉快的美感是心理平衡的最佳境界，它使不佳的心情趋于平静。人们利用空余时间，参加健身旅游，是一种积极而主动的休息、休闲、休养方式，也是一种行之有效的身心松弛方法。

### 旅行为什么能疗伤

“出去散散心吧”，人们常常会对那些遭受生活打击的人这样说。旅行，真的具有心理治疗功能吗？

十多年前，一位年轻朋友因失恋而自杀。我去看他时，他穿着脏兮兮的睡衣蜷缩在地板上，两只空洞的眼睛直直地望着窗外的黑夜，仿佛随时准备跃入虚空之中。那一刻，我懂得了什么是“失魂落魄”，什么是“失去生存的意志”。最终，他没死成，决定从北京走到拉萨去。数月后，小伙子回来了，拉萨没走到，他说他已经找回自我，走到哪里就不再重要。我信他说的，因为他衣着简单而整洁，眼睛里有了光彩。

我想，首先是旅行给了人释放压力的机会。在陌生的环境中，我们再也不需要为了照顾他人的情绪而压抑自己，此时，我们离真实的自己更近。于是，被伤痛塞满的心灵又开始有了空间，被防卫隔绝的内心又能重新接收信息。旅行，还把我们的注意力从自己的惨境中带出，去看周围的世界、周围的人。当我们贴近壮美的大自然时，当我们与他人相遇，知道还有那么多不同的生命和生活时，痛苦就像被太阳照耀的冰雪，慢慢融化了……

［陆小娅．荒野是心灵的解毒剂．思维与智慧，2008（12）］

### （三）宣泄策略

宣泄策略是指把自己的痛苦、忧虑、悲伤等压抑于内心的不良情绪表达、发泄出来，以产生如释重负之感，使过分紧张的心情放松下来，从而达到平衡身心、缓解压力、消除郁闷情绪的效果。当教师在工作或生活中产生了消极情绪时，要学会合理地宣泄出来，以减轻或消除自己的心理压力，避免情绪进一步淤积恶化，保持心理平衡，但教师情绪宣泄要注意对象、地点、场合及方式等，切不可任意宣泄，无端迁怒于学生，造成不良后果。宣泄可分为身体宣泄和心理宣泄两种。

1. 身体宣泄

身体宣泄常见的方法有：到高山、海滩，面对蓝天、大海大声喊叫；找个无人的地方，让泪水自由地奔洒；拳击沙包、枕头等；进行激烈的体育运动等。有研究表明：女人比男人平均寿命要长，其原因之一是女人感到郁闷时能宣泄出来：爱哭、爱说话、爱倾诉。而中国有“男儿有泪不轻弹”的说法，这种观念导致男人压抑自己，而这正是心理健康的大敌。William Fry 博士开展了一系列关于泪水成分的研究，结果揭示出：情绪性的泪水（如因痛苦、大笑而流泪）比人工诱导（如切洋葱）的泪水含更多的蛋白质和毒素。得出的结论是：情绪反应而流出的泪水能有效帮助身体排放与压力相关的毒素。因此，笑和哭是人们的自然反应，且对健康有益。

刘德华有一首流行歌曲叫“男人哭吧不是罪”，歌词里写到：

在我年少的时候 身边的人说不可以流泪
在我成熟了以后 对镜子说我不可以后悔
在一个范围不停地徘徊 心在生命线上不断地轮回
人在日日夜夜撑着面具睡 我心力交瘁
明明流泪的时候 却忘了眼睛怎样去流泪
明明后悔的时候 却忘了心里怎样去后悔
无形的压力压得我好累 开始觉得呼吸有一点难为
开始慢慢卸下防卫 慢慢后悔 慢慢流泪
男人哭吧哭吧哭吧不是罪 再强的人也有权力去疲惫
微笑背后若只剩心碎 做人何必撑得那么狼狈
男人哭吧哭吧哭吧不是罪 尝尝阔别已久眼泪的滋味
就算下雨也是一种美 不如好好把握这个机会
痛哭一回 不是罪

男人女人哭吧哭吧都没罪，身体宣泄有利于心理健康。

2. 心理宣泄

心理宣泄方法通常是倾诉，包括写日记，诉诸笔端；向你喜欢的人、关心爱护你的人倾诉；此外，寻求心理咨询也是一种方法。

倾诉有很多好处：表达情绪，处理问题；与人沟通，减轻压力；反省总结，享受陪伴；勇敢地面对消极的情绪。

**（四）转移策略**

转移策略又称移情法，是指当情绪有所反应时，头脑中有一个较强的兴奋灶，此时如果建立一个或几个新的兴奋灶，便可抵消或冲淡原来的优势中心。教师在遭遇消极情绪的困扰时，为了减轻和消除消极情绪，通过转移注意力（努力把注意力转到自己愿意做的工作或事情上），使自己的心境较快地从消极情绪中解脱出来，达到心理平衡。转移注意力是指人有意识地变换活动方式，使意识离开容易引起紧张情绪的刺激情境，暂时脱离长期关注的事物。教师要善于变换活动方式，使大脑皮层的优势兴奋中心从一个区域转移到另一个区域，带来情绪状态的转化。如经常性体育锻炼、适当从事家务劳动、丰富多彩的休闲活动等。教师还可以通过分散注意力、改变环境来转移情绪的指向。例如，夫妻吵架，走开换个环境去下棋、打牌、踢球就可以起到消气平心的作用。

**（五）幽默策略**

人们都喜欢和有幽默感的人在一起，这是因为幽默能赋予生活以情趣和活力。幽默是智慧的闪光，既洞察世事、入木三分，又言简意赅、含蓄诙谐，给人以启迪和韵味。它是人们解决各种矛盾或冲突、实现自我解脱的一种方法。

大哲学家苏格拉底就是一位非常有幽默感的人，他对别人的错误从不采取指责的态度，而是采取一种迂回的方式，即幽默感。据记载，苏格拉底的妻子是一位性情非常暴躁的人，往往当众给这位著名的哲学家以难堪。有一次，苏格拉底在同几个学生讨论某个学术问题时，他的妻子不知何故，忽然叫骂起来，继而又提起一桶凉水冲着苏格拉底泼了出去。当学生们感到十分尴尬而又不知所措的时候，只见苏格拉底诙谐地笑了起来，说："我就知道打雷之后跟着要下雨的。"这一幽默虽然话语不多，却使妻子的怒气出现了"阴转多云"到"多云转晴"的良性变化。大家听见了都欣然大笑起来，更敬佩这位智者明哲的、高超的文化素质、艺术修养和坦荡胸怀。

一句小小的幽默语就可以"化险为夷"，使不快变愉快。所以，当教师遇到不开心的事情时，不妨自己给自己幽一默；或者可以看一些杂志上的"小幽默"，从而使自己开心起来。正如19世纪德国著名作家拉布说："幽默是生活波涛中的救生圈。"幽默感对任何一个国家、民族，对任何环境和条件下的人们来说都是必要的。因此，幽默是人类的一种积极的心理防御机制，它既能使自己的心理得到平衡，情绪稳定；也能松弛别人的心理郁结，起到化解焦虑的积极作用，是保证心理健康的一剂良药。

有一位小学老师，因为本班学生的考试成绩下降而懊恼，于是上课时对学生发脾气说："今天我们教室的窗子没有打开，要是开着，我就气得要从楼上跳下去了！"偏偏有个淘气鬼轻声接着说："老师，我给您开窗户去……"虽然声音轻，但大家都听到了。哄堂大笑之后，教室里立即安静下来，所有学生的眼睛都紧张地瞪着老师，等着看火山爆发。果然，老师把孩子赶出了教室，并通知了家长。家长怎么办？肯定是坚定地和老师保持一致，把孩子痛打了一顿，让孩子写了检讨书，向老师承认了错误。这位老师找回了一点面子，但是，算一算总账，失去的大于得到的，因为他的威信下降了，挨打的孩子恨死他了，不安定因素增加了。这位老师其实可以用轻松的办法引起孩子们对成绩下降的重视，可惜他缺乏幽默感，只会用沉重的办法将事情弄得更加沉重。有人问："这位老师还有别的办法下台阶吗？"有的，只要他能够控制住自己的情绪，还有办法。他可以笑着说："那好，请你去给我开窗子吧！"一般来说，这个学生不会真去的，即使他想去，其他同学一般都会制止并批评他。这样，事情就化作一笑解决了。万一这孩子是个愣头青，真的把窗户打开了，怎么办呢？那老师就可以走到窗前，探头向下看一看，然后说："可惜太高了，如果是一楼，我就跳了……"（如在一楼就说"如果只有两三米我就跳了"）这样也能把事情化作一笑。本来这是师生间的一个幽默剧，是课堂上的一个喜剧片，可是，这位老师因为缺少幽默感，硬是把喜剧片导演成了"功夫片"（弄得家长对学生拳脚相加，学生可能还在想着复仇），这就令人遗憾！不少老师都容易犯这个毛病，把本来不成问题的问题弄成了严重问题，把微风搞成龙卷风，把细雨弄成大暴雨，把朋友变成了"敌人"。因此，我们应该智慧一点、幽默一点。幽默往往意味着大度、宽容和机智，而缺乏幽默往往意味着狭隘、苛刻和死板。幽默能拉近人们的心，是一种化解矛盾的润滑剂，是一种修养……幽默也是一种智慧啊。

### （六）放松策略

放松技术是通过一定的训练，使学习者学会精神上及躯体上放松的一种技术。它是常用的一种行为治疗方法，也称为放松疗法或放松训练。放松训练在古代即已存在，特别是在一些宗教中，如佛教、基督教、犹太教、印度教、道教、神道教等均有放松训练的成分，像佛教的坐禅、瑜伽等修行方法。放松训练有良好的抗应激效果，在进入放松状态时，表现为全身骨骼肌张力下降，呼吸频率和心率减慢，血压下降，并有四肢温暖、头脑清醒、心情轻松愉快、全身舒适的感觉。大多数研究结果认为，放松训练通过神经、内分泌及自主神经系统功能的调节，可影响机体各方面的功能，从而达到增进身心健康和防病治病的目的。目前在科研临床工作中采用的放松训练方法很多，其中主要包括：渐进性肌肉放松训练、自主训练、意向控制训练、指导性想象训练、生物反馈训练等。这里介绍几种简单常用的放松方法。

（1）腹式呼吸放松法，也称做深呼吸法。每一次呼吸，都用膈肌把氧气深深吸入肺内。因为焦虑或自律神经兴奋最常出现浅而快的呼吸，腹呼吸以一种更放松的方式取代了这种浅而快的呼吸方式，因而减轻了焦虑。具体步骤有：①练习之前选择坐着、站着或躺着，闭上眼睛，保持慢吸气 3 ~ 5 秒钟直到肺部已充满气。在吸气的同时，膈肌伸展到腹部。②缓慢呼气 3 ~ 5 秒钟，在呼气的同时，膈肌靠近腹部。在腹式呼吸练习中，吸气与呼气最好都通过鼻子。③在吸气与呼气时，练习者要把注意力集中在呼吸的感觉上（例如，感觉肺部的扩张与收缩，空气的进与出，腹部的运动等）。由于注意力集中在这些感觉上，练习者就不太可能有产生焦虑的想法。腹式呼吸练习是大多数放松训练法的一个组成部分。

（2）肌肉放松法。可以用此方法来应付日常生活中引起紧张焦虑的情境，比如上公开课焦虑、考试焦虑、约会焦虑等。具体方法是：①紧握你的左拳（注意手和前臂的紧张感），5 秒后放松；②紧握右拳（注意手和前臂的紧张感），5 秒后放松；③从左腕关节向上弯曲你的左手，尽量使手指指着肩部（注意手背和前臂肌肉的紧张感），放松；④从右腕关节向上弯曲你的右手，尽量使手指指着肩部（注意手背和前臂肌肉的紧张感），放松；⑤举起双手臂，用力将手指触至双肩（注意双臂肌肉的紧张感），放松；⑥耸起肩膀、越高越好（注意肩膀的紧张感），放松；⑦皱起额头（注意紧张感），然后放松，并略微闭上眼睛；⑧紧紧地合上双眼，试探紧张与放松的感觉，再轻轻闭着眼睛；⑨用力将舌头抵住口腔上部（注意口腔内肌肉的紧张感），放松；⑩紧闭双唇（注意口腔和下颚的紧张感），放松；⑪用力向后仰起头部（注意肩部、肩膀和颈部的紧张感），放松；⑫用力低头，尽量将下巴靠住胸部（注意颈部和肩膀的紧张感），放松；⑬作弓形弯曲背部、并离开椅背，双臂向后推（注意背部和肩膀的紧张感），放松；⑭做一次深呼吸，并持续一段时间（注意背部和胸部的紧张感），吐出空气，放松；⑮做两次深呼吸，持续一段时间，吐出空气，放松；⑯用胃部吸入空气，尽量使其膨胀（注意腹部的紧张感），放松，感觉你的呼吸更加稳定；⑰抽紧腹部肌肉（注意腹部肌肉的紧张感），放松；⑱臂部用力并压住座椅（注意臂部紧张感），放松；⑲抽紧腿部肌肉，伸直双腿（注意腿部肌肉的紧张感），将双腿放回原姿势，放松；⑳双脚脚趾向上，并逐渐抬起双脚（注意双脚和小腿肌肉的紧张感），放松。㉑向下弓起脚趾，犹如要将脚趾埋入沙土一般（注意双脚弯曲时的紧张感），放松。

（3）想象放松法。选一个安静的房间，平躺在床上或坐在沙发上。闭上双眼，想象放松每部分紧张的肌肉。想象一个你熟悉的、令人高兴的、具有快乐联想的景致，或是校园，或是公园。仔细看着它，寻找细致之处。如果是花园，找到花坛、树林的位置，看着它的颜色和形状，尽量准确地观察它。此时，展开想象的翅膀，幻想你来到一个海滩（或草原），你躺在海边，周围风平浪静，波光熠熠，一望无际，使你心旷神怡，内心充满宁静、祥和。随着景象越来越清晰，幻想自己越来越轻柔，飘飘悠悠离开躺着的地方，融进环境之中。阳光、微风轻拂着你。你已成为景象的一部分，没有事要做，没有压力，只有宁静和轻松。在这种状态下停留一会儿，然后想象自己慢慢地又躺回海边，景象渐渐离你而去。再躺一会儿，周围是蓝天白云，碧涛沙滩。然后做好准备，睁开眼睛，回到现实。此时，头脑平静，全身轻松，非常舒服。

（4）渐进放松法。选择一间安静的房间，躺在床上或坐在沙发上，穿宽松衣服，调整姿态，尽量舒服些。使右脚和右脚腕肌肉紧张，扭动脚趾，感觉如何？收紧肌肉，再放松，反复做几次，记住紧张和放松时不同的感觉。左脚和左脚腕重复同样的练习。收紧小腿肌肉，先右后左，重复紧张和放松。收紧大腿肌肉，先右后左，体会大腿紧张是怎样影响膝盖和膝关节的。再移到臀部和腰部，注意紧张和松弛两种状态的不同感觉。向上练习腹部、胸部、背部、肩膀的肌肉。练习前臂与手，抬起放下，握拳放松，先右后左，反复练习。最后到脖颈、面部、前额和头皮。

放松顺序也可以自上而下，每天花几分钟时间练习，坚持下去，必有收获。

### 焦虑自评量表（SAS）

姓名：________ 性别：____ 年龄：____ 研究编号：________

评定日期：________（第____次评定）

---

填表注意事项：下面有20条文字，请仔细阅读每一条，把意思弄明白。然后根据您最近一星期的实际情况，选择：A. 没有或很少时间；B. 小部分时间；C. 相当多时间；D. 绝大部分或全部时间。

1. 我觉得比平常容易紧张或着急
2. 我无缘无故感到害怕
3. 我容易心里烦乱或觉得惊恐
4. 我觉得我可能将要发疯
5. 我觉得一切都很好，也不会发生什么不幸
6. 我手脚发抖打颤
7. 我会为头痛、颈痛和背痛而苦恼
8. 我感觉容易衰弱和疲乏
9. 我觉得心平气和，并且容易安静坐着

10. 我觉得心跳很快
11. 我因为一阵阵头晕而苦恼
12. 我有晕倒的感觉，或觉得要晕倒似的
13. 我吸气呼气都感到很容易
14. 我的手脚麻木和刺痛
15. 我因为胃痛和消化不良而苦恼
16. 我常常要小便
17. 我的手脚常常是干燥温暖的
18. 我容易脸红发热
19. 我容易入睡并且一夜睡得很好
20. 我做噩梦

记分办法：A、B、C、D 分别记 1、2、3、4 分，将所有得分相加，再将总分乘以 1.25，取整数即可得到标准分。

判断：以 50～55 分为界，超过 55 分为异常，说明你的情绪处于焦虑状态。

（郑华辉等．你是这样的人）

## 抑郁自评量表（SDS）

姓名：________　性别：____　年龄：____　研究编号：__________

评定日期：____________（第____次评定）

---

填表注意事项：下面有 20 条文字，请仔细阅读每一条，把意思弄明白。然后根据您最近一星期的实际情况，选择：A. 没有或很少时间；B. 小部分时间；C. 相当多时间；D. 绝大部分或全部时间。

1. 我觉得闷闷不乐，情绪低沉
2. 我觉得一天之中早晨最好
3. 我一阵阵哭出来或觉得想哭
4. 我晚上睡眠不好
5. 我吃得和平常一样多
6. 我与异性密切接触时和以往一样感到愉快

7. 我发觉我的体重在下降
8. 我有便秘的苦恼
9. 我心跳比平时快
10. 我无缘无故地感到疲乏
11. 我的头脑跟平常一样清楚
12. 我觉得经常做的事情并没有困难
13. 我觉得不安而平静不下来
14. 我对将来抱有希望
15. 我比平时容易生气激动
16. 我觉得作出决定是容易的
17. 我觉得自己是个有用的人，有人需要我
18. 我的生活过得很有意思
19. 我认为如果我死了，别人会生活得好些
20. 我平常感兴趣的事和以往一样感兴趣

记分办法：A、B、C、D 分别记 1、2、3、4 分，将所有得分相加，再将总分乘以 1.25，取整数即可得到标准分。

判断：以 50～55 分为界，超过 55 分为异常，说明你的情绪处于抑郁状态。

## 第三节　人格塑造策略

G. W. 布洛克善危机理论认为：容易陷入心理危机的个体在人格上有一定的差异性，表现为：看问题比较表面和消极，过分内向，做事瞻前顾后、犹豫不决，情绪不稳定，自信心低，过于依赖他人，行为冲动等。即使客观的外部环境相同，个体对压力的感知与反应也是不同的。这是因为在个体面对压力时，人格特征起着非常重要的作用。

## 一、人格和教师人格

1. 人格的基本含义

“人格”这个词是西方的舶来品，中国词源上没有这个词，只有“人性”、“品格”一类的词。现代汉语中的“人格”是对英语“personality”一词的意译，而英语中的这个词来自拉丁文“persona”，指的是戏剧演员所戴面具。这里，“面具”显然有两层含义：公开的可见的一面和隐蔽其后不为人知的一面。换言之，人格有外在人格和内在人格，外在人格是一个人被他人知觉和描述的方式；内在人格是用来解释为什么一个人被他人知觉为这样。西方的“人格”意思与中国的“人性”、“人品”相近，用来指人的道德水准与道德理想境界，这与西方在词源上理解有很大的不同。中国当代学者郑雪认为：“人格是个体在遗传的基础上，通过与后天环境相互作用而形成的相对稳定的和独特的心理行为模式。”① 黄希庭教授也认为：“人格是个体在行为上的内部倾向，它表现为个体适应环境时在能力、情绪、需要、动机、价值观、气质、性格和体质等方面的整合。”② 这两种界定都是从心理学的角度来说的。其实，人格一词，社会学、法学、心理学、伦理学等不同学科所指称的内涵并不统一。教育学讨论的人格似乎与伦理学、心理学的界定联系更为密切。完全从伦理或道德的语境谈人格与心理学谈人格界定相去甚远。例如，从道德上讲，称某人“无人格”是可以的，但在心理学上却不可能称某人“无人格”，因为人人都具有心理学意义上的“人格”。因此我们认为，心理学上解释的“人格”至少在两个方面是与伦理问题相沟通的：其一，道德人格是人格的组成部分；其二，人格的动力特征与道德问题相沟通。人格是借助人的社会活动，把渗透在言、行、情、态中的人格水平以一种可以被他人知觉的方式呈现出来，由此完成一定社会个体相互沟

---

① 郑雪．人格心理学［M］．广州：暨南大学出版社，2001

② 黄希庭．再谈人格研究的中国化［J］．西南师范大学学报，2004（6）：5

通的人格定位，这样，人格就成了一种对人的解读。

2. 教师人格的内涵

中国教师作为一种专门的职业产生于春秋战国时期，私学的兴起是明显的标志。一代宗师孔子是中国教育史上第一个提出身教重于言教、以身作则的教育原则和强调教师人格作用的人。他说："其身正，不令而行。其身不正，虽令不从。""不能正其身，如正人何？"[①]强调用教师的人格影响学生，发挥教育作用。教师应该做到"学而不厌，诲人不倦"，"温故而知新"，"躬自厚而薄责于人"。教师要"过则勿惮改"，意思是说，教师如果有过失，应当立即改正，过而不改，才能成为过；有过而改的教师，其实是维护了自己的威信。这样才能"人皆仰之"，受到学生的尊敬和爱戴。他还说，"敬人者，人恒敬之，爱人者，人恒爱之"[②]，主张教师要谦虚，"三人行，必有我师焉"，要善于"不耻下问"。儒家的孔孟、道家的老庄以及其他古代学者都对人格进行过全面探讨，涉及人性、人格类型、理想人格、人格发现与人格鉴定等。本书所谈的教师人格主要是指教师作为教育职业活动的主体，在其职业劳动过程中形成的优良的情感意志、合理的智能结构、稳定的道德意识和个体内在的行为倾向性。之所以这样说，是因为人格是人的社会性的集中体现，它带有职业烙印，不同的职业有不同的人格特质和模式要求。教师职业是一种十分重要的职业，要求"学高为师，身正为范"，"教书育人，为人师表"，这样的界定体现了教师职业的特征和要求。需要强调的是，从教师承担的社会责任、社会角色的地位和社会对教师人格的期望评价以及许多优秀教师素质表现来看，教师人格已远远超出了教师职业和一般道德范畴，它不仅含有师德，也含有世界观、人生观、价值观、政治立场和态度、法治观念、学识风范和行为等，并将社会上普遍需要的这些优良品格、思想、情操、才学、气质等聚集于一身，在教书育人的过程中展现出来。这是融进了职业理想、职业情感、职业规范和职业道德

---

① 金良年．论语译注［M］．上海：上海古籍出版社，2002

② 金良年．孟子译注［M］．上海：上海古籍出版社，2001

以后的人格，也是教师从事教育工作所必需的人格。

## 二、优秀教师应具备的人格特征

对教师人格特征的研究很多，早期的研究者把人格特质理论引入教师研究，以期发现教师的人格特质对学生的影响，借以从人格特质上区分好教师与差教师。Rushton 等根据学生对教师讲课效果的评价，总结出成功教学所必需的两个人格维度：成就取向（由管理能力、智力、责任感等特质组成）和人际取向（由影响力、自我同一性等组成）。后来又增加了教师课堂行为方面的两个维度：魅力和组织才能。结果表明，在这四个维度上得分高的教师，往往被学生评价为优秀教师。Ryans 从大规模研究中区分出三种教师行为模式，研究结果表明：成功的教师具有温和、理解人、友好、负责、有条不紊、富于想象力和亲切热忱等特征。国内研究者对教师的人格特征也开展了大量研究。韩向前用艾森克人格问卷成人式（EPQ）对 1 679 名中小学与幼儿园教师的人格特征进行了测量，结果表明：与普通成人相比，教师比较外向，情绪比较稳定，较少倔强性。钟二扬使用 Y－G 人格测验量表对 122 名中小学教师进行了测试[①]，结果发现：教师的主要性格类型是 D 型性格：具有良好的情绪稳定性、主导性、社会外向性、社会适应性，无神经质。沃建中等人在参考相关文献的基础上，将教师人格划分为七个类型：自信型、思考型、安静型、严肃型、谨慎型、活泼型和自我型，编制了具有较好信效度的《教师人格调查问卷》。很多研究者对优秀教师的人格特征进行了调查研究和归纳总结。丁之奇等用卡特尔 16PF 量表对优秀中学教师进行研究，结果发现：情绪稳定、有恒负责、现实、合乎成规、自主、当机立断、心平气和、自律严谨是优秀中学教师的良好人格品质。韩进之把优秀教师应具备的个性品质总结为：热忱关怀，真诚坦率，胸怀宽阔，作风民

---

① 钟二扬. 中小学教师的品质、行为特征及其相互关系的研究 [J]. 心理科学，1997 (20)：252 ~ 254

主，客观公正，自信心强，耐心细致，坚韧果断，热爱教育事业。

多数研究者对教师人格特征的研究采用卡特尔十六种人格特质量表。这里作个简介，以便于理解。

卡特尔认为，每个人的人格特点是由十六种人格因素的不同组合构成的，用卡特尔十六种人格因素分析上述人格特质，可以作这样的因素归类：乐群性（A）：亲切、开朗、和蔼、助人、可亲等是构成乐群外向、随和热情、坦率等高 A 的人格特质。聪慧性（B）：博学、上进、好学等是构成聪慧、善思考、富有才识的高 B 的人格特质。稳定性（C）：爱国、真诚、守信、亲切、和蔼等表明情绪稳定等高 C 人格特质。持强性（E）：讲理、守信、和蔼等表明谦逊顺从、通融等低 E 人格特质。兴奋性（F）：亲切、幽默、开朗等代表轻松兴奋的高 F 人格特质。有恒性（G）：爱国、尽职、踏实等表明有恒负责等高 G 人格特质。敢为性（H）：上进、好学、公正等是构成敢为等高 H 人格因素的特质。敏感性（I）：讲理、公正、踏实等表明理智、看重实际的低 I 人格特质。怀疑性（L）：亲切、友爱、友好、真挚、诚实、和蔼等表明信赖随和等低 L 人格特质。幻想性（M）：尽职、踏实等表明现实、合于成规的低 M 人格特质。世故性（N）：真诚、守信、真挚、诚实等构成坦白、直率等低 N 人格特质。21 个人格特质形容词整体上体现了安详、沉着等低忧虑性（Q）：人格特质。尽职、踏实、公正等体现了知己知彼、严谨自律的高自律性（$Q_3$）人格特质，而亲切、和蔼、可亲等体现了心平气和等低紧张性（$Q_4$）人格特质。

此外，不少研究者从学生的角度研究最受学生喜爱的教师人格特点。沈祖樾等人的研究[①]结果表明，中学生心目中一个好教师应该具有的品质包括：理解、尊重学生，对学生一视同仁；教学能力强，有责任心；勇于批评和自我批评、以身作则。吴光勇等的研究发现，当代中学生喜爱的教师人格特征包括：崇高的品德、责任感强、兴趣广

① 沈祖樾，曹中平．当前中学生心目中好教师形象的比较研究［J］．社会心理科学，1998（2）：24～32

泛、才识广博、治学严谨、公正、善良等品质。在100个人格特质形容词中，中学生群体最喜爱的教师人格特质依次是真诚的、讲理的、守信的、善良的、亲切的、幽默的、友爱的、真挚的、友好的、诚实的、上进的、开朗的、博学的、和蔼的、公正的、助人的、爱国的、好学的、可亲的、尽职的、踏实的。其喜爱度的平均数分别是：6.42、6.38、6.31、6.26、6.26、6.26、6.23、6.21、6.21、6.16、6.15、6.14、6.13、6.10、6.10、6.06、6.05、6.03、6.03、6.03、6.03。中学生群体喜爱的教师人格特质，涉及教师的情感态度、性格、能力、价值观等，这说明教师独特的人格，对学生具有魅力。

张焰、黄希庭等[①]对1 594名学生的研究表明，学生对自己理想中的教师人格特质的评价维度是：高尚/进取、慈爱/公正、客观/求真、外向/开朗、退缩/粗暴、内向/怪异、损人/利己，前四个维度是学生们喜欢的，后三个维度是学生们不喜欢的。Schiff & Tatar 的调查发现[②]，小学生心目中的理想教师是学习的促进者、可信的支持者、挑战者、个性鲜明的人。Tatar & Horenczyk 的研究[③]发现，不同年龄的学生对教师的期望可能不一样。小学生希望教师是可以提供帮助的、公平的和有能力的；而中学生则希望教师是公平的、有能力的，在必要时可以提供帮助。

由于师生所处的地位、观察问题的角度不同，他们对“好教师”的看法可能不尽相同。因此，也有一些研究者研究教师自己心目中的好教师的人格特点。沈祖樾通过对中学教师的调查发现，教师心目中的好教师品质与学生心目中的好教师品质有较大差别。中学教师认为，好教师首先表现为教师的教学态度、教学能力和专业知识，其次

---

① 张焰，黄希庭等. 从青少年学生的评价看教师的人格结构［J］. 心理科学，2005（28）：663～667

② Schiff M, Tatar M. Significant teachers as perceived by pre-adolescents：Do boys and girls perceive them alike?［J］, *The Journal of Educational Research*, 2003（96）：269－291

③ Tatar M. & Horenczyk G. Immigrant and host pupils' ex-pectations of teachers［J］, *British Journal of Educational Psychology*, 1996（66）：289－299

是对待学生态度方面的品质。张承芬等[①]对194名教师进行了“教师应该具备什么样的心理素质”的调查，被试认为最重要的10项心理素质是：客观公正性、角色认同、创造性、自尊感、监控性、奉献精神、有恒性、责任感、成就动机和灵活性。

学者们从不同的角度研究了教师的人格特征，综合他们的意见，我们认为，一名优秀的教师应该具备如下人格特征：坚定自信、意志顽强；冷静沉着、深思熟虑；兴趣广泛、幽默风趣；愉快活泼、聪慧豁达；机智严谨、果断刚毅；民主公正、热情开朗；平易近人、助人为乐，等等。

### 孔子为师的人格魅力[②]

我国古代大教育家孔子以他伟大的人格力量为我们树立了一代人师典范。历史学家司马迁赞颂孔子先师“高山仰止，景行行止”，谓其品德和学问像高山一样令人敬仰，像大路一样让人遵循。具体说来，孔子为师的人格魅力主要表现为：

第一，热爱教育、忧国忧民的仁者情怀。孔子重视教育、热爱教育。他把教育看作是改造社会、实现政治理想的一种重要手段。孔子说：“吾十有五而志于学，三十而立。”（《论语·为政》）孔子30岁学有所成后，就开始收徒办学。他认为教育是神圣伟大的，通过它可以培养人才、影响政治，进而改造社会，实现自己的理想抱负。孔子生活的年代，礼崩乐坏，天下无道。为此，孔子忧国忧民，周游列国，游说诸侯，传播“仁政爱人”的政治理想。在四处碰壁、从政失败后，孔子又以饱满的热情投入到教育中。可以说，孔子将一生的主要精力与心血都用在了教育上，在他40多年的教师生涯中，他述

---

① 张承芬，张景焕．教师心理素质的隐含研究［J］．心理科学，2001（24）：528~532

② 张艳宏．孔子为师的人格魅力与现代教师的人格塑造［J］．内江师范学院学报，2004（5）

而不作，总结远古以来中国文化发展的成果，创立了儒家学说，并招收学生，传授文化知识，开设了我国第一所私学，在教育上获得了巨大的成功，成为千百年来令人景仰的至圣先师。

第二，为人师表、重视身教的高尚师德。孔子特别重视为人师表的典范作用，主张身教重于言教。他说："君子之德风，小人之德草，草上之风必偃。"（《颜渊》）又说："其身正，不令而行，其身不正，虽令不从。"（《子路》）孔子认为，教师应该具有君子形象，自觉追求君子人格。孔子本人的君子形象给学生留下了深刻印象，"子温而厉，威而不猛，恭而安。"（《述而》）孔子认为，作为教师，就应该追求崇高的君子人格。"饭疏食饮水，曲躬而枕之，乐亦在其中矣。不义而富且贵，于我如浮云。"（《述而》）孔子强调教师身教的重要性，对现代教师形象的塑造仍然有着巨大的指导意义。

第三，热爱学生、关心学生的平等意识。一个优秀的教师必然热爱学生。孔子是热爱学生的典范。他的学生中有贵族子弟，也有贫民子女；有汉人，也有蛮夷之人；有的聪明，有的愚笨，有的还进过监狱，但孔子都一视同仁，将爱无私地施予每一个学生。更难能可贵的是，在贵贱有序、师道尊严的时代，孔子与学生之间建立起了融洽、和谐的师生关系。他尊重学生，对于学生的意见，他从来不独断专制，而是虚心倾听。《论语》中记载，当他因拜会漂亮而名声不好的卫灵公夫人南子而遭到学生的指责时，他竟然对天发誓："予所否者，天厌之！天厌之！"（《雍也》）孔子对学生的爱还表现在他对学生的激励和欣赏上。他鼓励学生"当仁不让于师"。（《卫灵公》）"后生可畏，焉知来者不如今也。"（《子罕》）当他得知德才兼备的弟子颜回病逝后，竟痛哭失声，"噫！天丧予！天丧予！"（《先进》）由此可以看出他和弟子的感情有多深厚。孔子死后，他的弟子们就像对父母一样心丧三年，子贡更是庐墓三年。孔子以他伟大的人格力量，不仅赢得了弟子们的爱戴，而且对后世的为师之道也产生了深远的影响。

第四，学而不厌、诲人不倦的敬业精神。孔子谦虚好学，堪称教师的楷模。他认为知识的获得并非生而知之，而是勤奋好学得来的。

“我非生而知之者，好古，敏以求之者也。”（《述而》）。即使到了晚年，他还在孜孜不倦地学习，“加我数年，五十以学，亦可以无大过矣。”（《述而》）由于谦虚好学，孔子成为中国文化史上泽被后世的文化大师。在教学过程中，孔子不仅乐于传授知识，而且善于创造知识。他搜集、整理了古代的文化典籍《诗经》、《尚书》、《春秋》，创造性地研究了《周易》。孔子的敬业精神是新时代教师的典范。

第五，有教无类、因材施教的创新理念。孔子之前的殷周时代，教育都由官府掌握，入官府学习的只有贵族子弟。孔子首办私学，改变了这种情况。他提出“有教无类”的主张，实行不受身份、财产等限制的普遍教育。在孔子的弟子中，虽有贵族子弟，但多数是出生贫贱的庶民子弟。颜渊居陋巷，曾子种瓜，仲弓父是“贱人”，闵子骞为父推车，公冶长曾为囚犯，子贡经商，虽富有而社会地位低贱。孔子对这些弟子都一视同仁，开创了全民教育的先河。在教育方法上，孔子提出了因人而异、因材施教的教育理念。《论语》中记载：子路和冉有问了同样的问题“闻斯行诸”，孔子却作了相反的回答。他解释说，这样做，是因为两人性格不同。子路好勇过人而冉有退缩，所以鼓励冉有“闻斯行之”，而不让子路“闻斯行之”，“因材施教”在此体现得淋漓尽致。孔子提倡的有教无类、因材施教的教育理念，具有思想解放的意义，对后世产生了深远的影响。

## 三、教师人格与工作压力的关系

孟慧、陈吉吉、李永鑫等①通过对教师的问卷调查，研究人格与工作压力、职业倦怠的关系，以及对客观绩效的影响。结果表明，工作压力与情感耗竭、人格解体显著正相关，而与客观绩效显著负相关，情感耗竭在工作压力和绩效之间起部分中介的作用；外向性与情感耗竭、成就感低落显著负相关；尽责性与人格解体、成就感低落显

① 孟慧，陈吉吉，李永鑫．教师人格特质与压力和倦怠的关系［J］．心理科学，2009，32（4）：846～849

著负相关；宜人性与工作压力、人格解体维度显著正相关；工作压力是宜人性与情感耗竭、人格解体、工作绩效间的中介变量。

李永鑫、李艺敏①采用中式工作倦怠量表、简式艾森克人格问卷和内在、外在心理控制源量表对350名教师进行测试。结果表明，教师轻度工作倦怠的检出率为38.16%，中度工作倦怠的检出率为19.17%，重度工作倦怠的检出率为41.3%；精神质对人格解体有显著的预测作用（$P<0.01$），内外向对情感耗竭（$P<0.05$）、人格解体（$P<0.01$）和成就感降低（$P<0.01$）均有显著的预测作用；神经质对情感耗竭（$P<0.01$）有显著的预测作用；心理控制源对情感耗竭（$P<0.01$）和人格解体（$P<0.05$）有显著的预测作用。它显示的结论是：应当重视教师的工作倦怠问题，并充分考虑人格特征对其工作倦怠的影响作用。

职业压力并非对所有的人都会造成同等的伤害，大量研究表明②，压力总是和一定的人格特征联系起来影响个体。容易倦怠的人的人格特征具有的特点是：不现实的理想和期望、较低的自我价值与判断、自信心低、对自己的优点和局限性缺乏准确的认识及客观的评价等。另有同类研究③表明，人格特征是职业倦怠的一个不可忽略的影响因素，具有某些人格特征的人容易成为职业倦怠的高发群体：如A型人格、外控、低自尊、防御性应对、神经质、缺乏耐性的人。

郑晓芳（2004）的研究结果④显示，教师职业倦怠与人格特征的精神质和神经质有显著正相关存在，说明性格孤僻、与他人难以相

---

① 李永鑫，李艺敏．教师工作倦怠与人格特征关系［J］．中国公共卫生，2007（5）

② Farber B．A. *Crisis in education*：*Stress andburnout in the American teacher*［M］，San Francisco，CA：Jossey-Bass Publishers，1991

③ Shirom A. Job-related burnout．In：Quick J. C.，Tetrick L. E.（Eds.）. *Handbook of Occupational Health Psychology*［M］，Washington DC：American Psychological Association，2003. 245－264

④ 郑晓芳．中小学教师职业压力、人格特征与职业倦怠的关系［D］．吉林大学硕士学位论文，2004

处、情绪反应强烈、经常焦虑的教师容易发生职业倦怠；教师职业倦怠与人格特征内外向性、掩饰性显著负相关，说明性格外向开朗、社会环境适应良好的教师不容易发生职业倦怠。进一步的研究还发现，教师的人格特征在一定程度上可以预测其职业倦怠的程度。这与认知ABC理论不谋而合，个体对事件的认知决定了个体最终的感受，从而影响个体的身心状态。因此，对于同样的职业压力情境，具有良好的人格品质的教师能更好地面对和调节，由此可见，培养教师的健全人格是减少教师职业压力和倦怠的重要途径之一。

目前研究比较多的是A型人格和B型人格与压力的关系。具有A型人格的人是适应过剩的人，他们精力旺盛，做事迅速，在生活和工作中常给人以好竞争、攻击和野心勃勃的印象。不管遇到什么难题，他们都喜欢正面迎战，不轻易服输，不愿在他人面前示弱，对自己无论怎样努力也不能达到的目标缺乏清醒的认识，不愿承认现实，对于困难总是希望比他人先一步解决，因而常被认为过分积极。但当问题无法解决时，他们的压力感会很大。A型人格的人易得心脏病、冠状动脉障碍、脑出血、中风、强迫症等。B型人格的人被认为是松弛型，动作缓慢、谨慎、稳重、随大流，富有耐心，比较随和且放松随意。对待生活的态度是悠然自得，喜欢享受生活，一旦压力过重会产生抑郁状态。B型人格的人易患忧郁神经症。

前苏联教育家乌申斯基说过，“在教师工作中，一切都应以教师的人格为依据”，“教师人格对学生的影响是任何教科书、任何道德箴言、任何惩罚和任何奖励制度都不能代替的一种教育力量”。在新课程改革下，教师的角色发生了巨大的变化，教师成为学生的促进者、教育教学的研究者以及课程的建设者。这种变化要求教师综合素养的提升、知识结构的改善以及教育观念的改变与更新，面临这些变化与要求，教师们感觉到肩上承担着巨大压力，若缓解不了这种压力，他们就会经常处于忙碌而焦虑的状态，生怕被他人甩在后面，并且一旦落后，他们还将面临学校、家长和社会的质疑，于是教师们整日忧心忡忡，缺少愉悦的心情，因而也就缺少职业幸福感。久而久之，工作没那么热情了，对学生也缺少了耐心与爱心，他们作为教师的人格魅力也失去了，其结果也就导致了学生不喜欢这样的教师，从而导致教学质量的下降，这更加重了他们的职业压力，如此反复造成恶性循环。因此，教师学会调控职业压力、适应新课程改革、培养健全的人格素养就变得尤为重要。

## 四、教师健全人格及其塑造

健全人格是良好的人格特征在教师个体身上的集中体现。教师健全人格应包括以下四个方面：一是自我接纳。具体表现在：能够主动开放自我，客观认识自己，坦诚地接受自己的缺陷并对生活持积极乐观的态度。人格和谐的核心标志是自我接纳。二是人际和谐。具体表现在：心胸豁达，尊重自己也尊重他人，能够有效地处理人际冲突与分歧。三是自尊自信。具体表现在：有自己的人生观和价值观，处事有自己的原则和立场，坚定而不固执，自信而不自傲。四是注重成长。具体表现在：具有自我发展、自我塑造与自我完善的能力。能够充分开发自身的创造力，创造性地生活，能够发现生命意义并选择有意义的生活。

优秀教师良好的人格特征对学生具有渲染、陶冶作用，对塑造学生完美人格也具有重要作用。那么，如何培养教师优秀的人格？综合各方面的研究与实践，这里从不同角度介绍和阐述其途径。

### （一）教师“3E”人格健全途径

对于如何更好地完善教师的人格，学者俞国良等①提出了“3E”人格健全途径（3E 即 experience、enjoy、express 三个英文单词首字母简称）。

1. 体验（experience）——丰富自己的人生阅历

体验是人格健全的基础。心理健康者不断扩展自己的生活范围，乐于接触他人和新鲜事物，从中获得一些新的经验，体悟其中的甘苦

---

① 俞国良，宋振韶．现代教师心理健康教育［M］．北京：教育科学出版社，2008（9）：117～119

和道理。这样他就能不断充实自己、超越自己，悦纳新的自我①。许多人格异常大多是源于经验的不完善。教师应尽可能地扩展自己的人生阅历，如果长期局限在“象牙塔”里，过着“与世隔绝”的生活，不仅不利于自己的专业提升，而且不利于自身人格的完善。

比较好的办法是教师应尽量抓住各种机会参与各种研讨会，结识一些同行，建立广泛的联系，经常相互切磋和交流。这样，一方面丰富自己的教学经验，提升自己的专业水平；另一方面，在与他人的交流中促进自己的心理成长。

此外，教师还可以利用节假日外出旅游，“读万卷书，行万里路”，既可以丰富自己的阅历、开阔自己的视野，又能够领悟人生智慧、促进自我的完善。

2. 享受（enjoy）——热爱自己的本职工作

如何看待教师职业？把它作为一个饭碗还是作为一种事业？这在我们心里引起的反应是截然不同的，对我们心理健康的影响也是截然不同的。蔡元培先生曾把职业分为四种境界：①自然境界：把职业当作一种谋生的手段，一个养家糊口的饭碗，凭本能工作；②功利境界：为某种功利的目的努力工作，一旦功利目的达到了或达不到，就放弃努力；③道德境界：赋予职业以道德意义，为服务对象一生的幸福努力工作；④天地境界：自觉把自己的工作与全人类进步的文化事业联系起来并努力工作。职业境界不同，职业态度不同，工作效果不同，心理健康水平也就不同。处于后两种境界的教师，有强烈的使命感、事业心、上进心、成就欲、成功感，他们以自己的职业为荣，能排除干扰和杂念，保持平和、愉悦的工作心情。他们明知道教师的工作时间之长、心思之重、体能消耗之大、情感付出之多是其他职业所无法比拟的，但是既然选择了这种职业，就无怨无悔，永不满足，永创佳绩。他们有很高的理想抱负，甘冒风险，喜欢挑战性的工作，重成就，轻金钱，善于从工作的成功中得到快乐。他们的求知欲比别人强得多，而物质的需求却比别人淡薄得多，即使在贫困的环境中，他

① 林崇德．教育的智慧［M］．北京：开明出版社，1999. 247

们也能安贫乐道，耐得住寂寞，敬业爱岗。对他们来说，工作着是美丽的，忙碌着是快乐的。相反，当一个人不能享受工作，又整天抱怨工作的无聊与烦琐，长期发展下去，工作效率会降低，人格也可能会变得扭曲。孔子说过：“知之者不如好之者，好之者不如乐之者。”能够享受自己的工作，并从工作中获得乐趣，这才是求知的最高境界。

3. 表达（express）——分享自己的人生智慧

表达对教师来说是其工作的基本状态。表达意味着分享。作为教师，如果缺乏与人分享的愿望，要么是孤芳自赏，要么是抱残守缺，都不利于自己的专业发展和个人人格的完善。

教师的表达途径很多，总结、反思、概括自己的教育经验，在学校里，与同事交流分享；在报纸杂志上发表自己的心得体会；参加教育教学研讨会、学术报告会，出版自己的教育专著等。我国著名心理学家林崇德教授倡导教师做教育科研，并认为这是教师提高自身素质的重要途径。教师只有表达自己、展现自己，才有机会得到他人的反馈，开阔自己的视野，提升自己的智慧，完善自己的人格。

**（二）教师积极人格建设的途径**

教师巨大的职业压力需要教师自身积极的人格来应对。Hillson 和 Marie（1999）在问卷研究的基础上对积极的人格特征与消极的人格特征进行了区分，认为积极的人格特征中存在两个独立的维度：一是正性的利己特征（PI，positive individualism），指接受自我、具有个人生活目标或能感觉到生活的意义、感觉独立、感觉到成功或者是能够把握环境和应对环境的挑战；二是与他人的积极关系（PR，positive relations with others），指的是当自己需要的时候能获得他人的支持，在别人需要的时候愿意并且有能力提供帮助，看重与他人的关系并对于已达到的与他人的关系表示满意。积极的人格有助于个体采取更为有效的应对策略，从而更好地面对生活中的各种压力情境。下面就从这两个维度阐述教师积极人格的建设。

1. 教师要塑造正性的利己特征：自知、自信、自立、自强、自尊

认识自己是每个人的心理需要，是一个人心理健康的基本原则和要求。不少教师之所以在工作中产生压力，正是因为对自己缺乏了解，缺乏正确的自我观念。自信（self-confident）是自我意识的重要组成部分，也是教师事业成功的基础。教师只有拥有自信，才能有效地化解各种各样的压力。自信似于人体的肝脏，担负着“解毒”的功能。自立是教师保持自尊的物质基础，只有自立的教师，心中才能拥有坚定的幸福感和责任感，才能在社会上以一个强者的姿态面对大众，面对全体学生及其家长。相反，没有自立能力的教师，没有一定的专业能力和经济能力的支撑，其腰杆是“硬”不起来的。只有做到充分而必要的自立，教师才能扬眉吐气，才能踏踏实实地做好教育工作，寻找到属于自己的自尊；不然，它就会成为教师心理健康的“软肋”，这一点对于教师工资待遇在本地区相对落后的单位更为重要。自强是教师自我实现的心理需要，也是教师心理健康的“点睛”之笔。教师往往具有较高的成就需要，如果教师在自己擅长或感兴趣的领域做出较好的成绩，那么，它就会满足教师的这种心理需要，使教师能够拥有较大的满足感和自豪感，这种感觉使教师能够承受较大的压力，忍受更多的困难和挫折。自尊（self-esteem）是个体人格的核心因素之一，也是人的基本需要之一。它是“对自我的一种评价性与情感性体验，是自我系统的情感成分”，这种需要与追求如能得到满足，就会产生自信心、觉得自己有价值等；否则就会使人产生自卑感、软弱感、无能感。大量的实证研究证实，自尊与心理健康的关系极为密切。这不仅包括缺乏自尊（即低自尊）与许多重要的消极可能性（如抑郁、焦虑、自杀意念、机能失调、问题行为等）紧密联系在一起，而且也包括拥有足够自尊（即高自尊）与积极的心理健康和一般的心理幸福密切相关。Cast 和 Burke 也认为，在经历消极事件后，自尊作为一种缓冲器可以支持个体，使其消极情绪不致过分泛滥。因此，自尊同样是教师心理健康的核心和内在要求，是教师自我系统的重要组成部分，也是教师自我系统健康与否的重要体现。教

师只有拥有健康的自尊，才能较好地调控自己的行为和心境，减少面对压力时的不良心理倾向，从而维护好自身的心理健康。

2. 教师要建设好与他人的积极关系：有效的沟通和稳定的社会支持

（1）与他人的积极关系及其影响。与他人的积极关系是个体具有安全感和归属感的重要因素，也是确立良好的自我形象的重要途径。教师只有建立起与他人的积极关系，他才能充满自信，产生坚定的安全感和归属感；如果缺乏与他人的积极关系，教师就会产生沉重的心理压力和不良的情绪。研究表明，一个人在沉重的心理压力和失调的情绪状态下往往会发生认知偏差，这时，个体倾向于对他人的意图作出消极的判断，从而相应地作出消极的反应。缺乏与他人的积极关系的教师，往往会产生对立、消沉的不良情绪，引发自卑、嫉妒、埋怨的心理。这种消极的情绪和认识反过来又会对教师与他人的关系产生不良影响，形成恶性循环。

（2）在人际交往中关注沟通的有效性。人际交往的质量往往取决于沟通是否有效。国外的研究发现，在师生关系紧张的原因中，有70%的因素是缺乏有效的沟通。而教师的工作具有不可选择性，他们往往不得不与自己不喜欢甚至讨厌的学生打交道。此外，新的社会形势要求教师要从知识的传授者转化为智力资源的开发者，从居高临下的权威转化为平等的交流者，从教育管理者转化为学习的促进者。在这种转化中，教师更需要有意识地加强师生间的有效沟通，提高人际交往的质量。

需要强调的是，虽然教师接触的主要对象是学生，交流的内容主要是学生的学习，但是教师绝不可以自我限制沟通的对象和内容，教师还有很多其他的角色，没有必要因为学生和学生的学习而放弃了其他丰富多彩的交流活动。适当而丰富的交流不仅不会影响教师的工作，相反，还会因为沟通的多面性而加强教师的人格魅力，提高教师的沟通能力，从而反过来促进教师与学生的沟通与交流。

（3）教师需要建立自己的社会支持系统。在心理学上，社会支持是指一种特定的人际关系。有了它，就意味着有可以信赖的人在尊重、照顾和爱护自己。当一个人在遇到心理压力时，他能够从这种社会支持关系中获得有效的帮助。寻求社会支持是我们应对压力的有效手段。研究表明，社会支持水平可以直接影响个体的心理健康水平。社会支持水平越高，心理健康水平就越高，心理隐患也越少。但令人担忧的是，教师非常缺乏这种对心理健康有着重要作用的社会支持。教师90%的工作时间是专门与学生在一起的，他们进行反思和与亲朋好友交流的时间很少。因此，教师的合群需要和获得支持的需要经常得不到满足。国外有些研究曾发现，教师职业倦怠与教师缺乏社会支持的知觉有很高的相关性（Burke & Greenglass，1989）。调查发现，在校内，除工作关系外，教师经常与他人交往的只有16%左右；在校外经常与人交往的只有12%左右。总之，教师是一个相对封闭、缺少社会支持的群体，这对于维护教师的心理健康非常不利。

因此，现实更需要教师自觉地建设一个社会支持系统，以备自己在需要帮助的时候可以向人求助。此外，换一个角度考虑问题可能对我们解决教师压力问题有着巨大的帮助：虽然教师压力的来源很多，但是，正如任何事情都有相反的方面一样，如果能够从相反的角度去考虑，教师完全可以从这些压力源中寻求到部分支持，也就是把压力转换为支持。毕竟，压力来源的任何一方都有通情达理的一面，如果教师注意相互之间的沟通和交流，寻求部分的理解和共识是可能的，在此基础上建立一定程度的支持也是可能的。如果能够有这方面的意识并努力去做，相信将大大促进教师的心理健康系统的构建。

**（三）教师人格魅力的自我塑造**

要塑造良好的教师人格魅力，最根本的途径还是加强教师自身修养，进行自我塑造。外因必须通过内因起作用，没有教师自身积极主动地学习实践，将外在的规范要求内化为自己的品质，不断地摒弃不符合规范要求的思想和行为，就不能真正地塑造良好的教师人格形象和人格魅力。

首先，学习和立志是教师人格魅力自我塑造的基础和前提。教师人格形象和人格魅力的自我塑造是教师高度自觉的道德、理念、技能的实践建构活动，其不仅要以丰富的知识经验为指导，而且要使教师树立起做一个具有理想道德人格的教师的愿望和决心，这就需要学习和立志。这不仅是教师人格塑造的方法，而且需要教师为之奋斗终生。

其次，躬行实践是教师人格魅力自我塑造的过程和目的。做到躬行实践，一是不论是否有人监督，都要按照规则和要求去做；二是不能偶尔为之，积小善成大善，养小德为大德，必须坚持不懈，只有这样，才能形成教师人格的魅力，才能使教师的人格形象朝着健康的方向发展。

再次，反省自查是教师人格魅力自我塑造的实质和核心。对自己的人格形象进行自我检查和自我监督，发现自己存在的不足和缺点，自觉并有针对性地加以克服和改正，是进行教师人格魅力塑造的根本方法。教师若能时时反省自查，事事反省自查，长此以往，持之以恒，就可以达到“慎独”的境界。

## 菲尔人格测试

这是一个快速而简单的测试，此测试并非正式的人格测试量表，但具有一定的信度和效度，国际上一些大公司人事部门在招收员工时会采用此测试，可以作为简单的参考。

1. 你何时感觉最好？　A. 早晨　B. 下午及傍晚　C. 夜里

2. 你走路时是　A. 大步地快走　B. 小步地快走　C. 不快，仰着头面对着世界　D. 不快，低着头　E. 很慢

3. 和人说话时，你　A. 手臂交叠站着　B. 双手紧握着　C. 一只手或两手放在臀部　D. 碰着或推着与你说话的人　E. 玩着你的耳朵、摸着你的下巴或用手整理头发

4. 坐着休息时，你的　A. 两膝盖并拢　B. 两腿交叉　C. 两腿伸直　D. 一腿蜷在身下

5. 碰到你感到好笑的事时，你的反应是　A. 一个欣赏的大笑　B. 笑着，但不大声　C. 轻轻地咯咯地笑　D. 羞怯的微笑

6. 当你去一个派对或社交场合时，你　A. 很大声地入场以引起

注意 B. 安静地入场，找你认识的人 C. 非常安静地入场，尽量保持不被注意

7. 当你非常专心工作时，有人打断你，你会 A. 欢迎他 B. 感到非常恼怒 C. 在上述两极端之间

8. 下列颜色中，你最喜欢哪一种颜色？ A. 红或橘色 B. 黑色 C. 黄色或浅蓝色 D. 绿色 E. 深蓝色或紫色 F. 白色 G. 棕色或灰色

9. 临入睡的前几分钟，你在床上的姿势是 A. 仰躺，伸直 B. 俯躺，伸直 C. 侧躺，微蜷 D. 头睡在一手臂上 E. 被子盖过头

10. 你经常梦到自己在 A. 落下 B. 打架或挣扎 C. 找东西或人 D. 飞或漂浮 E. 你平常不做梦 F. 你的梦都是愉快的

计分标准（A2，意思是本题选 A，得 2 分，其他以此类推）：

1. A2 B4 C6
2. A6 B4 C7 D2 E1
3. A4 B2 C5 D7 E6
4. A4 B6 C2 D1
5. A6 B4 C3 D5
6. A6 B4 C2
7. A6 B2 C4
8. A6 B7 C5 D4 E3 F2 G1
9. A7 B6 C4 D2 E1
10. A4 B2 C3 D5 E6 F1

【结果解释】

内向的悲观者（低于 21 分）：你是一个害羞的、神经质的、优柔寡断的人，永远要别人为你作决定。你是一个杞人忧天者，有些人认为你令人乏味，只有那些深知你的人知道你不是这样。

缺乏信心的挑剔者（21 ~ 30 分）：你勤勉、刻苦、挑剔，是一个谨慎小心的人。如果你做任何冲动的事或无准备的事，朋友们都会大吃一惊。

以牙还牙的自我保护者（31~40分）：你是一个明智、谨慎、注重实效的人，也是一个伶俐、有天赋、有才干且谦虚的人。你不容易很快和人成为朋友，却是一个对朋友非常忠诚的人，同时要求朋友对你也忠诚。要动摇你对朋友的信任很难，同样，一旦这种信任被破坏，也就很难恢复。

平衡的中道者（41~50分）：你是一个有活力、有魅力、讲究实际，而且永远有趣的人。你经常是群众注意的焦点，但你是一个足够平衡的人，不至于因此而昏了头。你亲切、和蔼、体贴、宽容，是一个永远会使人高兴、乐于助人的人。

吸引人的冒险家（51~60分）：你是一个令人兴奋、活泼、易冲动的人，是一个天生的领袖，能够迅速作出决定，虽然你的决定不总是对的。你是一个愿意尝试机会、欣赏冒险的人，周围人喜欢跟你在一起。

傲慢的孤独者（60分以上）：逆水自负的自我中心主义者，你是个有极端支配欲、统治欲的人，别人可能钦佩你，但不会永远相信你。

## 第四节　社会支持网络策略

一个人事业上的成功，只有15%是由于他的专业技术，另外的85%要依赖人际关系、外交技巧。

——卡耐基

社会支持[①]（social support）是指个体经历的各种社会关系对个体的主观或客观的影响。关于它的定义，不同的学者有不同的说法。如索茨（Thoits）将社会支持定义为“重要的他人如家庭成员、朋友、同事、亲属和邻居等为某个人所提供的帮助功能。这些功能典型

① 刘维良．教师心理卫生［M］．北京：知识产权出版社，1999. 109

地包括社会情感帮助、实际帮助和信息帮助”。考伯将社会支持区分为情感性支持、网络支持、满足自尊的支持、物质性支持、工具性支持和抚育性支持。荷兰社会学家马特·G. M. 范德普尔 1987 年曾运用问卷法对 902 名 20 ~ 70 岁的个人的社会支持状况进行了研究，他指出，除了情感支持和实际支持以外，社会支持还包括社会交往或社会活动的参与。巴勒内尔（Barreea，1983）指出，广义的社会支持包括：物质帮助，如提供金钱、实物等有形帮助；行为支持，如分担劳动等；亲密的互动，如倾听，表示尊重、关怀、理解等；指导，如提供建议、信息或指导；反馈，对他人的行为、思想和感受给予反馈；正面的社会互动，即为了娱乐和放松而参与社会互动等六种形式。这六种形式有些是有形的，有些是无形的。国内蔡禾等学者（1997）把社会支持称为“社会支援”，他们认为，“从广义上讲，社会支援指人们在社会中所得到的、来自他人的各种帮助”。张文宏、阮丹青（1999）则认为，“从一般意义上说，社会支持指人们从社会中所得到的、来自他人的各种帮助”。陈成文认为，“从社会学意义上来说，社会支持是一定社会网络运用一定的物质和精神手段对社会弱者进行无偿帮助的一种选择性社会行为”。肖水源（1999）则认为社会支持可以分为两类，一类为客观可见的或实际的支持，包括物质的直接援助和社会网络、团体关系的存在和参与；另一类是主观的、可体验到的情感上的支持，指个体在社会中受到尊重、支持和理解的情感体验和满意程度，与个体的主观感受密切相关①。

社会支持是一种人与人之间的特定关系，有了社会支持，也就意味着有可以信赖的人在尊重、照顾和爱护自己，其基础就是健康良好的人际关系或社会交往。大量研究表明，在压力情境下，那些受到来自伴侣、朋友或家庭成员较高心理或物理支持的人，比受到较少支持的人身心更为健康（Brodhead，1983；Leavy，1983；

---

① 肖水源．社会支持评定量表［J］．中国心理卫生杂志，1999（13）（增刊）：127 ~ 131

Mithchell，1982）。①

教师的社会支持系统，不仅仅是我们以往所认为的学校的物质条件或教师的荣誉地位，它还应该是一个涵盖着与教师的工作、生活息息相关的学校、家庭、社会的物质与精神支持系统，它使教师处在一个更富有支持性条件的立体的社会网络之中。

## 一、社会支持对教师缓解职业压力的意义

1. 学校中融洽的人际关系有助于降低中小学教师因工作紧张而产生的心理压力

教师的工作场所主要在学校，学校是教师心理最根本的支持因素，因此，学校心理环境是中小学教师心理健康的关键所在。俗话说："一个篱笆三根桩，一个好汉三个帮。"在教师工作充满竞争与压力的今天，如果学校中的领导、同事、学生包括家长都能对教师多给予理解与支持，使教师处于融洽的人际氛围中，感到始终有人在关心、爱护自己，就会大大增强教师心理上的安全感和归属感，减轻由工作紧张带给教师的心理压力。学校管理者，特别是校长的支持与关心，同一个教研组教师之间的互相支持以及学生对教师的理解和热爱都是教师工作的原动力，能使教师巨大的工作压力在学校这块"心的绿洲"中得以缓解与释放。

然而据调查，29%的中小学教师认为学校人际关系不正常。② 其中，教师与领导、教师与同事之间的关系紧张尤其突出。在与领导的关系上，有的领导对教师冷漠、不负责任，有的领导搞"家长制"、"一言堂"，有的却热衷于拉私人关系，使得有些教师或目无领导、不服从，或唯唯诺诺、无主见，或阿谀奉承、拍马屁。在与同事的关系上，部分教师之间或文人相轻、自命清高，或拉帮结派、钻营取

---

① 宫宇轩．社会支持与健康的关系研究概述［J］．心理学动态，1994（2）

② 徐学礼，魏礼飞．论教师心理健康与调适［J］．教育科学研究，2001（1）

巧，这些不良的人际关系使同事之间处处设防，缺乏深厚的友谊。此外，教师的偏见或过分的师道尊严也激化了教师与学生、教师与家长间的对立情绪，使教师更加孤立。

2. 家庭中婚姻的美满与亲情的温馨有助于弥补中小学教师在工作与生活中的心理失衡

上海教科院研究员、中小学心理辅导协会会长吴增强认为，影响教师心理健康的主要原因除了工作压力、人际关系外，个人婚姻、子女成长等家庭因素也不容忽视。[①]“家，是人们心灵的港湾”，家庭环境更是教师重要的社会支持资源。家庭的教育功能、情感功能、经济功能、保障功能等都与教师的事业发展、心理发展息息相关。美满的婚姻、温馨的亲情能使教师的情感得到归依与寄托，从而以一种恬静而愉悦的心态来从事教育教学，并能抵御挫折、克服困难、协调工作与生活中的心理失调。如果教师在家庭中能将工作、家务与休闲事务，父母、子女与亲属等关系处理得比较合理的话，他们必将得到家人的积极支持与帮助，也必然会从爱家人的角度出发，调整心态去爱更多的学生或朋友。

然而，有不少事业型的中小学教师，他们工作繁忙，责任心强，事事不甘落后，习惯于把自己的全部精力都倾注在工作上，常常忽略了自己家庭生活中的许多美好感受。甚至于有极少数教师在工作中取得的成绩，是以牺牲身心健康、牺牲家庭为代价的。婚姻危机、家庭破裂、亲情的离散与疏远导致一部分教师在工作与生活之间心理失衡，不良的心态甚至直接影响到学生心理的健康发展。此外，有些教师往往出现角色期望与角色扮演的“窄化”现象，即无论在学校或在家里，总是“好为人师”，喜欢扮演“教师”的角色，缺乏正常的角色转换意识与行为，使家庭内部产生矛盾，影响自身的心理健康发展。

---

① 何连弟. 专家呼吁：重视教师的心理健康［N］. 文汇报，2000-09-26

3. 社会各方与教师间的密切交流有助于提高教师的生活应对能力与自信心

人是社会的动物，其本质是各种社会关系的总和，每个人都是社会网络中的一个结点。教师与社会上的其他人会有各种各样的联系、各种各样的交流，积极向上的联系与交流有利于增强教师的社会责任感与归属感。不同生活背景、不同工作性质的人在一起交流，不仅有益于开阔教师的视野、提升教师的教学能力，也会有益于教师的心理健康。“比上不足，比下有余”，“比上不足”能激发教师工作与学习的积极性，缓解教师的职业倦怠感；“比下有余”则有利于增强教师的职业满意度，提高教师的自信心。事实上，一个有着高尚而广泛社交群的教师，很少拘泥于学校或家庭的一些不利的心理氛围，会在已经建立起来的社会各方的支持网络中学会更好地应对生活和工作中出现的各种难题。

然而，沉重的工作压力，使教师很少有时间和精力与社会交流，许多教师生活在学校与家庭两点一线之间，课余不是忙着备课、批改作业、辅导学生，就是忙着“充电”——参加各种各样的继续教育，这种半封闭的生活状态使许多教师对周围事物与朋友缺乏深入的了解。除了学生家长、亲属和勉强维持着的几个朋友（主要是教师朋友）外，教师的社交圈越来越小，朋友越来越少。“在家靠父母，出门靠朋友”，一旦教师遇到一些生活中的难题，其应对能力就将受到考验。此外，社会的急剧变化、对教师的不信任以及不恰当的要求与期望等，也使教师对自己与社会的交流感到茫然，自信心大大降低。

## 二、社会支持的种类

教师的社会支持网络可以从不同角度进行分类。

从社会支持的功能可以分为以下五种[①]：①物质性支持：它是指提供服务或物质帮助他人解决实际的问题和困难。研究表明，这种社会支持对于低收入者与老年人群尤其重要。②情绪性支持：它虽不如物质性支持来得明确，但亦为经常研究的向度。Tolsdorf（1976）认为这种支持是种“鼓励、个人温暖、爱或情感的支持”。Leavy（1983）指出，这种支持包括关心、信任和同情心。③尊重性支持：即相互了解，肯定他人，在态度与价值观上给予支持。④信息性支持：一种给予或提供信息、建议。⑤同伴性支持：与他人接触，满足人际关系的需要，缓解压力，促进积极心态的产生，这是一种通过正向社会互动达到个体身心健康的支持。

李金钊把教师的社会支持系统分为四种[②]：①政府和教育行政部门的支持，包括提高教育投入，增加教师收入；切实落实教育相关法律法规，保障教师的合法权益。②社会舆论和专门机构的支持，包括学生家长理解教师的工作、专业心理辅导机构及社会舆论。③学校的支持：创设一种关注教师健康发展的和谐氛围；校长及管理人员民主的领导作风与工作方法；及时发现教师的需求与困难，提供物质和精神上的有效支持；建立一套科学的教师评价体系，减轻教师的负担；为教师提供更多的进修机会；关注教师的专业发展，为教师的专业成功创设发展平台。④家庭成员的支持。

教师的社会支持网络也可以从客观支持、主观支持和教师对社会支持的利用度三个方面划分为六种形式：①相互依存关系，如夫妻、亲子间的相互依赖和关心；②可靠的结盟，如亲属、挚友、师生的无私援助；③社会整合，指社交往来中的支持；④信任与安全，指个人在教学、家庭、社会生活中的地位具有稳定性，能获得人们的信任，具有安全感；⑤抚育机会，指生育子女、教育学生的机会，能够服务

---

① 邱文彬．社会支持的因应效果的回顾与展望［J］．台湾人文与社会科学，2000，11（4）：311～330

② 李金钊．论教师专业发展的社会支持系统［J］．思想理论教育，2005（9）：56～59

于人；⑥获得指引，即在教育教学或生活中产生需要时，能及时获得专家的帮助和指导。

## 三、建构社会支持网络，缓解教师职业压力

在充分认识和理解了社会支持系统对中小学教师心理健康的积极作用后，就要切实地运用系统论的原理，将学校、家庭、社会的各种客观支持与主观支持，以及教师自身对社会支持的利用度结合起来，形成一种网状防卫机制，维护教师的心理健康。教师职业压力的社会、组织管理（支持）策略已在本部分第一、二章做过详细论述，这里重点论述教师个体如何主动构建社会支持网络，最大限度地争取各种社会支持，以缓解教师职业压力问题。

以下从获取学生的支持——与学生沟通的艺术、赢得同事的支持——与同事相处的艺术、争取领导的支持——与领导相处的艺术这三个方面来展开讨论。

### （一）获取学生的支持——与学生沟通的艺术

要获取学生的支持以便更好地开展教育教学工作，需要师生间的心灵沟通。心灵沟通是一门艺术。

1. 与学生沟通要把握以下四个原则

（1）要有爱的情感、爱的行为和爱的艺术。爱是一种信任，爱是一种尊重，爱是一种鞭策，爱是一种激情，爱是一种能触及灵魂、动人心魄的教育过程。只有把学生当作平等的人、自主的人，才会产生爱的情感；只有把学生的成长真正和自己所从事的事业紧密相连时，才会增强爱的情感；只有在教育学生成长的同时，体验到自己的人生价值时，才会真正感受到爱的情感。学生需要严师，更需要慈祥和宽容，教师应有“好心”，但更要有一个好结果。教师对学生的爱要以对学生的尊重和信赖为前提，对学生的严应当严中有章、严而有信、严而有度。

（2）要相互信赖。教育重在师生间相互信赖，信赖取决于民主平等的沟通。只有尊重学生，才能教育学生；没有尊重，就不可能有

真正意义上的教育。教师应该学会“蹲下来跟孩子说话”。师爱的最高境界是友情，师爱的基础条件是平等。在学生心目中，亦师亦友，民主平等，是“好教师”的最重要特征。具有爱心和具有知识，对学生来说，他们更喜爱前者。青少年学生特别渴求和珍惜教师的关爱，师生间真挚的情感必定有着神奇的教育效果，会使学生自觉尊重教师的劳动，愿意接近教师，希望与老师合作，向老师袒露自己的思想。因此，教师对学生要倾注全部热情，和学生平等相处，以诚相待，给学生亲切感、安全感和信赖感，成为学生的良师益友。爱学生，就必须善于走进学生的情感世界，就必须把自己当作学生的朋友，去感受他们的喜怒哀乐。事实上，当学生对你说悄悄话的时候，你的教育就真的成功了。教师的言语、行为、情趣、人品是影响学生发展成就的关键因素。一个关爱的眼神，一句信任的鼓励，都能赢得学生的爱戴和信赖。而当教师对学生随意品头论足时，学生的内心正在对教师作出相应的评判；如果教师不尊重学生人格，教师自己的人格必然得不到学生的尊重。能赢得学生爱戴和信赖的教师，才是合格教师；能让学生为自己的行为负责的教师，才是出色的教师。以心灵感受心灵，以感情赢得感情，这是教师从教的基本功。教师要尽量使自己具备学生的心灵，走进他们的情感世界，去体验他们的感觉，这样，“便有惊人的奇迹出现：师生立刻成为朋友，学校立刻成为乐园；您立刻觉得是和小孩子一般儿大，一块儿玩，一处儿做工，谁也不觉得您是先生，您便成了真正的先生”，这时的教育才最能奏效。

下面是一位老师与学生坦诚沟通、走进学生心灵的真诚表白：

在一次班会上，我向学生叙述我的求学历程，不加铺垫，不加渲染，诚诚恳恳。

我有个美好的童年，无忧无虑，无拘无束，快快乐乐。但一场突如其来的灾祸，打破了原来生活的平静，父亲因车祸而离开了我……年仅14岁的我，从此在生活中学会了坚强，但是每当我想起父亲，就会躲在无人的角落偷偷哭泣，哭完后，我告诉自己要快乐地生活，要勇敢地生活。这种信念一直激励着我，直到我考上大学，成了一名老师。至今想起父亲，心中仍有一丝的酸楚。我给学生读了张晓风的《父亲》一诗，表达我对父亲深深的悼念。泪水滑过我的脸庞，我对学生说："世上有些东西可以弥补，有些东西永无法弥补。树欲静而风不止，子欲养而亲不待，人世间最大的痛苦莫过于此。当生命有不堪一击的脆弱时，我想到生命又像芦苇，它还具有韧性，所以我要学会坚强。"

有句歌词叫"把我的真心，放在你的手心"，在师生沟通过程中，学生的心就像一架多弦琴，其中有一根是和弦，只要找到它弹一下，就会使其他的弦一起振动，产生共鸣，协奏起来，汇成美妙的音乐。下了课，班里有位男同学找到我，对我说："老师，我也要快乐、勇敢地生活。"我会心地笑了。我刚接触这男生时，他一脸的忧郁，他的父亲是他上高一时出车祸去世的，这一直是他藏在内心深处的伤痛，一个十五六岁的男孩，除了需要母亲的疼爱，更渴望父亲的关怀和指导，他的内心背负了多少酸楚，多少不情愿啊！他想念父亲时，一度想过放弃学业。我用我的坦诚与他沟通，使他勇敢地走出了封闭的世界，告别了忧郁的自我。

（张遵磊，白芳）

（3）要最大限度地理解、宽容、善待学生。学生的问题，大多是心理问题，而不是道德问题。学生的行为动机往往很单纯，也许是好奇心、表现欲所导致的行为过失，不能轻易地定性为道德品质问题。学生们犯错误时，他们迫切想得到的是理解和帮助，而不是粗暴的批评和惩罚。他们正是不断从错误中吸取教训而成长、成熟起来的。学生看起来最不值得爱的时候，恰恰是学生最需要爱的时候。如果你讨厌学生，那么你的教育还没有开始，实质上就已经结束了。

（4）要激励和安慰学生，成长需要激励。面对失败或成功的结果，学生最需要教师的安慰或鼓励，学生最期待教师公正的评价和积极的肯定。教师拿起表扬的武器，就能减少学生失败后的灰心，增加学生成功后的信心。光荣与梦想是人类进步的动力。每个人都希望自己是成功者，都期待着收获肯定和赞誉。卡耐基说过："使一个人发挥最大能力的方法，是鼓励和赞美。”

2. 与学生沟通应该注意的问题

（1）对待不同性格的学生用不同的方法。孔子是我国古代最伟大的教育家，他跟学生谈话就能因对象不同而异。他有两个学生，一个叫子路，一个叫冉有。有一次，子路问孔子一个问题：“闻斯行诸?”意思是“听到合乎道义的事就可以干起来吗”。孔子对他说，你的父兄还活着，怎么能听到别人的话就干起来呢？不久冉有向孔子问同样的问题，孔子问答：“闻斯行之。”意思是听到合乎道义的事就应该干起来。他的另一个学生知道后就不懂：孔子怎么搞双标准呢？孔子解释说：冉有性格怯懦，我给他壮壮胆，而子路胆子太大，我要压压他。孔子充分了解弟子的性格，他的谈话是个性化、艺术化的，理所当然地为后世效法。看对象说话，做起来不是件容易的事，首先是观念问题。教师首先应充分尊重学生的个性、人格，这是深入了解每一个学生的前提；其次才是仔细观察和调查，达到了如指掌的境界。这样你才能在同一现象，有时是群体现象中了解各个不同的内在原因。比如说，同是学习成绩优秀的学生，有的是因为天生颖悟，一点即透；有的是因为坚韧不拔，以勤补拙；有的是方法得当，事半功倍，等等。如果某生成绩异常，我们就能有针对性地进行分析，指明问题的症结，提出解决问题的办法。又如小范围的团体违纪，我们如果能透彻地了解他们各自的性情，就能大体判断谁为“主”，谁为“从”，各自可能出于什么动机、原因，从而使个别谈话有针对性、有实效。

（2）要选择恰当的时机。遇到问题找学生谈话，一般是及时解决，宜早不宜迟。但是具体问题要具体分析，有些情形需要冷处理，要欲擒故纵，留一段空白时间，以便学生有一个余地，反思审视，自省自悟。这样的情形不外乎两种，一是事件需要调查，情况尚不明朗，原因还不清楚；二是学生心理准备不足。后者更重要。迟一点找学生，可以让他先想一想。在他情绪不稳定时，与他谈话效果肯定不好。比如一位学生考试失常，其结果尚在他意料之外，成绩一出来，老师马上找他，无论怎么谈，都会事倍功半。等到他自己前后比较，自我反思后，情绪稳定下来了，希望和老师谈的时候，老师再与他谈话，那效果肯定是好的。留空白的好处是使学生在特定的情形下有一个喘息的时机，有一个思考问题的余地，也给师生对话留下了恰当的空间。它有益于克服操之过急带来的负面效应，使我们的教育更符合学生的心理实际。“空白”是一种艺术，就如看美术作品，画家总不会把画布涂得满满的，总会留给我们一些空地方，让人看了觉得舒服，而且能够想象到画外的景象。当然，“空白”只是事件与谈话之间的一小段距离，是谈话时机的选择艺术，不能旷日持久、无限期地拖下去。

(3) 分析原因、找出解决问题的方法。医生诊断病情，总是从致病原因那里开始诊治，对症下药，并嘱咐病人禁忌。教育人也是一样。学生哪里出现异常现象，教师应尽全力去掌握这些现象发生的过程，分析原因，找到症结所在，帮助学生自我检测，共同讨论该怎么做才能克服不足或取得理想效果。

3. 表扬学生的技巧

(1) 表扬时要抓住恰当的时机。时机往往是事物发展连接和转化的关节点，抓住了时机也就抓住了关键、抓住了要害。教师在实施表扬时，必须有较强的时效观。抓住了时机后，还必须做到表扬的分寸适中、适度，使表扬恰到好处。任何过度的表扬都会适得其反。

有个班主任曾谈到她的“表扬”经验：

我班上有位女同学，上数学课时经常趴在桌子上，表现出明显的厌学情绪。每节课我首先提问她，她十次有九次不会，考试成绩很不理想，我很恼火，所以每节课都提问她三四次。持续了三个星期，她的学习一点儿也没有进步。至此我觉得自己冒失了一点儿，开始去了解她，但没有立即找她谈心，而是装得若无其事，目光却时刻注视着她的一举一动，寻找她的优点。不久，机会来了，一天放学的时候，刮起了大风，其他同学都忙着回家，而只有她一个人在忙着关教室的窗子。第二天，我在班上充满感情地表扬了那位女同学。此后，对我的课堂提问，她变得对答如流，我的表扬更是及时到位，后来她竟成了我的得意弟子。这以后我用同样的方法帮助了许多学习有困难的学生。

（2）表扬要准确到位。运用表扬的方法达到最佳效果关键在于“准确”。一是对受表扬者心理状况把握要准确。一个表扬，首先应对受表扬者本人产生效果，才可能谈到对其的教育作用。恰当的表扬能使学生体验成功的愉悦，促使其产生自强不息的内驱力；反之，不恰当的表扬会引起反感，并可能激发逆反情绪。二是对于表扬的同学的事迹核实要准确。教师一定要细致调查以求得正确的分析判断，否则，表扬的内容失之毫厘，学生就会认为谬以千里，甚而作出悖以万里的反应。实践告诉我们，在表扬之前必须“把准学生集体的脉搏”、了解他们的接受能力、清楚受表扬的学生与其他同学间的人际关系。如果表扬的条件尚未具备，大多数学生没有足够的心理准备，与其强行实施，不如不表扬。有些教师认为，对学生表扬时，好话多说点儿不会错，然而实事并非如此，那些信口开河、随心所欲的表扬，不但对学生起不到鼓励或激励的作用，反而会使教师威信下降。

某班的一位学生，在期中考试中前进了十八名，而且热爱劳动、团结同学，因此经常受到各科老师和班主任的表扬，即使有些表现得比较平凡的地方教师也对他进行一番表扬。教师这种为了表扬而表扬的做法，不仅对这个学生没有起到鼓舞、促进作用，而且慢慢地使这个学生变得骄傲自满、自以为是，结果这位学生的表现在老师的频繁表扬中不断变差，与同学之间的关系也慢慢变得非常冷淡，劳动观念和集体荣誉感减弱。这就是教师没有掌握好表扬的尺度，从而棒杀学生、失去了表扬的激励作用。

（3）表扬要入情入理。入情入理是指教师在表扬中要渗透其对学生的爱。对学生的表扬要做到实事求是、公平合理。教师爱心的投入，要面向全体学生，使每个学生都能从老师的表扬中体会到老师对自己的爱，从而起到激励鼓舞的作用。特别是对学困生，要用发展的眼光去看待他们，随时发现他们的闪光点，给予及时的表扬。相反，如果教师对学生进行表扬时单凭主观臆想或凭成见推断，对优等生频繁表扬、对学困生表现出来的优点却不屑一顾，甚至表现出怀疑态度。这样不仅使表扬不能发挥激励、鼓舞的作用，还会严重挫伤他们的积极性。

某班有位同学是班上有名的差等生。班主任和科任老师对他都没有好感，他也从未尝过受表扬的滋味，对此他心里非常难过，于是便暗下决心要做个好学生。此后他便严格遵守学校纪律，认真刻苦学习，在一次单元测验中，他获得了好成绩，可是由于老师的成见，并没有对这位学生进行表扬，甚至对他的成绩产生怀疑，这使他的自尊心受到了很大的伤害，刚刚升起的一线希望很快又破灭了，不久他又回到了原来的位置。如果教师当时不凭主观臆想，抛开成见，对这学生更多地去了解，及时适度地表扬他，结果将是与此截然相反的。

（4）表扬要注意把握分寸。表扬不只是激励学生学习兴趣，也是对学生知识、技能，学习过程、学习方法，情感、态度、价值观的评价，具有导向功能，因此，需要客观公正，不能言过其实，同时还要看到表扬容易造成以下三方面的负面影响：一是在集体中点名表扬某学生，其实也是在暗示别人比他差，有时会使受表扬的学生产生骄傲情绪；二是有的学生因追求表扬，只顾形式，当得不到表扬时又会有失落感，造成不必要的心理负担；三是好话听多了，听不进反面意见，经不起打击。因此表扬时要顾及不同层次的学生，在形式上不搞“两极分化”——对优等生的表扬，注意多论事，通过表扬具体的事例，让他体会到老师对自己的肯定赏识；对学困生的表扬要注意多指名，在面上要加大对他的表扬力度。要让学生能不断拿自己近阶段成绩与昨日成绩相比，培养学生与自己竞争的意识。

（5）表扬方式要灵活多样。表扬学生有多种形式：口头、书面、物质、精神等，具体使用哪种形式要因人因事而异。方式的因人而异是由对象的思想和心理水平不同以及气质、性格的有别而决定的。老师对学生要表扬赏识，家长对学生、学生对学生、自己对自己也要表扬赏识。身为教师，要善于引导学生、团结家长，灵活多样地运用表扬，发挥其艺术性、实效性。

4. 批评学生的技巧

在教育学生的过程中，有时需要批评学生，这也在考验着教师的交往艺术。

如今的学生大多是独生子女，从小就在父母的精心呵护下长大，心理承受能力较差，大多经不起批评。近几年，因教师批评而引发的学生出走、弃学甚至自杀等过激事件时有发生，致使部分教师“谈批色变”、“望批生畏”。再加上“愉快教育”、“鼓励教育”等模式的大力倡导，体罚、心罚等行为的严厉禁止，似乎在教育中，教师对学生不能批评，一批评就担心出事故，担心被扣上体罚学生的帽子，于是很多老师小心地“伺候”学生，但求相安无事。结果呢？因为没了批评、没了惩戒，事情不是少了，反而多了，情节、性质反而更严重了。从一个极端走向另一个极端，无益于任何事情的解决。教育部2009年出台的《中小学班主任工作规定》规定班主任在日常管理中“有采取适当方式对学生进行批评教育的权利”。在对学生的教育中，表扬鼓励的教育方法是应多提倡，但批评的教育方法也应该合理使用，不能因为出了些事故，就因噎废食、封杀批评。只是教师再也不能用暴风骤雨般的训斥来批评学生，不能毫无原则地滥用批评，要认真审视、慎重对待批评，并要讲究批评的技巧。恰如其分的批评，不仅能让学生改正错误，增强辨别是非的能力，而且还能增进师生感情，从而更好地接受教师的教育。

（1）批评应遵循“三大原则”。洛克在《教育漫谈》中曾这样说：“教育的错误正和配错了药一样，第一次弄错了，决不能借第二次、第三次去补救，它们的影响是洗刷不掉的。”因此，批评学生时一定要谨慎，决不能随意为之，想怎么批评就怎么批评，而要遵循以下三大原则：

原则一：批评必须合法规。

在教育过程中，教师要认识到，学生虽然不成熟，想法片面简单，但他们是一个独立的人，有自己的兴趣爱好、情感欲望、尊严权利和独立人格。教师要将他们视为独立的人来尊重、信任，不能强迫他们接受教师的意见，要相信他们能接受教育并改正错误，这样才能使学生尊重和信赖教师，从而乐意接受批评。但在教育实践中，有些教师往往忽视了学生的权利，滥用自己的权力，以致侵犯学生的权利。例如，语言暴力，侵犯了学生的人格权和名誉权；行为暴力，侵犯了学生的身体健康权；开除学生，侵犯了学生的受教育权；干预过度，侵犯了学生的隐私权；乱收费、乱摊派、随便没收学生的东西，侵犯学生的财产权。因此，作为教师，应该不断学习《教育法》、《教师法》、《未成年人保护法》、《义务教育法》等法规，增强法制观念，依法施教，合法批评。

原则二：批评必须合情理。

与教师相比，学生总是处于弱势地位，再加上由于年幼、经验不足、心理不成熟、认知能力欠缺等原因，容易受到不公正、不合理的对待。教师在批评学生时容易受到感情因素的影响，把工作、生活中的不悦情绪发泄到学生身上；也容易受到权威性观念的影响，期望学生无条件服从；或受到思维定式的影响，依据自己以前对学生的印象加以判断，致使批评不合情理。因此，在教育学生时，教师一定要客观地分析学生违规行为的性质、程度以及学生性别、年龄、身体状况、心理承受能力、情绪状态、家庭状况及具体的违规情境，因人而异，对症下药，动之以情、晓之以理，引导学生分析、认识、反省自己的错误，使之在受到批评的同时也能感受到教师的关心和爱护之情，从而心悦诚服地改正错误。

原则三：批评必须合人道。

在现实教育中，之所以会产生因教师“批评”行为而导致学生权利受侵害的问题，是因为教师在批评中缺乏“度”的控制。这个“度”既包括前面提到的必须遵循的合法性和合理性原则，也包括遵循教育人道主义原则。教育人道主义原则作为行使教育批评的最基本的原则，就是强调教育要尊重人的发展需要，要合乎人性，要维护人的权利、提高人的价值。有些教师却滥用手中拥有的权力，从精神和肉体上随意惩罚学生，不但违反了《未成年人保护法》等法规，从伦理的视角来看，与教育人道主义原则也是相悖的。教师侵权是教育不人道的重要表现，不利于教育目的的实现。

（2）批评须考虑“八项注意”。

注意一：时间。

●教师要善于审时度势，捕捉批评的最佳时机，过早或过迟，都会事倍功半，甚至“批”而无功。什么时候是批评的最佳时机呢?一般上课时犯的错误，宜课后批评教育；如果犯错后学生情绪激动，又有戒备心，甚至反感，宜暂缓批评；如果错误刚露出苗头，宜早批评，把错误扼杀在萌芽状态；如果错误严重或屡犯错误的同学，应立刻批评，切忌“秋后算账”；对于做错了事，马上会醒悟的学生，及时批评会更有效；对于要过些时候才会醒悟的学生，不能操之过急，要等学生对其错误有认识或开始后悔时，再进行批评教育。

●注意批评教育的时间不能太长，否则会引起学生的反感。能三言两语解决的，绝不要长篇大论。一般不要超过半小时。

注意二：场合。

●美国心理学家詹姆士·罗宾逊曾说过：“人类在不损及自己尊严的情形下，都愿意改过从善，但是若有人当众指责他的行为不对，为了维护面子，他会将错就错，不愿回头。”这句话告诉我们：批评一定要注意场合。绝不能在公开场合，如教室、会场甚至人多的办公室。教师应根据学生犯错误的性质、程度、影响和学生的性格、脾气选择适当的场合开展批评，给学生创造认识和改正错误的良好环境。比如，校园小路、操场一角、回家途中、电话里等。

注意三：对象。

每个学生的年龄、性格、爱好、思想基础、认识水平、接受能力等都不同。在批评学生时，要注意对象，因材施教，选择最佳的教育方式，才能事半功倍。

●年龄不同，批评方法不同。批评儿童时避免用刺激性强的字眼，避免长篇训话和说教，应尽量用简洁、生动、浅显、富有形象性和启发性的语言，多用寓言、童话、故事等；批评青少年，要尊重他们的自尊心与自信心，以关切、体贴、热情、理解、平等的态度，用富有哲理、时代气息、幽默的言辞进行商讨，切不可用教训人的口吻。

●性别不同，批评方法不同。男同学自信大胆，对外界刺激反应较小，说轻了，会感到不痛不痒，可加重批评语气和措辞分量，以理服人。女同学对外界刺激较敏感，宜用委婉、温和的措辞和舒缓的语气，以情动人。

●性格不同，批评方法不同。性格外向、胆汁质的学生，直率固执，敏感易冲动，宜用“以柔克刚”的方式，选择恰当时机，心平气和地把批评意见表达出来，千万不要与其争辩。

性格外向、多血质学生，热情大方，活泼开朗，宜直截了当地提出批评，且态度要严肃认真。

性格内向、黏液质学生，沉稳、冷静，外柔内刚，含而不露，可先从感兴趣话题入手，先套近乎，消除其疑虑，再提批评，不可急于求成。

性格内向、抑郁质的学生，敏感多疑，自尊心强且有自卑感，批评言辞要精确，以免误解，要委婉，不能尖刻，最好要化批评为表扬。

●心理状态不同，批评方法不同。对有害羞心理的学生，可以用眼示、手势、探试的方法，采用提醒、建议、诱导式批评；对有抵触或戒备心理的学生，要从他感兴趣的话题入手，创造一个轻松的气氛，用暗示、启发、比喻的渐进式批评法委婉地提出批评；对有悲观心理的学生，宜用积极的鼓励代替批评；对有悔恨心理的人，批评要点到为止，切不可再进行尖锐批评和指责；对于盲目性大、自我觉悟性差，但易于感化的学生，宜借助其他同学的经验教训，运用对比参照式批评；对有惰性、依赖心的学生，宜用措词强烈的触动式批评，但绝不能讽刺挖苦。

注意四：态度。

教师在年龄、性别、性格、文化素养等方面也都各不相同，但在批评学生时，不能为了保持自我，由着自己的性子，想怎么说就怎么说，而是要适应班主任的身份，注意自己的态度。

●要真诚委婉。俗话说："精诚所至，金石为开。"态度真诚与否，往往会影响人的认识、情感和意志活动。学生是有思想、有感情、有一定明辨是非能力和分析判断能力的活生生的个体，只有教师以真诚的态度，把自己对事情的真实感受及想法如实袒露出来，让学生理解，才能唤起被批评者的真挚感、亲切感和信任感，才能打动对方，感召学生，从而使其愉快地接受教师的批评。

●要和蔼友善。教师批评学生时态度要和蔼友善，对学生充满关爱，批评的出发点是帮助学生而不是伤害学生。切忌一见学生犯了错误，马上叫过来大声斥责、讽刺挖苦，这样反而容易使学生产生逆反心理。有时学生不听规劝，甚至顶撞教师，此时教师要控制住自己的情绪，用友善的态度对待学生的不友善，最终会使学生改变态度的。

●要尊重理解。批评时，教师要对学生的人格及思想行为充分尊重理解，尤其对屡犯错误的同学更应如此。"人非圣贤，孰能无过。"何况正在成长中的学生。尊重理解学生，就应给予学生充分的考虑时间，以及申辩权利及不予接受的自由。要注意从学生的角度考虑问题，设身处地地体验学生的内心活动，设想其对批评意见可能有什么反应。卡耐基曾说："凡事不要与人面红耳赤地争辩，而是要站在对方的立场上设想，并使他放松心理防范，这才是说服别人的最佳方法。"

●要全面公正。教师在批评学生时不能片面武断，而要全面公正。既要看到学生所犯的错误，又要看到他的优点所在；既要看到主观原因，又要看到客观原因；既要看到犯错误的现实，又要看到改正的可能性。不管是先进学生还是后进学生，不管是班干部还是一般学生，有了缺点错误都应受到批评。只有这样，才能使批评收到良好的效果，使学生心服口服。

注意五：策略。

根据学生错误的性质和学生的个性，选择合适的批评策略也是非常重要的。

●个别批评与当众批评。能个别批评解决的事，绝不当众批评，尤其是对自尊心强、脸皮薄的学生，更应如此。当然，当众批评也是不能废弃的，对有些会影响大多数学生，使大多数学生都可能会犯的错误就应该及时当众批评制止。

●点名批评与不点名批评。在很多时候，对事不对人的批评，甚至旁敲侧击，都会产生较好的效果。尽量少用或不用点名批评。对于会伤害学生自尊的点名批评，绝不使用，而改用私下个别谈话的批评方式。

●口头批评与书面批评。批评最主要的方式是口头的，批评时应尽量口语化，但也不能忽视书面批评的重要作用。在合适的时候恰当运用书面批评，会取得意想不到的良好批评效果。教师可以通过作业本、周记或日记的评语，书签或留言的题字、书信、推荐有关文章等传递批评信息，让学生有足够的时间思考、反省，展开自我批评，认识并改正错误，这样的方式有时比面对面口头批评更易让人接受。

●直接批评与间接批评。伟大的心理学家汉斯·塞利曾说："就像我们渴望获得承认一样，我们害怕受到谴责。"学生也是如此，不喜欢直接被批评。那些性格外向、活泼开朗、大方豪爽的学生犯了错误，可以适当使用直接批评；其他类型学生尽量尝试使用以下几种间接批评方法：正话反说；严话宽说；近话远说；设问诱导；激发勉励；引而不发；旁敲侧击；幽默暗示；换位思考；分析利弊；欲抑先扬等。

注意六：言辞。

俗话说：良言一句三冬暖，恶语伤人六月寒。同样一句话，表达的方式不同，效果就不一样，它既可以使人精神振奋，也可以使人冷淡消沉。学生正处于成长时期，自尊心很强，又特别敏感。作为教师，在批评学生时，应仔细揣摩批评的言辞，像设计一堂好课的开场白那样精心构思批评的言辞。

●言辞要简洁、平实、庄重、幽默、带有激励性。例如，有学生不会做题目，可以说："从其他方面可以看出你是一个聪明的孩子，动动脑筋，这样的题目，你照样会做！"有同学迟到了，可以说："你在我眼里一直是位守纪律的学生，今天迟到，能不能给老师讲讲原因？"这样的言辞最受学生欢迎，不仅能"忠言顺耳"，更能展示教师的德才、教养和风度，让学生如沐春风、虚心接受。

●要注意语音。一个词语、一个句子，语音形式只要有那么一点点变化，意义、感情可能大不相同。如“你真行”，可以是赞美，亦可能是嘲笑挖苦。这就要求班主任在批评学生时要语音和谐入耳，讲究声调、音速和节奏。声调要有高有低，但差距不大；音速要快慢适宜，节奏要分明适度；语句的断续疏密、语调抑扬顿挫与教师的思想感情变化和谐一致。

注意七：自律。

教师批评学生就要严格要求自己，注意自己的言行举止，绝不能犯错误，不能被学生抓住把柄，否则会失去批评的说服力。批评学生前必须弄清错误的事实，充分了解批评对象的特征，如行为习惯、性格、心理等，然后对症下药，避免错误批评。如果出现差错，应及时纠正。尤其是学生当面提出时，更应如此，不得回避，并要感谢学生。要敢于承认自己的不足，敢对学生说“我错了”。

注意八：回访。

很多教师会忽视批评后的回访工作。往往是批评后一走了之，或是批评后看见学生改正了，接受了就不再理会。任何一个人做了一件事，都希望他人看到自己的成绩，教师应该在批评了一段时间后应回访学生，与之沟通交流，向学生征询你的批评是否有道理。平时善于捕捉学生的进步，及时加以肯定，让学生从心里感到你确实是在关心他的进步，是在为他着想。

批评虽然是教师管理和教育学生的一种方法，但它绝非教师首选的方法，不能长期使用，要以表扬鼓励为主，兼用批评的教育方法。批评虽然有一定的技巧，但学生是千变万化的，这就需要教师在工作中不断地实践与探索、总结与创新。只要我们教师在工作中遵循“三大原则”，“八项注意”，多关爱、亲近学生，多注意观察、研究学生，多积累好的教育经验，一定能化批评为春雨，滋润学生心田，激励学生成长。

### （二）赢得同事的支持——与同事相处的艺术

与同事建立良好的人际关系，赢得同事对自己的支持，不仅有利于教师顺利地开展工作，也是教师保持心情愉快、减缓压力的保障；反之，同事关系紧张、相互拆台，经常发生摩擦，就会影响教师正常的工作和生活，阻碍事业的正常发展。

1. 与同事交往的基本原则

（1）信任与真诚相待。同事间相处具有相近性、长期性、固定性，彼此都有较全面深刻的了解，真诚相待方能赢得同事的信任。信任是连结同事之间友谊的纽带，真诚是同事之间相互共处的基础。同事的工作受阻，或遇到挫折和不幸时，应当及时给予真诚的关心和帮助；在处理种种事情时，多设身处地地替他人着想，就会获得别人的友谊和赞赏。

（2）平等与相互尊重。相互尊重是形成良好人际关系的基础。同事之间不管能力和水平有多大的差异，都要表现出必要的尊重。不要在水平比你高、能力比你强的同事面前表现出缺乏自信；也不要在水平比你低、能力比你差的同事面前表现得盛气凌人。不要在同事面前说绝对话、过头话，不要扫他人的兴，不要以质问的口气对人说话，这些都是不尊重别人的表现。此外，对同事要一视同仁、平等对待，不要结成小集团。

（3）协作与相互支持。教育工作是集体性工作，需要同事间相互协作、相互支持才能完成。对工作要克己奉公，不能推卸责任，需要帮助要与同事商量，不可强求；对方请求帮助时，则应尽己所能真诚相助。对年长的同事要多学、多问、多尊重，对比自己年轻的新人则要多帮助、多鼓励、多爱护。

（4）关心与主动交往。每个人都有得到别人关心和注意的需要。同事有困难，通常首先会选择亲朋帮助，但作为同事，应主动问询。对力所能及的事应尽力帮忙，这样可增进双方之间的感情，使关系更加融洽。

（5）保持适当的人际距离。同事之间的交往应保持适当的距离，不宜过分深入对方的私人生活。每个人都有“隐私”，隐私与个人的名誉密切相关，不宜背后议论他人的隐私，否则会损害他人的名誉，引起双方关系的紧张甚至恶化。

2. 与同事交往的技巧

（1）学会尊重。

尊重每一个生命个体的重要性，是所有有效人际关系技巧的基础。这里有一些表现尊重的技巧：

①学会倾听。“倾诉”表示你关心人们，人们可以信任你。你不仅要用耳朵倾听，还要用心“倾听”。

②不要打断人们的谈话。打断别人的谈话不仅不礼貌，而且是不尊重别人的表现。并且，被你打断谈话的人听不到你在说什么。

③问他们感兴趣的问题。如果你对人们感兴趣而向他们提问题，他们会觉得很荣幸。要花点儿时间问人们感兴趣的问题，然后倾听他们的回答。

④清晰、友好地交谈。与人交谈时你的语音、语调通常比你所说的内容更重要，不要太僵硬或者太正式。

⑤当你和人们谈话时，要微笑。

（2）学会欣赏：“三 A”法则。

美国学者布吉林教授等人，曾经提出一条在人际交往中成为受欢迎的人的“三 A”法则。

第一个 A（accept），接受对方。古人讲：“十里不同风，百里不同俗。”人和人受教育的程度、年龄、性别、职位、社会阅历不一样，待人接物的风格和具体做法往往有所不同。有鉴于此，接受别人实际上是最重要的。很遗憾的是，现实生活中，很多教师都不太能够接受别人。

有一个说话比较刻薄的人，朋友问他：“你看这衣服怎么样，这是亲戚从美国带回来的，花了 3 000 元。”他却回答说：“不错是不错，不过我在国内看到同样的款式，只要 300 元。”

一句话就让朋友的衣服大大贬值了，扫了朋友的兴致，伤害了朋友的自尊心，也让自己难以被对方接纳。谁不愿意自己被别人肯定呢，同样是说一句话，为什么不让别人高兴呢？因此在现实中，比较受人欢迎的人是严于律己、宽于待人；而比较令人讨厌的人则是严于律人、宽于待己。

第二个 A（appreciate），重视对方。接受的进一步发展，就是善待别人，善待别人就是善待自己。例如，男人想在家少做家务，最好的办法就是重视对方的劳动，要经常当面说老婆做的饭好吃，如果过多地挑毛病，结果只能是自己动手做家务了。有教养的人必定会欣赏别人的长处，而不是让别人难堪或尴尬。

第三个 A（admire），赞美对方。威廉·詹姆士说过："人类本质里最殷切的需求就是渴望被人肯定。"欧美男人经常被认为具有浪漫气质，有魅力，而中国男人经常被认为没有情趣，不浪漫，缺少魅力。原因之一是欧美男人有赞美女性的习惯，见面时经常说对方可爱、漂亮、性感、迷人；而中国男人不习惯对女人进行赞美，不会表现浪漫情调。

当然，赞美别人也要讲究技巧，如要实事求是，赞美该赞美的地方，夸人要夸到点子上，否则往往可能弄巧成拙。

（3）主动道歉。

同事之间经常相处，一时的失误在所难免。如果出现失误，应主动向对方道歉，征得对方的谅解；对双方的误会应主动向对方说明，不可小肚鸡肠，耿耿于怀。

（4）遵守诺言。

要向同事许诺事情时，就要考虑到责任，没有把握或做不到的事情，不要信口允诺。允诺了的事情，无论遇到多大的困难，也要千方百计地去完成。如果因为其他意外的原因无法达成，应诚恳地向对方表示歉意，不能不了了之。

**（三）争取领导的支持——与领导相处的艺术**

教师与学校领导之间的人际互动是教师工作态度、工作绩效、工作满意度的重要影响因素之一。在学校里，由于教师与学校领导既是上下级关系，又是平等的同事关系，角色蕴涵的权力不等，容易出现人际沟通问题，因此，教师与学校领导的沟通应把握以下三项原则和四项技能。

1. 与领导相处的三项原则

（1）坦诚沟通原则。社会心理学研究认为，交往频率对建立人际关系具有重要作用。不与上级交往，采取回避态度，很难和上级的认识取得一致，而没有一致的认识，相互之间的支持、协调、配合都将大受影响。有的老师对学校领导心存畏惧，见到就躲；学校领导询问情况时言语闪烁，导致老师与领导隔膜越来越深，缺少交流，有了隔膜，就容易出现误解。相反，有的老师主动找领导沟通，抓住一切机会让领导知道自己的教学情况与班级管理情况，这样彼此就会增进理解、建立信任。

（2）角色互换原则。教师只有与学校领导站在同样的位置上，才能够体会学校领导是如何思考问题的。所以教师要设身处地地从上级角度想问题，学会理解领导的思路和决策。上级要关心、帮助、支持下级，这是不言而喻的。但是在人际交往中，特别是在对上级交际中，下级经常会发生非感情移入心理障碍，即不设身处地地考虑上级在实际工作中遇到的情况，脱离现实主客观条件对上级提出要求，如果达不到，则进行“发难”。由于教师与领导所处的位置不同，掌握的信息量不同，他们思考问题和解决问题的角度也会有异，教师应主动去理解领导的意图，才会赢得学校领导的理解和支持。

（3）主动承担责任原则。服从上级的领导，不要对上级采取抗拒、排斥态度。当领导安排工作时，教师要积极承担责任，替领导分担压力。如果教师遇事推三阻四，一副心不甘、情不愿的样子，会令学校领导难堪或心灰意冷，这样的教师当然也得不到学校领导的青睐。下级与上级产生矛盾后，下级最好能主动找上级进行沟通，就是上级的工作有失误，也不要抓住不放。及时地进行心理沟通，采取谅解、支持和友谊的态度，会增加心理相容。

2. 与领导相处的四项技能

（1）尽职守，做好本职工作。只有这样，教师的工作才会符合学校组织的根本利益，与领导在思想、行为上具有一致性，这是能和领导很好相处的前提与基础。争取做好每一项本职工作，这是对领导工作的最大支持。

（2）熟悉上级的心理特征，进行正常的沟通。与上级交往同与其他人交往一样，都需要进行心理沟通。上级也是人，同样存在七情六欲，不熟悉上级的心理特征，就不能进行良好的情感交流，达不到情感的一致性。上级与下级的工作关系，不能完全抛开情感关系。上下级之间双方心理上接近与相互帮促，会减少互相之间的摩擦和冲突；反之，情感差异很大，就免不了要发生心理碰撞，影响工作关系。

《战国策》中“触龙说赵太后”一段能很好地说明这个问题。赵太后刚刚当政时，秦国发兵进犯，形势危急。赵国向齐国求救，而齐国却要赵太后最疼爱的小儿子长安君到齐国做人质才肯出兵。太后舍不得让长安君去，大臣们纷纷劝太后以国事为重，结果君臣关系闹翻了。太后说：“有复言令长安君为质者，老妇必唾其面！”君臣关系陷入僵局。这时候，左师触龙求见，他避而不谈长安君之事，先从饮食起居等有关老年人健康的问题谈起，缓解紧张气氛，继托太后关心一下他的小儿子舒棋，引起太后感情上的共鸣。太后不仅应允，而且破颜为笑，主动谈起了怜子问题，君臣关系变得和谐、融洽起来。这时，触龙因势利导，指出君侯的子孙如果“位尊而无功，俸厚而无劳”是很危险的，太后如果真疼爱长安君，应该让他到齐国做人质，以解赵国之危，为国立功，只有这样，日后长安君才能在赵国自立。这番入情入理的劝导使太后翻然醒悟，终于同意长安君入齐为质。试想，触龙不掌握太后怜子的心理，劝说不仅不能够成功，还真有可能受“唾其面”之辱。

了解、熟悉上级的心理特征是为了更好地处理工作关系，不应当怀有个人动机，投其所好，以达到取悦上级之目的。领导者的工作需要得到上级的支持和帮助，为了组织的共同目标对上级有时要进行建议和规劝，这些若没有良好的心理沟通是无法奏效的。

（3）明确领导意图，主动出谋献策。对学校领导的意图要心领神会，充分把握。在接受领导布置的工作时要积极，主动为领导出谋划策，以确保任务的顺利完成。

（4）给领导提建议时要掌握策略方法。领导作决策、订计划、实施指挥，囿于各种限制，难免会出现失误，教师需要指出，使失误尽快得到纠正。当然，指出上级的错误不一定非要用逆耳之言。有些人认为“忠言逆耳利于行，良药苦口利于病”，但是他们不知道，如果能达到治病的目的，忠言不逆耳、良药不苦口岂不是更好。指出上级的失误，不一定开口就大讲其弊，开口就说人家错了，有时上级心理不一定承受得了，不妨采取“以迂为直”的战术，走走迂回路线，这样有可能收到更好的效果。

触龙说赵太后，通篇没有逆耳之言，没用激烈的言词，在和谐、友好的气氛中，成功地帮助太后纠正了失误。他的批评方法值得借鉴。指出上级失误不能是竹筒倒豆子，倾完拉倒，要考虑怎样才能让上级接受。否则，批评完了，或者发了一通牢骚，不仅不起任何积极作用，而且还会增加摩擦和冲突。对上级的失误，还应该提倡“补台”精神，帮助上级弥补缺陷，不能站在旁边看笑话，甚至讽刺。这种消极的交往态度会使上下级关系紧张和冷漠。对上级工作如果有什么好的建议，要及时提出来，提建议时要防止使用胁迫性的口气和方式，胁迫上级接受往往会适得其反。

## 人际网络 360 度

你需要怎样的人际网络?

在考虑建构自己的人际网络之前，首先需要甄别手中现有的人际网络雏形，设定未来的发展趋势。

初级人际网络的基石一定是你最熟悉的人，你的家人、亲戚、邻居、老师、校友、同学、恋人。由他们的关系，你会认识他们的朋友和朋友的朋友。一般来说，你对他们知根知底，他们也了解你的一切，即使你因为种种原因与他们若即若离，关键时刻这些人依然会在能力之内无私地帮助、关照你。

中级人际网络涵盖了你的衣、食、住、行等生活行为和工作、活动、培训、进修、比赛、参观、度假、聚会、笔友等社会行为所结识的形形色色的朋友，以及经由他们介绍而环环波及、衍生出来的各种目标关系。

这些人虽然与你相距很远，但依然存在于你既定的人生轨道上，不要害怕只与他们一面之交、缘薄情浅，因为，也许他们同样会产生与你结交的想法呢？这些朋友可以满足你交友、相互帮忙、提供信息、兴趣发展、情感支持等方面的需要，其中不乏你人生和事业的推进者和引路人。

高级人际网络的建立应该与你的理想、追求息息相关。这些人身处不同领域、职业的塔尖部分，他们有可能是你心向往之的职业精英和知名人士，也有可能是你未来事业的合作伙伴和竞争对手，还有可能担当着各个职能部门的主要领导。与他们相识、建立关系固然有一定难度，但如果方法得当，甚至可以成为他们的密友。

明白自己处在哪个水平线上，与发展目标尚有多远距离，接下来，就可以扩充你的人际关系网络了。根据人际关系学中的“一代四”理论，假若，你不断对认识的某人施加影响，可以通过他将你的口碑传播至少 4 个人，假若你认识 100 位朋友，实际上等于拥有了 400 位朋友，那潜在的 300 位人际资源可以随时冒出来对你有所帮助。

怎样测定你的人际关系网络具有较大价值呢？

主要看你的行事风格、性格特点、织网方法、网中鱼儿的分量和你的预期目标是什么了。

圆规式横向扫描：不论职业、领域、身份，广泛结交，不分有用、没用，有用的帮大忙，没用的还帮人场，时间久了，想成为核心人物不是没有可能。

金字塔式纵向延伸：从普通的阶层入手，对各种关系去粗取精，筛选最有价值的关系进行深交，逐渐向更高层次冲刺。

树状式多项发展：不计眼前得失、不功利结交，层层关系犹如枝叶相连，相互渗透、互为营养，机会到时，就是最有力的支持。

鼹鼠式储备基金：像鼹鼠这样勤快的小动物一样四处挖洞，洞中都存有食物补给，有时自己都忘记了，但关键时想起也聊胜于无。有些人的命运就这么好，5 年前还是职员的朋友今日做到了很高的职位，他或许就是你的贵人。

## 人际关系自测

下面来测试一下你的人际关系状况，请用“是”或“否”回答下列问题。

一、问题

1. 和自己兴趣爱好不相同的人相处在一起你也不会感到兴味索然、无话可谈吗？

2. 当你住在楼上时，你会往楼下倒水或丢纸屑吗？

3. 你经常指出别人的不足，要求他们去改进吗？

4. 你是否关心和常谈论别人的私事？

5. 你善于和老年人谈他们关心的问题吗？

6. 你讲话时常出现一些不文明的口头语吗？

7. 你是否时而会做出一些言而无信的事？

8. 当有人与你交谈或对你讲解一些事情时，你是否时常觉得很难聚精会神地听下去？

9. 当你处于一个新的集体中时，你会觉得交新朋友是一件容易的事吗？

10. 你是一个愿意慷慨地招待同伴的人吗？

11. 你向别人吐露自己的抱负、挫折以及个人的种种事情吗？

12. 告诉别人一件事情时，你是否试图把事情的细节都交代得很清楚？

13. 遇到不顺心的事，你会精神沮丧、意志消沉，或把气出在家里人、朋友、同事身上吗？

14. 你是否经常不假思索就随便发表意见？

15. 你是否注意到赴约前不吃大葱、大蒜，以及防止身带气味？

16. 你是否经常发牢骚？

17. 在公共场合你会很随便地喊别人的绰号吗？

18. 你关心报纸、电视等信息渠道中的社会新闻吗？

19. 当你发觉自己无意中做错了事或伤害了别人，你是否会很快改正？

20. 闲暇时，你是否喜欢跟人聊聊天？

21. 你跟别人约会时，是否常让别人等你？

22. 你是否有时会与别人谈论一些自己感兴趣而他们不感兴趣的话题？

23. 你有逗乐儿童的小手法吗？

24. 你平时告诫自己不要说虚情假意的话吗？

二、计分标准

请把你的答案和下面的答案逐个对照：

1. 是　2. 否　3. 否　4. 否　5. 是　6. 否　7. 否　8. 否
9. 是　10. 是　11. 是　12. 否　13. 否　14. 否　15. 是
16. 否　17. 否　18. 是　19. 是　20. 是　21. 否　22. 否
23. 是　24. 是

如果某题你的答案与上面所列的这道题的答案相同，就得1分，如果不相同，就不得分，最后把全部得分加起来。

三、评释

得分越高，表明你的人际关系越好，最高得分为24分。

## 第五节　职业生涯发展策略

李老师已打定主意停薪留职一阵子。他最近工作不起劲儿，备课、上课都是有气无力的，总感觉有一种被掏空般的疲惫，无法像以前一样以饱满的热情向学生付出关心和爱了。每天早晨起床的时候，他一想到有一整天的工作要做，就感觉好像一晚上没睡似的疲乏，不只是身累，心也累。他力图改善目前的工作困境，却始终未能如愿，只好选择暂时出走……

杨老师在师范院校学习的时候，对能够走上三尺讲台，成为一名辛勤的园丁充满了憧憬和期待，希望可以通过自己的努力将每一个孩子培养成才。可是毕业一年多了，她却发现，教师这一职业并非如她想象中那么美好。日复一日的重复工作令她失去了最初的新鲜感，她觉得无力改变每一个学生的命运，她开始怀疑自己的能力，怀疑职业本身的意义，逐渐感到厌倦……

案例中的李老师和杨老师的问题属于教师职业生涯发展过程中遇到的困惑，属于典型的心理枯竭症状。联合国教科文组织做过一个调查，研究教师的教育经验和教育效果之间的联系。结果发现，在刚走上工作岗位的五年之内，教龄与教学效果是成正比例的，曲线呈上升趋势；第五年至第八年，普遍出现一个平稳的发展趋势；八年以后，教师群体逐渐出现分化，小部分人通过再学习、再创造，教学水平得到升华，教学效果出现第二个上升期，逐步发展成所谓“学者型”教师，这个比例不大，大约5%；而大部分教师的教学水平和教学成果先后开始下降，虽然下降的幅度和速度不同，但一直是平平的“教书匠”，比例在95%左右。教师职业生涯发展是有其自身的规律可循的。教师的职业生涯发展有什么样的特点，在他们职业生涯发展过程中会遇到什么困境，如何更好地规划好教师的职业生涯发展路径，突破困境，让更多的教师最终成为教育名家而不是平平的教书匠，这些是下面我们要讨论的问题。

## 一、生涯发展概述

生涯（career）在英文中的含义，《大英辞典》解释为“道路”（road，path，way）之意，引申为人或事物所经历繁荣途径，或指个人一生的发展过程。Hall认为生涯是指一个人终其一生，伴随以工作、以演进方向、以历程，是人一生中所扮演的各种职业和生活的角色与职位。职业生涯与个人的生活质量、理想抱负、事业发展都有着密切的联系。

职业生涯具有以下特点：①终生性：生涯概括个人一生中所拥有

的各种职位、角色，因此，生涯不是某一时段所特有，而是终生的。②独特性：生涯是个人依据其人生理想，为实现自我而逐渐开展的一种独特生命历程，不同个体的生涯，在形态上或有类似之处，但其实质可能完全不同。③发展性：生涯是一个动态的发展历程，个人在不同的人生阶段中曾有不同的追求，因这些追求而长生不断地蜕变与成长。④总和性：生涯并不是个人在某一时段所拥有的职位、角色，而是个人在其一生中所拥有的所有职位、角色的总和，这个总和不仅限于个人的工作或职位，而且应该涵盖人生整体发展的各个层面。

“生涯发展”（career development）是指个人预备或选择某一行业，决定进入此行业，适应行业中的种种规定或要求，以及在此行业中扮演和学习各种角色，逐渐由较低层级迁升发展、成长进步到较高地位的历程。

## 二、教师职业生涯的特色、发展阶段和影响因素

### （一）教师生涯的特色

1. 教师生涯是一种无生涯的工作

教师生涯与一般生涯不同之处在于，教师生涯没有职位高低之别，除了在行政工作上有校长、主任、组长之分外，无所谓晋升问题，所有教师身份都相同，因此有教师教学40年，身份始终如一，所以称教师生涯是一种“无生涯工作”（careerless work）。

2. 教师是一种孤寂的专业工作

教师的主要工作是教学，在教学的历程中，虽然有协同教学或教学研讨会，可以共同策划教学活动或彼此分享教学工作的甘苦，但毕竟机会不多，在大部分的教学活动中，教师必须以自己整个人投入其中，以自己的认知与观点来面对学生，解释教材、批改作业、评价学生的学习结果，真可说是教师自己策划、自己执行、自己考核，持续到退休。因此，Sarason认为教学是一种孤寂的专业工作。

3. 教师工作对象的同质性大于异质性

教师工作每天所面对的对象都是年龄相近的学生，这些对象的认

知发展、人格特质、价值观等，从发展心理学的角度来看，大都是可以预期的，而且大部分表现为同一阶段的同种特征，因此教师工作对象的同质性较大；一般行业者所面对的对象，年龄的分布往往大于教师所面对的对象，其特质虽可预测，毕竟范围较广，因此异质性较大。

4. 教师与工作对象的年龄差距逐渐增大

教师生涯中所面对的学生大都处于相当固定的年龄，如小学生，其年龄多数在6~12岁之间，但教师本身的年龄则逐年增加，因此，初任教时，与学生年龄差距不大，可能是“大哥哥型”或“大姐姐型”的教师，然后随着年龄的增长，与学生年龄差距增大，而成为“爸爸型”或“妈妈型”的教师，最后则为“爷爷型”或“奶奶型”的教师。所以教师若不随着时代脚步的发展而更新自己的信息、知识，逐渐地，其与学生之间的代沟现象就会越来越明显。

**（二）教师的生涯发展阶段**

教师的职业生涯发展是指教师作为教学的引导者，从没有教学经验、刚走上讲台的新手教师到成为一名经验丰富、随机应变的专家型教师的发展过程，教师在这个过程中的发展将是什么样的呢？对此，不同的专家提出了不同的见解。

1. 八阶段论

美国学者Fessler依据多年研究教师生涯发展的结果，将教师生涯从步入教师职业至自身成熟教师的发展过程，分为下列八个主要的阶段：

（1）职前教育阶段（pre-service stage）。这是师资培养时期的过程，是个人在师范院校受教育阶段。

（2）实习引导阶段（induction stage）。初任教职时期，要学习教师角色社会化，要适应学校系统的运作，这是教育人人努力求表现，希望能为学生、同事、上级或领导人员接纳的阶段。

（3）能力培养阶段（competency building stage）。这是教师尽量改善教学技巧，提高教学效率，讲究补充教材，发现和运用新方法与新观念的阶段。教师乐于出席研讨会、观摩会，热衷于研究、进修等。

(4) 积极发展阶段（enthusiatic and growing stage）。有一定教学能力以后，热忱而不断成长的教师仍能持续地追求自我实现，他们主动积极，热爱工作，坚持不懈地以充实教学、突破现状为已任，亦能享有高度的工作满足感。

(5) 挫折调试阶段（career frustration stage）。这是指教学的理想不能实现，工作不满意，挫折沮丧，甚至于心力交瘁的时期。教师对教学生涯的意义和重要性感到怀疑，是生涯周期的中间阶段经常出现的现象。

(6) 稳定停滞阶段（stable and stangnant stage）。这个阶段的态度是"做一天和尚撞一天钟"，敷衍苟安，只求无过，不求有功。聘书上的义务完成之后，别无其他的追求或参与感，将成长和卓越追求完全抛诸脑后。

(7) 生涯低落阶段（career mink down）。这是准备离开教育岗位的低潮时期。有些人感到愉悦自由，因回想以前的桃李春风，而今终能功成身退，岂不快哉？另外却有人觉得苦楚艰辛，因为终生一事无成而牢骚满腹、遗憾忧虑。

(8) 退休落幕阶段（career exit stage ）。这是离开教职以后生涯寂寥的时期，有些人寻找短期的临时工作，有些人可能含饴弄孙，颐养天年，也可能是齿危发秃，多病故人疏，总之，是到了生命周期的最后落幕阶段。

2. 五阶段论

伯林纳（D. C. Berliner）认为教育专长的发展过程包括以下五个阶段：

(1) 新手阶段（novice）。新手阶段是教师获取教学所需知识和技能的阶段。在教学方面，新手教师除了要学习一些具体的概念，如高难度的问题、强化、学习不良等，还要学习一些具体教学情景下的隐规则，如"回答对了要给予表扬"、"在提问高难度的问题时至少要停顿三秒钟"、"不要责备学生"等。对新手来说，其教学行为是比较刻板、不灵活的，他们往往遵从课本规律或专家教师传授给他们的经验，告诉他们怎么做就怎么做。因此，新手阶段是一个获取经验的阶段，在这一阶段中，现实的、亲身的体验比口头获得的信息更重要。

(2) 熟练的新手阶段（advanced beginner）。在这一阶段中，教师将自己的实践经验与所学的知识逐步联系起来，并能找出不同情境中的一些相似性，而且有关情境知识也在增加。随着实践经验的逐步增加，个体可以忽略或打破一些规则，这意味着教师策略知识发展了。这时，个体开始依据具体的情境来指导行为，教学行为开始变得灵活，例如，教师可能在教学中感到，表扬并不总能产生满意的效果，因为对于不同成就动机的学生进行表扬表达了不同的含义。他可能也会意识到，好学生犯错误后如果对他进行批评，会促进其更好地学习。教学的经验不断地影响着教学行为，但进步的新手仍旧不懂得哪些教学环节是重要的。

(3) 胜任型阶段（competent）。一种技能要达到胜任阶段，一般有两个明显的特点：一是对要做的事情有明确的选择。这时个体做事有主次之分，能够依计划办事，有确定的目标，并能选择最合适的方式达到目的；二是在操作某项技能时，能够决定哪些环节是重要的，哪些是不重要的，依据经验，他们知道应关注什么，忽略什么。在这一阶段中，合格教师不会在时间的把握和目标的达成上出现错误。也正是在这一阶段中，个体学会了如何在课程和教学上作出一些决策，例如，何时关注主题、何时转移等。处于此阶段的教师，能按个人的想法自由地处理事件，依据自己的计划，对所选择的信息作出反应，并能够对所做的事情承担更多的职责。因此，与前两个阶段的教师相比，他们经常能强烈地感受到成功与失败的体验，也对成功和失败有更深刻的记忆。但是处于该发展阶段，教师的行为仍旧不能达到迅速、流畅与灵活，这些是专长发展的后两个阶段的教师所具有的特点。

(4) 精通型阶段（proficient）。在这一阶段中，教师对教学的直觉或领会很重要。他们能从积累的大量丰富经验中，综合性地识别出情境的相似性。例如，在这一阶段中，教师不用刻意观察就能注意到今天的数学课上得死气沉沉，而上周的课却上得活跃成功。处于此阶段的教师能从截然不同的事件中考虑到其相互联系。这种综合性的识别使个体能够更精确地预测事件。处于这一阶段的教师，在决策时，仍然带有分析性和随意性。

（5）专家阶段（expert）。如果说新手、熟练的新手和胜任型的教师是理性的，精通型教师是直觉性的，那么我们可以将专家的行为看作是非理性的。这种非理性并不是说专家教师想怎样做就怎样做，而是说他们对教学情境不但有直觉的把握，而且能以非分析性、非随意性的方式，理智地做出合适的反应。他们的行为表现得流畅、灵活，不需要刻意地加工。专家型教师知道在什么时间和什么地方该做什么，与前几个阶段的教师相比，他们采用的方法更加多种多样，专家做事情通常是很有效的。当事情进展顺利时，他们解决问题不需恪守成规；当意外事件出现时，或者当事情的进展出乎意料时，他们才会对问题进行仔细的分析和考虑。专长发展的一般阶段理论，是基于人工智能领域内专业系统研究之上的一种设想，像所有的阶段理论一样，教师在每一个阶段水平上所持续的时间是不相同的。在这里，我们所要关注的是各个阶段的发展是否与实际相符，而不是从新手到专家所走过的里程是两年还是五年。除此之外，我们还应注意到，在某一特定的情境中，个体可能在不同的发展阶段表现出相同的特点。五阶段论从人工智能的角度为探讨教师的成长过程提供了一种视野。

3. 三阶段发展论

福勒和布朗（Fuller & Brown，1975）根据教师所关注的焦点问题，把教师的发展分为三个阶段：关注生存阶段、关注情境阶段及关注学生阶段，每个阶段都有其不同的发展特征：

（1）关注生存阶段。处于这一阶段的教师，非常关注自己的生存适应性，他们经常关心的问题是：学生喜欢我吗？同事们怎么看我？领导是否觉得我干得不错？等等。一般来说，师范生和新教师比老教师更关注这些问题。由于这种生存的忧虑，某些教师可能会把大量的时间都花在如何与学生搞好个人关系上，而不是教育他们；有些教师则可能想方设法控制学生，而不是让学生获得学习上的进步。这种情况有可能是由于教师对学校的社会化过程而造成的。在学校里，人们总是希望教师把学生管教得老实听话，其目的是教师都总想成为一个好的课堂管理者。

（2）关注情境阶段。当教师感到自己完全能生存时，他们将越来越关注学生的成绩而进入第二阶段——关注情境阶段。在这一阶段，教师所关注的是如何教好每一堂课的内容，他们总是关心诸如班级大小、时间的压力和核对材料是否充分等与教学情境有关的问题。一般来说，在职教师比师范生更关心这一类问题。

（3）关注学生阶段。当教师顺利地适应了前两个阶段后，将进入第三个阶段——关注学生的阶段。在这一阶段，教师将考虑学生的个别差异，认识到不同发展水平的学生有着不同的社会和情感需要，某些材料不适合某些学生。一个新手教师完全有可能不能处理学生的个体需要。事实上，有些教师从来就没有进入到第三阶段。

由此可见，新教师在成长过程中的每一个阶段都有自己的需要，这些需要将影响他们的课堂行为和教学活动。教师成长的阶段实质上是教师从新手成长为专家教师的过程，研究这一过程和研究专家教师的特征将有助于促进教师的成长。

关于教师生涯发展的理论众多，而且由于研究者的出发点、背景和研究群体的不同，不同理论有不同的侧重，每一种生涯发展理论都会对教师有指导作用。然而具体到每一位教师时，教师的生涯发展会因受到个体或组织因素的影响而呈现出不同的特点。

### （三）勾画职业生涯的彩虹

虽然每个教师职业生涯发展的详细历程无法完全一致，但根据专家学者的研究，教师的职业生涯发展阶段有着共通的轨迹可以遵循。一个教师从23岁左右起，工作到55岁或60岁退休，职业生涯30多年。其间，教师的全部职业生涯是一个大周期，呈现着“上升—平台—缓降”的发展形态。

从发展速度看，30岁左右是最高点，这是因为人的生理、智力在这个年龄阶段处于高峰期。

从发展水平看，40岁左右是最高点，这是因为知识、能力、理性和经验处于最佳结合状态。

从职业发展目标实现水平看，最高点可能会出现在 35 ~ 45 岁之间。

我们认为，教师的职业生涯发展大致可分为以下四个阶段：

（1）获得经验，从新手到基本适应教师职业要求的成长期。

（2）积累教育和教学经验，但发展平缓的稳定期。

（3）突破停滞不前的职业发展平台，有所建树的上升期。

（4）精力下降、渐趋平和保守的衰退期。

这四个阶段可以用《教师职业生涯发展的四季之歌》来概括。

## 教师职业生涯发展的四季之歌

### 春之生机

刚步入教坛的青年教师，“太阳底下最光辉的职业”像春日的暖风一样熏得青年教师们陶醉于初为人师的喜悦之中。他们精力充沛，工作积极，学习勤奋，浑身上下都焕发着年轻人所特有的朝气。

此时此刻，他们面临的职业发展任务是适应学校、适应新的人际关系、适应教育教学的任务。练就职业基本功，“站稳讲台”，形成经验和技能，建立良好的人际关系和师生关系，并开始形成自己的教学特色。能够独立地、熟练地从事教学，然后在“站稳讲台”的基础上，创造出自己的特色，从而“站好讲台”。

### 夏之困惑

对于许多工作了三五年的教师来说，困惑在于难以体验到职业成就感，职业发展似乎就此裹足不前，出现了“平台状态”或“高原现象”，心理压力大，对学生感到不胜其烦，并怀有对教师职业的不满意感。

如果要摆脱这种停滞状态，恐怕首先要摆正心态，接受目前的教育教学现实，适应了环境，才能生存，生存下来了，才会有发展的可能。不要让怨天尤人、生不逢时的叹声淹没了自己。同时也要冷静地分析目前自己职业发展中存在的问题，不断丰富学识，采取措施，使职业能力进一步提高。

秋之果实

当教师摆脱了职业发展平台的无法进步和麻木，并在开展教科研的过程中使职业能力不断提升时，就会产生职业成就感。教学工作得心应手、游刃有余，能够尽情发挥自己的聪明才智，形成教学风格，富有独特的人格魅力是大多数教师的愿望。

当然，要做到这一点，首先要注重个人修养以及专业水平的提高，其次要抓住机遇和创造机会。行为科学研究的结果表明，人们尝试某种工作，最初的成功与失败对以后成败的影响是巨大的。成功越多，激励越大；挫败越多，伤害越重。因此，要制定合适的目标，目标定得太低，容易成功，对自己帮助不大；定得太高，多次失败，容易失去信心。从适度目标的成功实现中，获得激励的力量。

冬之安详

对于高年资教师来说，由于年事渐长，他们开始进入职业发展的衰退期。平稳度过这一时期意味着圆满地结束自己的教师职业生涯，并开始退休后的生活。老教师应坦然而平静地接受即将退休的现实，和其他老教师多交流思想，倾诉郁闷，发挥对青年教师的传帮带，以体验自身的价值感，培养业余爱好，逐渐适应从工作者到退休者的角色转换。

### （四）影响教师生涯发展的因素

生涯发展的历程错综复杂，受许多因素相互作用的影响，其中最主要的有以下四种：

（1）遗传因素及特殊能力。如性别、智力、肌肉协调、特殊才能等，均可能限制或影响个人学习经验与选择的自由。

（2）环境与特殊事件。如就学于训练机会、社会变迁、家庭等非个人所能控制的因素，以及人际环境等，对个人的学习与抉择有很大的影响。

(3) 学习经验。包括工具式学习（如教育或职业技能、个人生涯计划等）以及联结式学习（如个人偏好、态度等）。

(4) 工作技能。此为以上各项因素相互作用下的产物，如解决问题的能力、价值观、工作习惯、任职历程及志向等。而个人早期所培养的工作技能，又会影响其往后的学习经验与结果。

有些学者指出，影响个人生涯抉择的因素有个人特质、价值结构因素、机会因素与文化因素等四个方面，列表说明如下：

| 个人特质 | 价值结构因素 | 机会因素 | 文化因素 |
|---|---|---|---|
| 智能、各种志向、技能、成就、过去的经验、成就动机、责任感、毅力、守时、热情、冒险的个性、开明、刚直、自我优点、自尊、决策能力、职业成熟、性别、种族、年龄、生理优点、健康 | 一般价值、工作价值、生活目标、生计目标、职业与课程的名称、职业与课程的刻板化态度、职业与课程价值观的心理位置、人—资料—事业导向、工作态度、工作道德、休闲、变异的需求、秩序的需求、教养的需求、救助的需求、权力的需求、稳定感、安全感 | 乡村—城市、职业机会的接触、教育机会的接触、职业机会的范围、教育机会的范围、职业的要求条件、课程要求的条件、补习计划的提供、各种辅导之提供、经济状况 | 社会阶级的期待、家庭的抱负与经验、友伴之影响、社会对教育或工作的态度与倾向、教师的影响、咨询者的影响、角色楷模的影响、文化中教育或职业机会的形象、高级中学的学校气氛与奖惩方式、专科学校的学习气氛与奖惩方式、主要参照团体的影响 |

在教师的生涯发展过程中，种种影响因素都有可能对教师的生涯发展产生影响。我们必须能够理解并很好地把握这些因素，把握教师生涯发展的规律，才能更好地面对和处理教师生涯发展历程中的种种困境和危机。

## 三、教师职业生涯发展的困境与危机

职业生涯发展贯穿于个人的一生之中，就如同一部命运交响乐，有高潮也有低潮，有平缓也有激进，在波峰和波谷的起伏跌宕中演绎个人的生命历程。生命历程主要是由个体身心成熟的发展，个体事业的发展与个体情感、婚姻与家庭的发展等交织而成的一种“生命旋律的动态关系”。虽然每个个体生命旋律的发展不同，但是每个人在不同的生命旋律中都会遇到困境或危机。

教师除了来自生命历程中固有的困境之外，还会遭遇到由于固有的职业特色在其社会化的历程中产生的困境与危机。在生涯发展的不同阶段或其过渡时期，许多教师可能面临不同的心理困境而不知如何调适。而这些危机会严重影响教师工作的积极性和工作效率，影响教师的身心健康，也影响学校的教育教学质量。

关于教师生涯发展过程所面临的困境与危机，国内外许多学者对此进行了研究。综合考虑各家之言，结合中国教师的特点，我们认为，如下六条是中国教师经常面临的生涯发展困境与危机。

（1）工作环境。学校设备不理想，缺乏必要的设备和教学材料等资源，又无法改善；教学、课程改革缺乏经费与指导，教师认为会影响教学成就，因此干脆离职。学校离家太远，每天上下班要花很长时间，让教师觉得不值得，因此不愿留任教职。许多教师由于任职已久，长时间被固定于某些相同的工作，如担任小学高年级语文教学，虽然在这领域经验丰富，但其他能力的发展却受到限制，角色被窄化，被要求做其他工作或承担其他角色时，往往感到力不从心。

（2）人际关系。教师所从事的工作对象都是活生生的人——学生为主，还有同事、上级领导和学生家长，如何与人相处会成为影响工作的重要因素，教师在学校中被同事或学生所接纳、支持、喜欢或被同事所排斥、讨厌。人际关系不佳的老师通常不合群、对人冷漠或喜欢占别人便宜。这样的教师最终会被同事和学生厌恶和疏远，从而更易造成心理危机。

（3）组织管理。学校的组织气氛充满敌意，行政人员的领导方式过于专制，教育行政部门、学校各种形式主义的检查、考评活动太多，家长的要求背离教育科学等均可能让教师的生涯亮起红灯。

（4）工作负荷。教学准备，批改作业、试卷等工作量大；休息时间要给学生补课，经常无法按时上下班；非教学性的会议、事务性工作太多；平均每天工作时间太长等使教师感到身体负荷太大，心理负担太重，从而对职业生涯产生厌倦。

（5）家庭因素。教师每天不仅需要面对繁重的工作负担，在家庭中还需要承担家庭成员角色。工作一天回到家中已筋疲力尽了，有些老师还会把学校未完成的工作带回家里，没有时间和精力与家人相处，也没有更多的时间管理好自己的孩子，造成家人不理解、不支持自己的工作，家庭关系不太融洽。

（6）自身因素。教师自身的因素也会限制教师的生涯发展。例如，随着教育改革的深入，要求教师不断转变教育理念，引进新的教育技术和教学方法，如果教师故步自封，不思变革，必然陷入教师职业生涯的困境，为自己的知识、观念和能力跟不上教育形势的发展而感到力不从心。自我效能感高的教师在教育改革中往往更能接受挑战，使用难度较大的教学方式；而自我效能低的教师改革动机不强烈，工作不努力且普遍感觉紧张和压抑。

以上这些教师生涯中出现的困境和危机都会给教师带来沉重的压力。当然，不同的教师在生涯的不同阶段会感受到不同的压力。下面重点介绍较常见的新教师面临的适应方面的压力和老教师职业生涯的“高原现象”。

## 四、新教师的职业适应与老教师职业生涯的“高原现象”

### （一）新教师的职业适应问题

王老师是去年9月走上工作岗位的。带学生军训时，他的工作热情特别高，每天和学生在一起，积极主动地做好组织管理工作。但开学后才给学生上了几次课，就被学生起了一个绰号“噢老师”。

他上课时每讲一句话就会“噢”一下，如“今天的课噢，是讲立体几何的圆锥体噢。先自己预习一下，有问题的话请提出来噢。”

被学生嘲笑后，王老师很注意自己的语言，但有时难免会带出一两个。学生就是不体谅他，上课专挑毛病，不认真听讲，结果考试成绩不理想。弄得他越来越怕上班、怕见学生、怕上讲台。每天备课至深夜，但就是觉得课备不好。有一次，在超市买东西，因为看见自己的学生也在超市，就转身逃走了。

分析：王老师的困境看似语言障碍，但实质是他的教学效能受到了挑战。在工作中，因为语言缺陷，没有赢得学生的尊重。加上处理师生关系经验不足，导致教学没有取得好成绩。这一连串的失败严重地降低了王老师的自信心和工作积极性，并产生害怕学生、恐惧上课的感觉。

评论：刚刚从学校毕业走上工作岗位的新教师，往往幻想自己能潇洒地走进课堂，一炮打响。然而，当面对复杂的课堂教学和教育情境而无从应对时，就产生了理想与现实的失落感，他们急切需要获得实用的教学和教育技能，以争取早日实现角色的转换。

新任教师在职业适应阶段一般会面临两大困境：[①]

---

① 徐金玲．生存关注阶段高中语文教师专业发展的困难与对策研究［D］，2006

1. 环境的骤变引起不适应

刚入职的教师由于师范教育阶段一直是在经过特殊安排的大学校园环境里获得专业发展的，与学校实际的教学环境差异很大。教师面临着师范生向正式教师角色的转换，面临着从大学校园到中学校园的变化，面临着大学校园宽松自由的气氛到中学校园严谨规律的制度等一系列的变化，对于初任教师来说都是巨大的变化，都需要教师很长一段时间的适应，需要教师在教学实践过程中对理论、实践及其关系进行反思和融合，以克服对教学实践的不适应，所以生存关注阶段最大的特点就是"骤变与适应"。

2. 理想受到现实的巨大冲击

初任教师虽然在实习期对教学现实已有所了解，但很难在很短的时间内学到应对教学和教育实际中各种问题的能力。因此会遇到现实的巨大冲击。马勒·福布罗特（Muller Fohrbrodt G.）等人曾归纳出初任教师的"现实的冲击"有以下表现：

（1）感受到的问题：包括主观上感到存在问题、有压力，抱怨工作负担重、应激、身心不适。

（2）行为的变化：包括与迫于外在压力而产生的又悖于个人信念的教学行为变化。

（3）态度的变化：包括信念系统的变化（如在教学方法方面由进步的态度转向保守的态度）。

（4）个性的变化：包括情感领域（如易变性、稳定性）和自我概念的变化。

（5）离开教学岗位：理想破灭，初任教师过早地离开教学专业。

在现实的冲击之下，伯登对初任教师有一个形象的概括：有限的关于教学活动的知识；有限的教学环境的知识；符合教师宛如权威的比喻；课程与教学的学科中心取向；有限的专业领悟和理解力；感到变幻莫测、疑惑和不安全；不愿意尝试新的教学方法。

现实的冲击影响初任教师在生存关注阶段的专业发展的很多方面，影响最大的是教师的专业态度和动机的变化。多数初任教师在这一阶段所遇到的问题很多是课堂纪律、激发学生动机、处理个别差异、评价学生方面、人际关系方面等，这些都与教师内在的专业结构有关系。初任教师感到自己并未做好初任教师的专业准备，由此可能引发初任教师强烈的职业焦虑和无助感。

经过现实的冲击以后，教师的教育信念也会有所变化。在职前培养阶段，师范生对教育的态度越来越趋于理想、进步、自由，而在“生存关注阶段”，他们的态度会朝着相反的方向转化，变得愈加传统、保守或者主张控制。在学生观方面，当他们采用民主的教学方法遇到困难之后，便很快作出了调整，由先前的学生中心倾向转向专制倾向。在教学上，初任教师认为教学只是一种知识传递过程，教师在课堂上主要是讲述知识，而学生主要是记忆这些知识。所以，这一时期教师的知识、能力基本上是围绕着如何更好地传递知识来建构的。

新教师在适应期要做好以下发展任务①：①了解学校的各项制度和对教师的要求；②了解学校的管理体系和方式；③清楚认识学科教师的责任和学校考评方式；④清楚认识班主任工作职责和学校考评方式；⑤进一步了解教师专业品质和具体表现及自己的优势和缺陷；⑥了解学校、办公室人际关系，建立自己的人际支持系统；⑦扎实做好每一项基础工作，包括备课、讲课、批改作业、与学生建立良好的关系、切实做好班主任常规工作、积极参加学校组织的各项教研活动和其他活动等；⑧清楚自己在学校中的位置，积极配合其他教师的工作；⑨对工作困难有思想准备，接受工作现实的每一个考验；⑩洗尽学生时代的书生味，准备接受学校文化的洗礼。

### （二）老教师职业生涯的“高原”现象

张老师，女，今年40岁，大专学历，平时工作踏实认真，从不迟到、早退。班主任工作也一丝不苟，已连续当班主任达10年，所带班级在同年级总是名列前茅。但由于一直专心于教学工作，没有时间参加学历进修，在职称的晋升上成了不可逾越的障碍。看到其他年龄比她小得多的、工作成绩不如她的教师一个个都评上了高级教师，

① 姚立新．教师压力管理［M］．杭州：浙江大学出版社，2005. 366

就感到难以接受，产生了想调离学校的念头，在工作上也有所松懈。

分析：张老师毕业于师范学校，工作二十年如一日，从来没有动摇过做一名默默无闻的教师的信念。跟一般教师一样，她对物质生活的需求不高，平时生活很简单，而把所有的精力都放在了教学工作上，但对自己的付出与现实的差距不无感叹。由于前些年学校只重视应试教育，忽视了教师的学历进修，因此自认为错过了学习的年龄。随着年纪的增大、智力的下降，对学历的不足，唯有无奈地叹息。然而作为一名教师，她还是在默默地寻找着自己的价值，每当学生取得优秀的成绩时，得到家长的赞扬与学校的肯定时，她都会显出自豪和满足的神态。然而，科研却是她的弱项，写不出一篇像样的论文，但她说，教师的水平应主要体现在学生取得的成绩上，她甚至看不起那些只会写些夸夸其谈的文章、不务实的教师。当然，她的观点很片面。随着教育改革的深入、素质教育的推广，毫无疑问，我们的教育需要的是学者型的教师，以科研来推动教育的改革，以科研来促进教学工作，没有科研能力的教师显然是不能适应时代发展的要求的。但她的观点还不无市场。

张老师家庭负担较重，下有读高中的儿子，上有年迈的父母，丈夫单位又不景气，经济收入不堪重负。看着别人买车买房，心里难以平衡。于是她在另一途径寻找自己的价值所在，从事起家教兼职。从几个学生到数十个学生，再到应接不暇，家教越做越红火。她现在买了高级公寓，进出开小汽车，着实风光。有人对她家教有意见，她说这是眼红，这是他们的价值不如她。然而，当在满足自己物质需求的同时，她心中又充满了矛盾。当人们用异样的眼光看着她的时候，她感到了一种极度的心虚。她感受到了自己最终会被教育改革的浪潮所冲垮。于是，她决定向领导提交辞职报告……

张老师的现象属于典型的职业生涯的“高原现象”。

教师职业生涯“高原现象”是指教师在职业生涯发展的某一阶段，由进一步增加工作责任所引发的有关职业进步（如晋升、流动等）暂时停顿的心理与行为状态。这种心理与行为状态直接导致教师对自己从事的职业出现认同危机，并弥散于教师的心理和行为的各个层面，从而成为一种职业性伤害，这既不利于教师本人职业生涯的健康发展，又可能殃及学生及整个社会的健康发展。教师一旦产生职业生涯的“高原现象”，将会呈现如下心理和行为特征。

1. 教师职业生涯“高原现象”的主要特征

（1）教师职业承诺动摇。教师职业承诺是指教师本人对教师职业的认同程度，对教师职业的主要工作是否感到内在的满足以及对工作的投入程度。出现职业生涯“高原现象”的教师，其职业承诺发生动摇，从而在认识上出现职业认知钝化，如对教育教学意义认识不足，排斥教育教学新理念、新方法的应用，对学生主体性忽视等；职业元认知乏力，如职业知识、自我知识等职业元认知知识消极，职业元认知技能下降，职业元认知监控错位或缺位。在行为上出现不再精心备课和精心组织课堂教学，致使教学活动沉闷、枯燥和程序化，缺少生机和乐趣，缺乏对智慧的挑战和对求知欲的刺激等；对与职业有关的人和事产生疏离感，常敷衍塞责。

（2）教师职业情感萎缩。教师职业情感是指教师对于自己所从事的职业能否满足自身社会性需要而产生的内心体验。它是作为从业主体的教师和作为职业客体的教师职业之间的关系的反映，是教师从业态度和从业整体精神风貌的体现。一般而言，教师职业情感由职业理智感、职业道德感和职业美感三个要素构成。出现职业生涯“高原现象”的教师，首先，其职业理智感即由求真需要和理性观念得到满足而产生的情感萎缩，表现为对教师职业的悦纳感降低，对职业知识进行创造、更新的创造感丧失，对传道授业解惑的成就感、荣誉感和尊严感淡漠；其次，其职业道德感即由求善需要和道德观念得到满足而产生的情感萎缩，表现为对科教兴国的使命感、对素质教育的责任感、对关爱学生的情感减弱；最后，其职业美感即由求美需要和审美观念得到满足而产生的情感萎缩，表现为遵循学生身心发展规律的自然美、因材施教和独特教学风格的艺术美等所产生的美感缺失。教师职业情感的萎缩也表现为教师教学激情丧失，教学满意度下降，教学投入度不够，教学绩效滑坡，离职意愿增强。

（3）教师职业角色模糊。教师职业角色是指社会对教师群体的行为规范和行为模式的一系列期望，它是由学习促进者、道德教育者、心理咨询者、组织者、研究者等一系列角色构成的角色集。教师作为社会人，除了要扮演职业角色外，还要扮演其他多种社会角色，而每一种社会角色又都包含自己特定的角色子集。社会角色的复杂性、嵌套性特点决定了教师的角色冲突，由此导致教师产生职业角色压力。正常情况下，教师能够理性而有效地应对角色冲突引发的职业角色压力，使自己扮演的职业角色清晰、到位。但发生职业生涯“高原现象”的教师，其职业角色模糊，表现为对其职业的权利、义务、责任缺乏清晰而一致的认识，工作时显得无所适从。同时，其职业角色发生紊乱。当职业角色与其他社会角色发生角色冲突时，他们会毫不犹豫地、无原则地使自己的职业角色让位，从而使教师职业蒙受不应有的损失；当职业角色内发生冲突时，他们常常按照“最小努力”原则选择扮演职业角色。职业角色模糊将直接导致教育教学品质的低劣，严重地污染教育教学环境，给学生的健康成长和教育的良性发展带来无法估量的损害。

2. 教师职业生涯“高原现象”产生的根源

（1）职业生涯进步机会的缺失。职业生涯是一个不断展开的过程，每个人都渴望在职业生涯中获得不断的进步。现阶段教师职业生涯进步通常表现为：高一级职称的评定与聘任、高一级职位的获得、更多薪酬的回报、更大责任的赋予、更多挑战的面对等。由于我国社会经济发展不平衡、机构精简，更多的人进入到教师职业领域，教师从业人员趋于饱和，教师职业竞争更加激烈，教师职业生涯进步的机会也越来越少，有些教师感到自己被困于职业生涯的“高原”而产生工作流动障碍感。[①] 尽管目前国内缺少这方面的研究，但有关教师工作满意度的调查表明，我国中小学教师一直对教师职业的工资待

① Ralph Fessler，Judith Christensen. 教师职业生涯周期——教师专业发展指导［M］. 董丽敏，高耀明译. 北京：中国轻工业出版社，2005. 145

遇、工作条件、领导管理和晋升机会不满意。[①] 与大多数其他职业相比，教师职业的晋升机会较少、自主流动机会缺乏、工资待遇不高、工作条件较差以及缺少教育自主权。这些都是教师职业生涯“高原现象”产生的重要根源。

（2）巨大职业压力的持续作用。教师不仅承受着与其他职业同样的工作负担、职业声望等压力，而且承受着由职业特殊性所带来的多重压力。一是升学考试的压力。尽管素质教育的观念已深入人心，但面对望子成龙、望女成凤的家长，面对依然将目光聚焦于升学率的学校和社会，升学考试仍然是教师承受的第一大压力。[②] 二是工作的压力。我国中小幼教师的教学工作量大，工作繁琐，经常需要加班或将工作带回家，教研和科研任务重，会议多。[③] 同时，上级教育行政部门和学校频繁组织的各种名目的检查评比也给教师带来巨大的压力。三是教育教学改革的压力。当下的校本课程开发、双语教学实践、现代教育技术运用、教师评聘、末位淘汰等改革举措，每一项都让教师疲于应付。四是角色职责的压力。教师既要充当学习促进者、道德教育者、心理咨询者、教学组织者的角色，又要充当研究者、学习者的角色，还要充当社会模范公民等角色。集众多角色于一身的教师，其角色职责的超负荷以及期望与现实的巨大反差，必然给教师造成沉重的职业压力。五是职业发展的压力。随着教师专业化进程的不断加快，社会对教师的要求越来越高。教师不得不挤用本就少得可怜的业余时间来进修学习，以提高自己的学历层次和教育教学能力，适应教师职业发展的要求。一方面，当前教师的进修学习远不是对原有教育理念、教学技能、知识结构等的“小修小补”，而是对原有教育

---

① 徐富明，申继亮．中小学教师工作满意度的研究及其提高对策［J］．教育科学研究，2001（9）：23～24

② 徐富明．中小学教师的工作压力现状及其与职业倦怠的关系［J］．中国临床心理学杂志，2003，11（3）：196

③ 靳岳滨，陈敏丽．中小幼教师工作压力调查研究［J］．教育研究与实验，2005（4）：64

教学活动结构的重组优化整合。这一过程以及影响该过程的众多因素决定了教师在职业生涯发展中必然会出现一种停滞甚至退步现象。另一方面，职业发展压力又与上述众多压力交织在一起，以致超出教师能够负荷的范围。总之，角色职责压力及其持续作用是教师职业生涯产生“高原现象”的另一重要原因。

(3) 社会比较的不协调应答。客观而言，教育对社会发展的巨大贡献决定了教师及其从事的职业应当具有较高的社会地位和经济待遇。但由于种种原因，我国教师工资待遇较低的问题一直没有从根本上得到解决;[①] 教师在民众心目中的地位仍未达到应有高度。不能获得应有经济地位和社会地位的教师必然将目光投向其他行业中的相同学历和能力的人。如果教师从他们那里看到更宽松的工作环境、更多的职业进步机会、更好的物质待遇以及更高的社会地位就很容易产生不平衡感，并以不协调的应答方式（减少自己对职业的时间、精力和情感的投入等）来消解不平衡感，从而产生职业生涯“高原现象”。

(4) 个体因素。教师职业生涯“高原现象”的产生有组织的因素、社会的因素，也有个体的因素。D. C. 菲尔德曼等人最早注意到个体的需要与价值观、内部动力、能力与技术等对职业生涯“高原现象”的影响。[②] M. 特伦布雷（Tremblay）等人的研究进一步表明，个体先前的成功经历、资历、受教育程度、上级绩效评价以及年龄与客观职业生涯“高原现象”存在密切的关联：个体的晋升愿望、先前成功经历、资历、管理幅度、配偶的工作类型等因素与主观职业生涯“高原现象”有显著的负相关，而外控和年龄与主观职业生涯高

① 靳岳滨，陈敏丽．中小幼教师工作压力调查研究［J］．教育研究与实验，2005（4）：64

② Feldman D. C, Weitz B. A. Career plateaus reconsidered［J］, *Journal of Management*, 1988, 14（1）：69－80，23－32

原现象有显著的正相关。① L. 勒麦尔（L. Lemire）等人的研究也证实了这种观点，并进一步强调个体人格特征中的自信、毅力、控制点等因素重要性。②

3. 教师职业生涯高原的自我应对

（1）教师要不断提高对自己所从事职业的充分认识，提高职业认同感。教师首先要对自己所从事的职业有一个全面辩证的深刻认识，不仅要认识到教师职业的重要意义及其在社会发展中的重要地位和作用，而且要用辩证的观点分析教师职业中的苦、乐、得、失，并从中解读出自己的责任，看到自己的使命，寻找到自己实现价值的用武之地。只有对教师职业的认识完全到位，教师才能努力追求职业理想，坚定职业信念，崇尚职业荣誉感，勇担职业重任，并在从业过程中领略到乐趣和精神的满足，甚至以苦为乐、以失为得，产生愉悦感、成功感等职业情感。

（2）要立足实践，正确认识自己，找准职业系留点，设定恰当而多元化的职业目标，坚持不懈，力争职业目标的达成。美国职业心理学家 Schein（1992）的职业生涯系留点理论认为，个体在经过长期的职业实践后，对自己的需要、动机、能力、价值观等方面有了真正的认识，从而形成个体终身所认定的、在再一次择业之中最不肯舍弃的东西就是职业生涯系留点。Schein 将系留点分为五类：技术性能力，这种人的整个职业生涯核心是追求自己擅长的技术才能和职能方面的工作能力的发挥，其价值观是愿意从事以某种特殊技能为核心的挑战性工作；管理能力，这种人的整个职业生涯核心是追求某一单位中的最高职位；创造力，这种人的整个职业生涯核心是围绕着某种创

① Tremblay M, Roger A. Individual, familial and organizational determinants of career plateau: An empirical study of the determinants of objective and subjective career plateau in a population of Canadian managers [J], *Group & Organization Management*, 1993, 18 (4): 411, 425

② Lemire L, Saba T, Gagnon Y. C. Managing career plateauing in the Quebec public sector [J], *Public Personnel Management*, 1999, 28 (3): 382 - 383

造性努力而组织的；安全与稳定，这种人的整个职业生涯核心是寻求一个组织机构中安稳的职位，且该职位有长期就业、稳定的前途，能够达成一定的经济目标等；自主性，这种人的整个职业生涯核心是寻求“自由”、自主地工作，从而能够自己安排时间，按照自己的意愿安排工作方式和生活方式。[①] 应该说，教师职业在某种程度上也存在上述五种职业系留点，但许多选择教师职业的个体未必都找准了适合自己的系留点。因为每一位选择教师职业的人都是带着自己的理想职业目标进入学校的，而这最初的理想职业目标常常是基于个体的美好职业愿望和对自己才能的模糊认识而设置的。它是否符合自己的实际情况和符合教师职业本身的特点，是需要职业实践加以检验并修订的。正如 Schein（1992）所说：“作为‘自我概念’中最重要的‘人对自身才能的感知’，是真正有了职业经历、工作体验后，才能够正确、清楚地估测出来。”[②] 如层级高者，在认清自己确实具有极强的管理能力和教师职业特点后，可以在管理方面继续追求，也可以转向其他系留点。如果发现自己的管理能力一般，应该主动减少成为高层管理者的向往，趁早转向。教师职业本身的特点注定了百分之九十几的教师只能将教育教学作为自己的职业系留点。而我们的研究发现，教师在对职业知识、职业技能的追求上相对不易进入职业生涯高原，也就是说，教育教学工作为教师的职业发展提供了一个广阔的舞台和空间。但在选定相同职业系留点的教师中，个体能否获得职业成功不仅依赖于个体的能力，而且还受制于众多复杂的影响因素。因此，教师必须立足职业实践，躬身自省，结合教师职业的特点，找准职业系留点，转换和修订原有职业目标，使其多元而恰当，并在此基础上，不断进行职业系留点相关知识和技能等内容的储备，为职业目标的最终实现而努力。

（3）提高教师职业生涯高原商，重塑职业生涯。个体在遭遇职

---

① Lemire L, Saba T, Gagnon Y. C. Managing career plateauing in the Quebec public sector [J], *Public Personnel Management*, 1999, 28 (3): 382 - 383

② 龙立荣，李晔．职业生涯管理［M］．北京：中国纺织出版社，2003

业生涯高原时，会主动或被动地进行应对，进而生成对职业生涯高原的职业发展韧性。这种应对职业生涯高原的职业发展韧性就是职业生涯高原商。按照一些学者的观点，职业生涯高原是每一种职业都存在的客观现象。因此，教师职业不可避免地存在职业生涯高原，而且随着社会竞争的加剧，个体在从事教师职业的整个历程中甚至会多次面对职业生涯高原。因此，提高职业生涯高原商就成为教师个体应对职业生涯高原的根本措施，也是保证教师个体职业生涯持续发展的重要条件。那么，如何才能提高教师职业生涯高原商呢？我们认为，一方面，要客观地认识和面对职业生涯高原现象，积极采取多种方式化解。作为教师个体，当发现自己遭遇职业生涯高原现象时，既不能无动于衷、听之任之，也不能惊惶失措、谈“高原”色变，而是要积极面对现实，迅速调整自己的情绪，克服由此而生的挫折感、自卑感，相信自己的能力，冷静、客观地分析自己的情况，积极寻找产生该现象的根源所在。然后，充分利用资源，主动寻求帮助，如求教于有经验的同事、同窗好友、心理专家、教育专家、教研组和年级组同事、领导，甚至校外人士等，加以化解。另一方面，教师在职业生活中要自强不息，内外兼修，增强职业适应能力。教师是一项专业性极强的职业，其专业特点决定了教师要承担远比其他职业大得多的压力。教师应理性地认识到这些压力与职业生涯高原现象之间的紧密关系，从而自觉地不断提高自己的职业发展韧性。一般而言，一个职业发展韧性较强的教师往往把压力看成是一种难得的挑战，在应对压力的过程中不仅会产生愉悦的体验，而且会提高自己的职业韧性。因此，作为教师，应该在提高自己的职业素养的同时，也以开放的心态来培养和提高职业韧性，以提高职业生涯高原商，重塑健康职业生涯。

（4）立足职业实际，积极开展行动研究。苏霍姆林斯基曾指出，教师要由每天单调、乏味的生活走向教育的幸福之路，唯一的办法就是让教师走上研究之路。要引导教师在自己的职业岗位上进行行动研究。行动研究是一种适应小范围内探索教育问题的研究方法，其主旨不在于建构理论体系、归纳规律，而在于针对教育实践中的问题，通过行动加以解决，以提高教育教学实践的质量，推动教育教学改革的深入。其实质是教师在职业实践中通过行动和研究的结合，创造性地运用教育、教学理论，去研究和解决不断变化的教育、教学实践中的具体问题，增强教育教学工作的科学性和有效性，不断提高教育教学实践的水平和质量。当教师成为自己岗位上的研究者而不是一个简单的执行者的时候，其职业的挑战性和刺激性将大大增强，这是有效应对职业生涯高原的最佳方式之一。

(5) 坚持自我调控，完善教师人格。基于“教育是人格影响人格”的观点，完善教师人格一直是社会赋予教师的一个基本追求。但由于其出发点只是注重教师职业对于社会的工具价值，而忽视了其对教师自身的职业发展和生命质量的内在个体价值，导致教师对人格的完善缺乏内在动力，表现为消极、被动。因此，完善教师人格需要首先强调其对教师的内在个体价值，以激活教师对人格完善的自我调控；其次，人格完善不是一朝一夕就能实现的，需要长期地坚持，甚至终其一生，需要个体坚持不懈的努力；再次，完善人格要求教师在职业发展中要改变好高骛远、求胜心切、过于急躁或者自暴自弃等不良性格，培养实事求是、幽默、风趣、乐观、豁达、上进等优良性格。这样，教师不仅能够很好地影响学生的健康成长，而且可以有效地应对教师职业生涯高原。

## 五、对教师生涯发展压力的调适与突破

从以上的论述中可以看出，教师职业生涯有其特殊性。教师从没有教学经验、刚走上讲台的新手教师到成为一名经验丰富、随机应变的专家型教师的发展过程，可以分为不同的阶段。困扰教师生涯发展的因素有内在的，也有外在的；有个人的，也有社会的；有个人环境因素（包括家庭因素、积极的关键事件、生活中的危机因素、个人的脾性或气质因素、嗜好或休闲、生命的阶段等），也有组织环境因素（包括学校规则、管理类型、公共信任、社会期望、专业组织、联合会组织等）。因此，教师生涯并不是静止不变的，特别是当代社

会的激烈变化，教育改革不断深入，课程改革向纵深方向发展，这些对教师生涯发展提出了更高、更严的要求，给教师造成的职业压力更大。当然，现代社会对于教师的职后培训越来越重视，提出“终生学习”的理念，学校组织也在努力为教师创造不断再学习受教育的机会，但是，从总的情况看，提高教师的职业发展潜力，还得靠教师自己本身努力，才能使自己更好地从困境中走出，使自己在职业生涯的路上可持续发展。

**（一）做好教师生涯发展规划设计**

职业生涯规划的根本问题是生命个体对自己究竟要把自己塑造成一个什么样的人有一个明确的战略定位。其实质是通过内需驱动下的计划确定战略角色定位，主体主动调配潜在资源来实现生命质量的提升，生命个体主动建构个人发展愿景，并以这种愿景不断激活生命个体内在的潜力，使潜力由潜在变为现实。职业生涯规划不仅决定着教师个体的生命质量，决定着教师个体能否体会到教师职业内在的欢乐与尊严，也决定着教育世界的明天。

**“五 W”测试——职业生涯测试**

如果您有兴趣，现在就可以试试：先取出五张白纸、一支铅笔、一块橡皮；在每张纸的最上边分别写上以下五个问题；然后，静下心来，排除干扰，按照顺序，独立地仔细思考每一个问题。

（1）Who are you?“我是谁?”回答的要点是：面对自己，真实地写出每一个想到的答案；写完了再想想有没有遗漏，认为确实没有了，按重要性进行排序。

（2）What do you want?“我想干什么?”这是对自己职业发展的一个心理趋向的检查。每个人在不同阶段的兴趣和目标并不完全一致，有时甚至是完全对立的。但随着年龄和经历的增长而逐渐固定，并最终锁定自己的终生理想。可将思绪回溯到孩童时代，从人生初次萌生第一个想干什么的念头开始，然后随年龄的增长，回忆自己真心向往过想干的事，并一一地记录下来，写完后再想想有无遗漏，确实没有了，就进行认真的排序。

(3) What can you do?“我能干什么?”这是对自己能力与潜力的全面总结。一个人职业的定位最根本的还要归结于他的能力，而他的职业发展空间的大小则取决于他的潜力。对于一个人潜力的了解应该从几个方面着手去认识，如对事的兴趣、做事的韧力、临事的判断力，以及知识结构是否全面、是否及时更新等。把确实证明的能力和自认为还可以开发出来的潜能都一一列出来，认为没有遗漏了，就进行认真的排序。

(4) What can support you?“环境支持或允许我干什么?”环境支持在客观方面包括本地的经济发展、人事政策、企业制度、职业空间等；人为主观方面包括同事关系、领导态度、亲戚关系等，两方面的因素应该综合起来看。回答要稍作分析：环境，有本单位、本市、本省、本国和其他国家，自小向大，只要认为自己有可能借助的环境，都应在考虑范畴之内；在这些环境中，认真想想自己可能获得什么支持和允许，搞明白后一一写下来，再按重要性排重新列一下。

(5) What can you choose in the end?“我的职业规划是什么?”做法是：把前四张纸和第五张纸排开，认真比较第1~4张纸上的答案，将内容相同或相近的答案用一条横线连起来，您会得到几条连线，而不与其他连线相交的又处于最上面的线，就是您最应该去做的事情，您的职业生涯就应该以此为方向。并在此方向上以三年为单位，提出近期、中期与远期的目标；再在近期的目标中提出今年的目标；将今年的目标分解为每季度目标、每月目标、每周目标、每天目标。这样，你每天睡前就可以对照自己的目标进行反省，总结当日成就与失误、经验与教训，修正明天的目标与方法，第二天醒过来后稍加温习就可以投入行动了!

霍尔（Hall）认为，在进行生涯发展的设计与规划时，要充分考虑以下六项要点：①评估生涯发展的时空情境因素（assessing the career context)。个人探索自己生涯发展的动机和机会，组织则有层次结构的设计。②搜集与生涯发展相关的信息资料（information seeking)。根据个人价值、兴趣或经验、潜能等，了解组织中的生涯发展机遇。③设定生涯发展的具体目标（setting realistic goals)。这是统筹个人的人生目标和组织未来的发展目标之后的结果。④发展达成个人具体目标的策略或计划（development of specific plans)。个人要制订计划，把握关键的步骤，组织也要设计具体的活动方案。⑤促成生涯发展目标与计划的实现（implement the career plan)。其中包括问题解决和适应技巧的运用等。⑥达到生涯发展的是完成（performance)。这是事项或完成生涯发展目标最后的阶段。

我们认为，教师职业生涯的自我规划的核心价值在于职业发展视野的一体化，其自我设计需要明确五个定位。

1. 战略角色定位

教师个体究竟打算把自己塑造成什么样的人物战略角色定位是对职业生涯发展规划的宏观设计，自我战略角色定位即教师对所要达到的个体发展的终极目标的自我设计与自我确认。战略角色定位是职业生涯自我设计中的首要问题，也是最核心的问题，它能促进教师个体视野、思维、行为的一体化，它将决定教师个体生命质量的高低，更为重要的是，它将决定教师的作为和地位的高低。终其一生在低水平上或者同一水平上重复以往的思想与动作，生命中缺乏突破与创新，这部分教师之所以终其一生无所作为，根本原因就在于部分教师没有明确的职业生涯战略角色定位，即根本就没有想过或者没有深入想过自己究竟要把自己培养成一个什么样的人！

2. 主流趋势的把握

教师从事教育教学核心价值的自我确认及教育变革成功的基础是教师对教育变革价值与信念的认同，离开了价值与信念的认同，自上而下的行政强制压力拉动的教育变革将很难形成共同愿景，很难保证教育变革的有效性，往往造成猴子水中捞月的场景，因此，对教育中培养人的主流趋势的把握，也即对教育的根本目标是什么的自我确认是一切变革成功的基础，它是教师行为的潜在价值观基础，支配着教师的认知模式。繁重与凌乱的生存环境迫使教师个体必须把握主流趋势，把握教育教学的核心价值。教师要明确，在本专业领域内，在国内乃至国际上，本专业领域的主流趋势是什么，把握住了主流趋势，教师就明确了教育的根本目标，在一切教育变革前，在日常的教师职业生活中，教师个体就不会迷失方向、疲于应付乃至抗拒，而能从中充分地汲取养分。同时，对于一个追求解放思想、追求教育创新、追求高品质生命质量的生命个体来说，把握住了主流趋势，也就把握住了努力的方向。

3. 榜样的选择与核心人物的核心合作

对于时刻准备着突破与创新的教师来说，榜样的力量是无穷的。在沟通与合作中，教师可以获得一种精神上的激励。教师要想获得快速发展，就必须明确本领域内理论上与实践上的核心人物，并与自我确认的核心人物建立一种重点合作关系，在这种关系中促使自己不断努力。单打独斗的教师很难获得发展，在教育教学中，核心人物的经验和智慧是非常宝贵的。尤其是他们行为背后的信念价值体系与思维方式。当然，核心人物的确定因人而异，只要是对你的成长有帮助，你就可以尝试建立一种战略互惠的合作关系。

4. 核心竞争力：我有核心竞争力吗

作为生命个体的教师，应当自问：我有核心竞争力吗？我的核心竞争力是什么？每个人的特点各不相同，但教师的核心竞争力在本质上是一种创新力与创新的情怀，创新的目的在于激活教师个体自我与学生整体的潜在兴趣与能力，激活并建构学生的核心价值体系。战略愿景的内驱的强烈程度将决定教师个体生命表演的态度与行为，战略愿景的实现在现实中表现为持续不断的变革与创新。正如顾明远先生所言：教育的未来在于变革，变革的目的在于发展，发展的关键在于创新，创新的核心在于学习。创新不仅是一个民族进步的源泉，更是教师生命个体成长的动力与核心要素。当然，创新是在尝试的过程中实现的，创新必须允许学生与自己犯错误，犯错误是为了更好地进步，能视问题、错误为朋友，就离创造性地解决问题又近了一步。

5. 核心业务：我明确吗

人的时间与精力是有限的，繁重与凌乱的工作任务是教师解放思想、教育创新、提升生命质量的最大阻力。对作为生命个体的教师而言，教师的业务是教学，教师的核心任务是学习与创新，没有教师的学习与创新，也就没有学生的学习与创新。正如叶澜教授所言：没有教师的创造性劳动，就不可能有新的教育世界，而教师只有进行创造性的劳动，才会体验到职业内在的尊严与欢乐，才能在发展学生精神力量的同时，焕发自身的生命活力。核心业务的核心任务在于激发学生的潜在能力与意念，这里的意念也就是叶澜教授所说的精神力量。

教师在制定生涯发展规划的过程中，特别需要注意，充分获得学校的内部信息是设计教师生涯规划的基础。这些信息包括学校的发展目标、方向任务、规章制度、激励手段、职称系列、评价体系，对教师知识、技能、任职资格的要求，学校具有的优势、劣势、环境等。同时，教师还要注意将个人的发展与学校的发展相结合，在教师生涯规划中，教师个人的目标要符合学校发展的总体目标，这样才能使教师个体目标适应学校目标，教师生涯发展才会生机勃勃。

## 教师职业生涯设计方案模板

前言与说明

一、外部环境的分析

1. 社会

2. 学校

3. 家庭

4. 结论：有利的方面、不利的方面

二、自身素质的分析

1. 知识方面

2. 能力方面

3. 个性方面

4. 身体及其他方面

5. 属于什么类型

三、成长历程的回顾与分析

1. 学生时代的主要事件与形成的素质特点

2. 对教师职业的选择情况
3. 刚工作时的情况
4. 现在所处的阶段

四、自我定位及总目标

1. 成才的类型
2. 成才的层次
3. 总的目标
4. 若干项目方面的目标

五、第一阶段

1. 阶段的目标与时间周期
2. 具体的任务和指标
3. 自身素质方面要做的努力
4. 客观条件方面要做的努力
5. 时间与经费的预算
6. 预期的成果及评价

六、第二个阶段

1. 阶段的目标与时间周期
2. 具体的任务和指标
3. 自身素质方面要做的努力
4. 客观条件方面要做的努力
5. 时间与经费的预算
6. 预期的成果及评价

七、其他事项

### （二）确立成功教师的信念与态度

教师除了要学会在现存的教育系统内为自己制定完美的生涯规划、肯定自己已拥有的能力与技巧外，也应有下列的信念与态度才能使自己成为成功的教师：

（1）确立自己的教学信念。教师可能终其一生都是教师，因此，教师本身应了解自己这辈子要成为怎么样的教师，完全掌握在自己的手中。想成为怎样的教师就会是那样的教师，想怎样教学就会那样教，也会有那样教的结果，这些完全受到自己教学信念的影响。因此，要成为与时俱进的教师，应随时检查自己的教学思想。

（2）设定适当的目标。目标是教师努力奋斗的方向。没有目标的人将过着随波逐流的日子，有些教师也是如此。既然一辈子只能当教师，相对来说，教师又是“铁饭碗”，就抱着当一天和尚撞一天钟的心态过日子。目标定得过高的人容易过着紧张而痛苦的生活，他们把目标定得相当理想却难以达成，而过着自怨自艾或愤世嫉俗的日子；唯有设定努力的方向，并持之以恒，脚踏实地去实践，才能过上充实而又有意义的生活。成功的教师应知道自己要往哪儿去，并为自己设定适当可行的目标，同时愿意为这些目标付出必要的代价，以督促自己实现卓越的成就而顽强奋进。

（3）勇于不断地接受挑战。教师所面对的对象虽然同质性较高，但教师与学生年龄差距会随着时间而逐渐拉大，从“大哥哥型”或“大姐姐型”的教师，逐渐成为“爸爸型”或“妈妈型”的教师，最后则成为“爷爷型”或“奶奶型”的教师，在转型中自己的思想逐渐保守、滞后，而面对学生却依旧年轻，价值观日益不同，挑战也大，要成为教师生涯的赢家就要勇于不断地接受新生一代的挑战。

（4）掌握教育的信息。生活在这个信息时代，教师应具备接受、处理、储存与传达信息的能力，尤其是与自己的专业有关的信息。如新的教育理论、课程标准、教育政策、教学方法等，教师必须随时注意、加以吸收且融合于自己的知识体系中，并且在适当的时候传送出去。要获得这些新的信息，教师应敏锐地延伸自己的阅览范围，如多阅读专业书刊、多听专题演讲、多参加研讨会或在职进修等。

**（三）培养教师必备的能力**

教师在长期的教学过程中所培养的能力和技巧，不仅是使教师在教育专业发展获得成功的主要因素，也可能是教师职业成功的重要原因，这些能力与技巧包括：

（1）流畅的书写能力。

（2）生动的表达能力。

（3）问题的解决能力。

（4）分析性、评鉴性的思维习惯。

（5）运用图书、仪器、设备的能力。

（6）视导监督、组织群体的能力。

（7）与人协作的能力。

（8）说服他人的能力。

（9）面对群众处理意外事故的能力。

（10）有效掌握和运用时间的能力。

（11）计划和组织与工作相关的活动的能力。

（12）从事长远目标之方案计划的能力。

（13）理解和运用数字符号的能力。

（14）使用视听、电脑复制根据的能力。

（15）和他人沟通的能力。

（16）消除矛盾、化解纠纷的能力。

**（四）掌握几种教育技能**

（1）有效的沟通和合作技能。教师的生活是一种沟通的生活，他们每天面对学生，必须把知识、态度或技巧传授给他们；面对家长，必须让家长了解学校的生活，也必须知道学生的家庭生活。美国管理之父 Drucker 曾宣称，60% 的问题出在沟通不良。因此，成功的教师必须掌握有效的沟通技巧。

同时，学生的成长是多种因素影响的结果，教书育人工作是团队工作，因此，教师的工作需要多方合作。在合作时应注意：①信任。信任是合作的前提，每一个个体的情绪、情感、心理活动只有在向他人敞开的时候，才能赢得相互的信任。②异质化合作。“人们愿意与认同自己的人交往，事实上，这不是一个好的学习策略，相应地，与观点相近的改革者探讨改革问题，恰是一种短视的策略”。同质的文化与合作或许没有分析，但彼此之间也缺少兴趣；异质的文化虽然潜藏冲突，但冲突里也饱含着突破的种子，要学会与各种类型的人相处，学会听取代表不同观点的声音，达成新的更加复杂的一致性，这样的合作才是一种高水平的有效合作，也是合作的意义所在。③团队协作。团队可以是校内的，也可以是跨校的，但要执著于共同的目标，分享共同的成果。教师要主动寻求能够给自己带来创造性碰撞的人组成团队，在团队的差异性碰撞与突破中提升自我。

（2）有效的时间管理技能。对于想有所作为的生命个体来说，时间是一种重要而稀缺的资源，如何有效利用时间，以最少的时间投入获得最大的效益是一个经典问题。现在国内外许多人在研究时间学，学会提高利用时间的技巧。①分析目前时间利用的现状，找出时间浪费的原因。②每天制定任务清单，并根据重要程度将各项事情排序。清单上不必列出日常琐事，只需列出对今天来说很重要、需要特别注意的事情，以便最佳地利用时间。③运用 80/20 定律，辨别事物的功用与价值，勇于舍弃不太重要的事情。不让时间无谓地损失，必可成为成功的教师。

（3）掌握现代化教育技术。信息技术的高速发展及广泛应用引起了教育的深刻变革，给教育观念、教学方法和教学组织形式等方面带来了深远的影响，它要求广大教师掌握现代教育技术，适应知识经济时代教育的需要。

（4）善于调节工作的压力。教师的生活充满了各种压力，这些压力来自于学生、家长、同事、组织的管理、工作负荷、社会的期望以及自身的人格特质与角色扮演。适当的压力可激发教师的潜能，增加教学成效；但过重的压力，却造成教师身心的不适或不良影响，降低教学的成效。因此，成功的教师应能察觉压力的来源及其程度，并善于运用各种压力调适方式来充实自己的生活。

教育是一项培养人的专业工作，教师要能够有效地帮助学生成长，必须热爱自己的职业，确立成功教师的信念与态度，培养教师必备的能力，学习并掌握从师的技能。要想成为有较大业绩的教师，就要规划自己的生涯发展，了解自己的生涯发展中受到多种因素的影响，了解各因素间的关系，为自己设计出美好的蓝图并付诸于实践，最终实现自我。

# 第四章　教师职业压力管理的整合策略

## 第一节　教师压力管理的EAP模式

在国外，长期以来流行一种名为员工援助计划，简称EAP（Employee Assistance Program）的服务，帮助组织成员克服压力和心理方面的困难。作为西方国家压力管理实践中被普遍应用的压力管理方法，员工援助计划正受到中国企业界和学术界越来越多的关注。

### 一、员工援助计划概述

员工援助计划是由组织为其成员设置的一项长期的、系统的援助和福利计划。在实施EAP计划时，一方面，EAP咨询人员通过对组织的调研、诊断，为组织成员及其家属提供专业的指导、培训和咨询，帮助解决组织成员及其家属的心理和行为问题，以维护组织成员的心理健康，进而提高其工作绩效；另一方面，EAP咨询人员在帮助员工解决其个人问题的时候，力求发现组织在管理上所存在的问题，从而帮助管理人员提高管理效能，同时也在一定程度上为组织改进和完善其管理体制提供建议和帮助。

员工援助计划的咨询员主要是精神健康服务者，如精神治疗医师、咨询辅导专业人员、心理学家等，对象主要针对个体员工及其某些直系亲属，方法是提供测评、咨询辅导、治疗服务。具体调节手段包括放松技巧、认知层面的应对策略、冥想、锻炼、时间管理方法等。发达国家的EAP服务很流行、很发达，被看成是员工的一种福利待遇，但中国的EAP模式还在初级启动阶段。2001年3月，联想客户服务部员工帮助计划诞生，这是我国第一个完整的EAP项目。2004年12月，上海市徐汇区人民政府的EAP项目正式启动，标志

EAP 正式进入我国政府机构①。2003 年 10 月和 2004 年 8 月分别举行了第一、二届中国 EAP 年会，中国社会心理学会和中国劳动学会也将“员工援助和组织健康”学会作为其下属分会组织。2005 年 3 月 18 日，江苏省成立了我国第一家以教师为服务对象的专业心理援助机构——“南京市秦淮区教师心理援助中心”②，把 EAP 模式运用到教育领域，进行了有益的实践探索。陈洁、吴增强等人对上海教师心理援助制度进行了理论上的探索。③ 但这类研究、实践在教育领域还只是处于起步阶段。

## 二、教师压力管理的 EAP 模式建构设想

管理好教师的职业压力对于增进教师的身心健康和提高教育教学质量有重要意义。怎样管理好教师的职业压力？我们借鉴国外的 EAP 运作模式，考虑教师群体与教育工作的特殊性，并将它与中国现行的教育体制和中国文化背景相结合，提出构建中国式教师压力管理的 EAP 模式的设想。

1. 教师 EAP 服务的组织结构

国外 EAP 服务机构有四种模式③。一是内部模式：员工援助项目是组织的一成分；二是 EAP 服务中心模式：独立组织，它只负责对员工进行有关培训、宣传、短期的个体咨询、问题评估和诊断、转介、跟踪和反馈，不提供直接的治疗和看护；三是依托治疗机构或者社会服务机构模式：提供服务的机构隶属于可以直接提供治疗的机构，如医院、心理健康中心或者其他社会服务机构，如戒酒治疗中心

---

① 朱瑜，王雁飞，蓝海林．我国 EAP 实施现状与发展方略探讨［J］．企业经济，2007（4）

② 桂祈蓉．教师心理援助机构的构建与运作［J］．中小学心理健康教育，2007（19）：16～18

③ 陈洁，吴增强．上海教师心理援助制度构想［J］．上海教育科研，2008. 24～26

等社区组织；四是依托工会模式：工会只向其会员及其家属提供服务。现阶段我国教师心理援助在选择服务机构时，可根据各地各校的实际情况，借鉴这四种模式。本人认为，根据国情和现实，采用整合模式，即内部 EAP 和外部 EAP 结合使用方式更合适；对于规模较大的学校如大学，可在校内专门设立教师心理援助机构，隶属于人力资源管理部门，聘用专业人员提供服务；学校内部不能提供这种服务的，可以委托校外机构提供这种服务。对于规模较小的学校如中小学，可由地区教育主管部门或行业协会（如工会或教师协会）出面委托专业机构来提供服务。这些机构可以是独立开业的心理咨询中心，也可以是隶属于医院、大学的心理咨询机构，或者也可以由地区教育主管部门专门设立的教师心理援助服务机构，如“南京市秦淮区教师心理援助中心”就是这种模式。

2. 教师 EAP 服务内容和方式

教师 EAP 服务内容包括压力管理、职业心理健康、职业生涯规划与发展、裁员心理危机、灾难性事件处理、健康生活方式、家庭与情感纠纷问题等各个方面，帮助教师解决个人心理困扰问题。每项服务内容具体可以分成以下三个部分：一是处理压力所造成的反应，即情绪、行为及生理等方面症状的缓解和疏导；二是改变个体自身的弱点，即改变不合理的信念、行为模式和生活方式；三是针对造成问题的外部压力源本身去处理，即减少或消除不适当的管理和环境因素等。

在服务方式上除了提供心理咨询之外，还可以通过心理健康调查、培训、讲座、团体辅导、电话咨询、网络咨询等方式，给予教师帮助、建议。

3. 教师 EAP 服务遵循的原则

（1）保密性原则。这是心理咨询行业的基本职业规范。对教师个人情况实施保密是提供心理援助服务机构的责任，除非在个人生命安全和社会安全受威胁的情况下，才能向有关机构公开部分相关信息。

（2）双向负责原则。EAP 服务对学校和教师双向负责——为来访者的隐私保密，但是同时协调参与劳资双方的矛盾，有重大情况(如危及他人生命财产安全）应与校方及时沟通。

(3）只援助，不鉴定的原则。由于教师心理援助机构受教育主管部门或学校的委托提供服务，考虑其与委托方有利益关系，当学校和教师有矛盾冲突，而心理健康信息是重要的佐证材料时，很难确保心理援助服务机构能作出公正的判断。为避免此种情况的发生，要明确心理援助机构只提供援助服务，不提供鉴定意见的原则，有关鉴定意见应由其他的非受托精神卫生机构出具。

(4）自愿原则。教师自愿求助心理援助，接受 EAP 服务。

(5）免费原则。它是作为教师的一种福利待遇的服务。

4. 教师 EAP 服务人员的专业背景

教师对 EAP 机构的信任和心理援助的效果在很大程度上取决于辅导者的专业能力。因此，教师心理援助机构的辅导者和咨询员必须具有专业资格，并不断接受督导和培训，除此之外，还应该熟知学校管理、教育教学的基本理论、学校运行规律以及教师工作状态，最好有十年以上学校工作经历，年龄在 30 ~ 35 岁或以上。这样可以迅速了解教师的工作背景，提供情感支持和可行的咨询建议。同时，根据咨询案例，可以为学校领导和地区教育行政主管部门提供一些有价值的管理建议。

5. 教师 EAP 服务的保障机制

教育行政部门和学校领导是否以人为本、关心教师心理健康是 EAP 制度存在和发展的首要保障。在我国目前的情况下，取得教育行政部门的支持，使其加强对教师心理健康重视，是中国教师 EAP 顺利实施的关键。要出台相应的政策，把教师心理援助服务作为一种制度巩固下来，使它有足够的经费作保障，使更多教师受惠，也使这项服务向着科学化和规范化的方向发展。

## 三、教师压力管理的 EAP 实施方案

EAP 计划是一个全面的、系统的服务过程，包括发现、预防和

解决问题的整个过程，实施一个完整的EAP计划包含有组织调研、宣传推广、教育培训和心理咨询等方面。

1. 调查评估

调查评估包括采用SCL－90、简易应对方式问卷（CPS）、艾森克个性问卷（EPQ）等，事先对教师进行评估，并对相关信息进行观察、收集、存储、提取、评定，旨在及时发现和诊断教师中的心理健康问题及相关因素。一则为教师建立心理档案，为有心理问题的教师提供相关的心理援助；二则帮助组织发现一些导致教师问题的组织管理因素，从而对各层管理者提出相应的建议，以减少或消除这些不良的因素，并最终提高组织管理效能。

2. 宣传推广

宣传推广能使教师对心理健康有普遍的认识和了解，是“面”上的培训工作。心理援助机构要利用多种渠道，如广播、电视、报纸等新闻媒体，为社会和教师宣传心理健康方面的知识，引导他们正确看待教师的心理问题，提高教师的心理保健意识，鼓励教师遇到心理问题时积极寻求帮助等。

3. 教育培训

可针对不同层次的人群进行专题培训。

（1）对高层管理人员的洗脑培训。使高层管理者改变观念，把EAP看成是增强组织核心竞争力和学校稳定发展的基础，从学校发展战略的高度来促进EAP的实施。

（2）对中层管理人员的心理知识和技能培训。旨在提高学校管理者素养，学习心理咨询理论和技巧，在工作中辨识、预防和解决教师心理问题的发生。

（3）对全体教师培训。开展如何调控情绪、自我认识、人际技巧、压力应对、工作与生活协调、职业生涯规划、危机事件处理、提升情商等专题的培训；有条件的学校还可以开展心理旅游、团队拓展训练、体育比赛、文化娱乐等活动，以提高教师心理素质和抵抗压力的能力。

4. 心理互助沙龙

心理互助沙龙的做法是教师根据需要自行选择搭档，搭档之间是平等、互信的关系。这种关系有利于教师获得支持的归属感、认同感，有助于教师消极情绪的宣泄。因为成员间感受到沙龙内部教师有相近的遭遇或感受，同情心会使他们把内心隐藏和压抑的消极情绪宣泄出来。在互助沙龙中，教师会彼此鼓励，出谋划策，有利于开启智慧，寻求解决问题的办法。因此，互助沙龙是缓解教师压力的有效途径之一。

5. 团体心理辅导

团体心理辅导是重点对有同类心理问题的教师进行心理辅导。可采取团体讨论、角色扮演、行为训练、家庭作业等形式。

6. 个体心理咨询

这是对教师问题的具体的“点”的处理。有一小部分教师由于问题比较特殊或者涉及个人隐私等原因，需要更加专业和深入的心理咨询服务，这方面的具体工作需要建立有效的求助渠道和服务平台，如开通 24 小时心理热线电话、建立网上沟通渠道、开辟心理咨询室等，以保证教师能够顺利、及时地获得高效的心理咨询及治疗的帮助和服务。

## 四、实施教师压力管理 EAP 模式应关注的问题

1. 改变观念，以人为本，提高教育领导者对教师心理健康的关注

使高层管理者把 EAP 看成是增强组织核心竞争力和学校可持续发展的基础，从教育发展战略的高度来促进 EAP 的实施。Degroot 总结了 18 项研究结果发现[①]，员工援助计划与工作绩效呈正相关。在

---

① Degroot T, Kiker D S. A meta-analysis of the normonetary effects of employee health management programs. *Human Resource Management*, 2003, 42 (1): 53 – 69

美国，职业压力每年给国家财政带来的损失平均为2 000亿美元。[①]美国联合航空公司估计，在员工帮助计划上1美元的投入能够得到16.95美元的回报。Keith等人对密西根大学722名使用EAP的教职员工进行了长达5年的跟踪研究，发现由于这个项目可以增加留职率和减少病假率，至少为该大学节省了65 351美元。我国虽然没有这类具体的统计数据，但压力引发的职业衰竭、生理心理疾病、离职、缺勤的事件、调查时有报道。2004年中国"工作倦怠指数"调查[②]报告显示，有35%的人有较高的情绪衰竭。情绪衰竭的最终结果必然是工作效率的下降，在企业体现的是直接的经济损失。在学校，由于教育产业的特殊性如成果鉴定困难、价值实现滞后和教师工作的特殊性：良心工作而不是工厂的计件工作，所以这种损失不能立竿见影，以损失"美元"的数量来衡量，但它的影响更深远、更巨大。因此，教育行政领导和校长要有长远的战略眼光和全局观念：教师EAP不能看作人力资源开支上的增加，而应该视为会增值的长远投资，它所带来的是，教师抱怨减少、士气提高、凝聚力增强、工作绩效增长。因此，实施EAP计划不仅是提高教师的生活质量、增强教师职业幸福感的问题，也是学校提高教育教学效果、可持续发展的重要举措。

2. 教育领域引进EAP模式，要考虑其文化的适应性和教育的特殊性

EAP产生和发展于西方，在引进我国的过程中，势必会像其他西方管理理念和技术一样，遇到文化适应性的问题，因此要对其实行适度改良、创造性地运用，结合中国的文化传统和社会、经济现实，进行本土化。如发达国家的员工可能主要面对的是酒精滥用、药物滥用、艾滋病等问题，而在我们国家，目前员工面临的问题大多是职业

---

① [美] Brian Luke Seaward. 压力管理策略 [M]. 许燕等译. 北京：中国轻工业出版社，2008. 18

② 人民网 [EB/OL]. http://www.people.com.cn/GB/shenghuo/1089/3042998.html

压力、经济压力、人际关系、情绪失控、健康问题等；再如，东西方文化的差异，如何使我们的教师确信其隐私权能得到充分保护等，这些需要结合我们自身的特点，发展我国本土化的 EAP 模式。针对教育领域的特殊性，在引进推广 EAP 模式时要考虑：为学校提供 EAP 服务的第三方组织机构或从业人员除了要具备一般的心理咨询的知识技能外，更要突出其心理学、教育学等专业知识和学校教育经验。缺少对中小学教育、儿童成长、家庭教育等知识的深厚研究与积累，没有学校教育的经验，以一般社会成员为服务对象的社会上一般的医疗机构、社会服务机构或一般的心理咨询机构，是难以胜任此项工作的。

3. 注重过程管理，形成有中国特色的教师 EAP 模式

传统 EAP 是当员工出现问题时才被制定、实施，其主要服务对象是出问题的员工。我们要走出传统的 EAP 模式与误区，建立有中国特色的 EAP 模式。中国的 EAP 模式要注重过程的管理，包括发现、预防和解决问题的整个过程，不应当也不可能仅仅只是解决具体的、现实的个人问题，所以应从全方位的角度来设计 EAP 实施方案。强调并及时发现，防患于未然，把服务对象定位为正常的人而不是出问题的人。重点在帮助教师提高心理健康意识，消除或减少导致心理问题的根源，预防心理问题的产生。重视对教师的教育及有针对性的心理培训。心理咨询和治疗则是最后的、被动的步骤。要制订出适合我国社会和教育体制具体情况的整体解决方案，形成有中国特色的教师 EAP 模式，使其能真正解决教师的心理问题，为教师服务，成为教师压力管理的重要手段。

## 第二节　苏东坡的“压弹机制”借鉴

苏东坡贬惠时期处于多重困境之中，其心境是沧桑、寂寞而痛苦的，但他却以高超的压弹能力，安然度过他人生的又一次危机。了解苏东坡的“压弹机制”将会对教师应对职业压力有借鉴意义。

宋哲宗绍圣元年（1094 年）4 月，苏轼因“乌台诗案”遭弹劾，

以“讥讪先朝”的罪名第二次被贬为宁远节度使，被“安置”于当时是“蛮貊之邦，瘴疠之地”的惠州。时年59岁的苏轼年老又多病，患有严重的痔疾，处于三重困境①之中：生活上的贫困与疾病的困扰；失去亲人致使情感上的孤独；政敌的随时攻击造成的精神压力。其心境的本源是沧桑悲凉、孤独寂寞而又痛苦无奈的，然而，旷达超然的苏东坡却以他高超的压弹能力，安然度过了他人生的又一段困钝期。

心理学上的压弹（resilience）是指个体在面临逆境时维持积极适应的过程。② 压弹有两个核心要素：一是个体面临重大威胁或严重困境；二是尽管这威胁或逆境对个体发展有重要影响，但是个体仍能保持良好的适应。一个具有良好压弹能力的人不仅能忍受逆境或者应付逆境，而且还能够“弹回”（bounce back）所遭受的逆境，并且在持续的危险情境面前仍然能维持良好的功能水平，在逆境中表现出积极的发展状态。面对人生的又一次危机，苏东坡没有像李白那样“一醉了之”，也不如陶渊明“一逃了之”，更不像屈原那样“一死了之”，他一改宋代以前遭受贬逐的屈原、贾谊、韩愈、柳宗元、元稹、白居易的哀号惨怛、悲悲切切、戚戚嗟嗟、凄凄恻恻、哀伤自怜、青衫泪湿的心态，③ 而是采用“一笑置之”的坦然态度面对人生忧患，怡然豁达，顽强地求得生存。大家熟知的苏东坡是我国古代大文学家、诗人，第一流的画家、书家，林语堂先生对苏东坡有过非常有趣且精到的评价：④“苏东坡是一个不可救药的乐天派，一个伟大的人道主义者，一个百姓的朋友，一个大文豪、大书法家，创新的画家、造酒试验家，一个工程师，一个憎恨清教徒主义的人，一位瑜伽

---

① 王启鹏. 苏东坡在惠州的三重突围［J］. 惠州学院学报，2010（1）

② 刘取芝，吴远. 压弹：于个体逆境适应机制的新探索［J］. 湖南师范大学教育科学学报，2005（3）

③ 张进，张惠民. 苏轼贬逐心态研究［J］. 苏州大学学报（社哲版），2001（4）

④ 林语堂. 苏东坡传·序［M］. 上海：上海书店，1989

修行者，佛教徒，巨儒政治家，一个皇帝的秘书，酒仙，厚道的法官，一位在政治上专唱反调的人，一个月夜徘徊者，一个诗人，一个小丑。”鲜为人知的是，苏东坡还是一位“压弹高手”、“自我心理治疗专家”。下面试从心理学视角对苏东坡的“压弹机制”及其构建作剖析，以期对现代教师心理健康教育和健全人格培养以启示。

## 一、儒、道、佛三家思想融通合是苏东坡压弹的思想基础

苏东坡一生饱经忧患，穷达多变，但却超然旷达，这跟他善于吸纳与融合儒、道、佛三家思想作为自己文化人格的坚实基础有关。他受儒家思想的影响极深，自幼便“奋厉有当世志”。良好的儒家教育，使苏轼以“兼济天下”为己任，终生不渝。但是儒家思想也教育他“穷则独善其身”，忠君爱国，还包括对自我人生的完善。他也会任性逍遥，追求摆脱束缚后生命的自由勃发，因此，苏轼能够在艰苦中自解宽心、寻求快乐，达观地度过失意时期。苏轼于“乌台诗案”贬逐黄州之后认真研读佛书，参之孔、老，洗心思过。佛教教义深广，苏轼取其积极有为处，追求“静”和“达”。“静”，就是祛除杂念，以淡泊虚静的心怀包容万物；“达”，就是破除执念，以超脱之态对待万物。通过佛家，他感悟到了生命短暂，富贵难久，人生行迹之偶然无定，因而取随缘自适的态度，对漂泊无定的宦旅生活逐有一定的心理准备，并用一双慧眼看世界，用一颗达观的心面对世界，以致精神得以解脱，境界得以升华。杰出的大脑科学研究专家、伊利诺伊州威斯康新大学的理查德·戴维森（Richard Davidson）教授，通过尖端的科学测试仪器，发现①佛教的修行确实可以使人更加镇定、快乐和更有爱心。这些良好的情绪状态出现的时候，大脑的相应区域都会有反应，禅定可以强化一些神经回路，这些神经回路能够抑制大脑中激发恐惧和愤怒的区域，从而可以使人保持心情的平静和

---

① 高颖．藏传佛教对西方心理学的影响［J］．中国藏学，2010（1）

愉悦。道家的“真”，是苏轼评价一切的准则。“真人”就是独立外物之表，不为外物所役，不为世俗利害所污染，有一种清净纯洁的心灵的人。苏轼的“乐天知命”思想来源于庄子《庄子·人世间》“知其不可奈何而安之若命”的观点，“乐天”，是一种无信誉外物，不受外物所累，随遇而安的处世观。“知命”，不是听天由命，而是积极尽人事直到无可奈何而后已。苏轼的相对主义思想来源于庄子的“齐物”、“道通为一”的观点，破除了事物之间绝对的差异性，同时也启发人们变换角度看问题，故而不偏执一端，自陷其中。苏轼贬惠时作《和陶归园田居六首》[1]，其“引”曰：“三月四日，游白水山佛迹岩，沐浴于汤泉，晞发于悬瀑之下，浩歌而归，肩舆却行。”其诗三：“新浴觉身轻，新沐感发稀。风乎悬瀑下，却行咏而归。仰观江摇山，俯视月在衣。步从父老语，有约吾敢违?”诗中洋溢着老庄的隐逸思想，又充满了儒家“风乎舞雩，咏而归”的雍雍穆穆的温情，其中更有体味自然时的“瞬刻永恒”禅意。我们能感受其儒、佛、道多重思想的执著与超越。苏轼吸收三家精华，为我所用，他把儒家的刚健、进取、执著与道家的柔和、恬退、通脱熔铸为独特的生存智慧，与佛家任性逍遥、随缘旷达的人生态度相结合，故而达时尊主泽民，行兼济之志，穷时则泰然自处。中国传统文化的儒佛道互补形成了他统一的思想基础。他以淡泊的胸襟和旷达的精神来度过人生的一次次坎坷，看破生死，从容超然；又始终关注现实，积极乐观、奋发有为，以实现理想为人生的根本使命。其思想主流是积极向上、满怀信心的。这是他压弹良好的思想基础。

---

① （宋）苏轼著，孔凡礼点校．苏轼诗集［M］．北京：中华书局，1986.2103

## 二、乐观、旷达、随缘的人格品质是苏东坡压弹的前提条件

压力心理学中艾利斯的 ABC 理论[①]告诉我们：A 是指诱发事件（activating events）；B 是指信念（beliefs），即我们对这一事件的看法、解释和评价；而 C 是指情绪和行为的结果（consequences）。挫折的大小（A）不是关键，人们如何看待（B）挫折才是最重要的。面对挫折，苏东坡始终保持平常心，从辩证的、积极乐观的角度看问题，从容对待困难。其《水调歌头·明月几时有》感叹："月有阴晴圆缺，人有旦夕祸福，此事古难全"；他写"观基"一诗说"胜固欣然，败亦可喜"，万事都有两面，好事可变坏事，坏事可变好事，如"塞翁失马，焉知祸福"；"枝上柳绵吹又少，天涯何处无芳草"。乐观旷达、谙熟辩证法的苏东坡从认知上自我调节，不以物喜，不以己悲，泰然处之，因而避免了有害、消极情绪的困扰。

宋明理学的发展和个人的生活际遇则培养了苏东坡圆通、豁达、随缘委命的性格特征。他在《记游松风亭》中说："余尝寓居惠州嘉佑寺，纵步松风亭下。足力疲乏，思欲就亭止息。望亭宇尚在木末，意谓是如何得到？良久，忽曰：此间有什么歇不得处？由是如挂勾之鱼，忽得解脱。若人悟此，虽兵阵相接，鼓声如雷霆，进则死敌，退则死法，当甚么时也不妨熟歇。"苏东坡认为人应当如随风飘落的叶子，随遇而安，眼前此处，就是安身立命处，进亦在此，退亦在此，得亦在此，失亦在此，一切的一切，就无须远去他求。他在《与程正辅书》[②] 中云："某睹近事，已绝北归之望。然心中甚安之。未说妙理达观，但臂如元事惠州秀才，累举不第，有何不可！"自知北归无望，就面对现实，把自己权当惠州累举不第的秀才吧，"此心安处是吾乡"，从而化悲为适，使本为哀怨不平的心态变得平和坦然，把自己从凄惨悲凉的境地中解脱出来。苏轼的主体人格有一种独立于世

① 马建青，王东莉．心理咨询流派的理论与方法［M］．杭州：浙江大学出版社，2006. 225～227

② （宋）苏轼著，孔凡礼点校．苏轼文集［M］．北京：中华书局，1982

的品质，一种超逸绝尘的性情，因此，贬谪中他不取屈贾之怨怒、韩柳之戚嗟、元白之悲戚，他没有怨天尤人、自暴自弃，而是“客喜而笑”，表现为随遇而安、随缘自适，泰然自若、视之等闲的旷达气度，“逸怀浩气，超然乎尘垢之外”。对压力进行了大量研究的麦克尔等人认为，乐观主义是一种感知过滤器，它使许多情境都改变了原有的色彩。乐观主义是对压力应对和健康有重要意义的个性特征。乐观旷达、淡泊坦然、随缘委命的人格品质是苏东坡度过重重困难，压弹机制超常发挥的前提条件。

## 三、社会支持是苏东坡压弹的重要因素

社会支持是指一个人所能获得的社会资源的总和，它对于个体在逆境中维持积极的发展具有重要的作用。苏东坡能突围重重困境，除自身因素外，与其积极争取丰富的社会资源支持是分不开的。

首先，苏东坡贬惠，虽然“家有数妾，四五年相继辞去，独朝云者，随予南迁”。[①] 但毕竟有红颜知己王朝云陪伴，还有小儿子苏过同来。

其次，惠州民风淳朴，“风土食物不恶，吏民相待甚厚”（《答陈季常》），惠州人对贬谪的苏东坡没有疏远，而是“父老相携迎此翁”（《十月二日初到惠州》），对其很友善，地方上仍待以殊礼，让他住当时的官府接待处“合江楼”，经常陪苏东坡游山玩水，吟诗作赋，“岭南万户皆春色，会有幽人客寓公”，使其有如沐春风之感；也时常携酒送米，给患难中的老人以力所能及的资助。

再次，苏东坡善于在人间寻求友谊，重视挖掘社会资源。苏轼来惠不久，便与惠、广、循、梅、南雄五州知州和博罗、增城、河源、龙川、程乡（今梅县）五县县令成为知交。与罗浮山道士吴复古、陆惟谦结下深刻友谊，经常与其喝酒、谈经论道；主动与表兄、新任

---

① （宋）苏轼著，孔凡礼点校．苏轼文集［M］．北京：中华书局，1982. 2073

广东提刑程正辅（曾经因家族矛盾与苏家断交数十年）重归于好，争取他的关照。还由于他人格魅力的感召，惠州府和其他邻近官员经常亲自或派人来看望他，给他送米送酒送菜，“酒材已谴门生致，菜把尚叨地主恩”（《新酿桂酒》），帮他在经济上渡过难关；他以前的朋友、学子经常远道而来探望他，给他带来礼品、药物或书信，在精神上安慰他。苏东坡在《书东皋子传后》中说：“余闲居未尝一日无客，客至未尝不置酒。天下之好饮，亦无在予上者。常以谓人之至乐，莫若身无病而心无忧。我则无是二者矣。然人之有是者，接于予前，则予安得全其乐乎？故所至常蓄善药，有求者则与之。尤善酿酒以饮客。或曰：予无病而多蓄药，不饮而多酿酒，劳己以为人，何也？予笑曰：病者得药，吾为之体轻。饮者困于酒，吾为之酣适。盖专以自为也。”① 苏东坡善用社会资源、广交朋友，以保持自己旺盛的生命力，摆脱政治上、生活上的双重压迫和情感上的孤独。

## 四、高超的心理调控能力对苏东坡压弹起决定性作用

“垂老投荒再被谴”，来日无多，今昔的强烈对比，荣辱的巨大反差使苏东坡情绪有起落变化：“仕宦岂不荣，有时缠忧悲”（《和陶咏三良》）；“世事一场大梦，人生几度秋凉”。（《西江月》）但贬惠时期的苏东坡已在“耳顺之年”，曲折坎坷的人生经历和深刻的儒佛道思想底蕴已使他具备高超的处世智慧，对于心态的调整和情绪的控制，显得更为驾轻就熟。其具体措施如下：

### （一）愉悦术

我国最早的医书《黄帝内经》指出，“怒伤肝、喜伤心、思伤脾、忧伤肺、恐伤肾”，身心相互联系。苏东坡深谙养生之要理，并努力增加积极的情绪体验，以此抵抗精神上的苦闷和痛苦。具体方法有：

---

①（宋）苏轼著，孔凡礼点校．苏轼文集［M］．北京：中华书局，1982. 2083

1. 融入大自然

《灵璧张氏园亭记》曰："俯仰山林之下，予以养生治性。"苏东坡将"俯仰山林"，亲近大自然视为开阔胸襟、激扬文字、维护身心健康的重要方法。他最早的一批诗作如《入峡》："长江连楚蜀，百派泻东南，合水来如电，黔波绿似蓝"等，就是漫游三峡、巫山以后写的。而且越是处于逆境，他越是寻找机会纵情山水，"与造物者游"，愉悦身心。他被贬谪黄州时经常泛舟长江，漫游赤壁矶。他的名作《念奴娇·赤壁怀古》和前后《赤壁赋》都是这个时期的作品。安居惠州之后，苏轼更是遍览本州风物。其《江月五首》首章写道："一更山吐月，玉塔卧微澜。正似西湖上，涌金门外看。冰轮横海阔，香雾入楼寒。停鞭且莫上，照我一杯残。"月明之夜，物我皆忘，把自己融入惠州西湖的景色中了。苏轼善于观察自然之美，从中得到心灵上的慰藉，以治疗仕途失意带来的内心创伤。

2. 自娱自乐，品位生活

苏东坡善于寻欢作乐，来惠不久作《江郊》诗说："意钓忘鱼，乐此竿线。优哉悠哉，玩物之变。"他把山川草木虫鱼都作为自己获得乐趣的对象，品味生活，于朴素无华的生活之中得到精神的愉悦。"日啖荔枝三百颗，不辞长作岭南人。"（《食荔枝二首》）"江云漠漠桂花湿，海雨翛翛荔枝燃；闻道黄柑能抵鹊，不容朱桔更论钱。"（《船至清远县见顾秀才极谈惠州风物之美》）在惠州时，苏东坡因生活困匮，借了半亩地种菜以解决生计，但他更多把它当作是怡养性情的一种方式。他的《雨后行菜圃》诗云："梦回闻雨声，喜我菜甲长。平明江路湿，并岸飞两浆。天公真富有，乳膏泻黄壤。霜根一蕃滋，风叶渐俯仰。未任筐筥载，已作杯盘想。艰难生理窄，一味敢专飨。小摘饭山僧，清安寄其赏。芥蓝如菌蕈，脆美牙颊响。白菘类羔豚，冒土出蹯掌。谁能视火候，小灶当自养。"苏东坡在困难的日子里，能够时常欣然地从四周的风物人情中看到诸般人生妙趣，在劳动中获得成果，也在心灵上超越了种种现实的矛盾苦闷，达到与物俱化的境界。

### （二）倾诉术

把自己的痛苦、忧虑、悲伤等压抑于内心的不良情绪宣泄出来，会产生如释重负之感，使过分紧张的心理获得一定的平衡和安宁。倾诉的关键是要选择适当的对象，而不在于对方是否能够提出什么适当的建议或帮助。贬惠时期的苏东坡已没有多少直接可以倾诉的对象：当年能以指出苏东坡“一肚子不适宜”而深得苏东坡宠爱的王朝云和23岁随父来惠的小儿子苏过，毕竟难以理解苏东坡深层次的精神苦闷；其他社会支持也更多是从表层上暂时解决问题。故此，诉诸笔端，在纸上写出来是一种极好的方式。心理学认为，不良情绪对人的困扰常常表现为一种模糊的、不自觉的无意识状态，如果人们能够把它用文字表达出来，就会理清自己烦恼和痛苦之所在及程度，并从中得到一定程度的解脱。苏轼虽因诗惹祸，在惠“小心戒惧，慎言谨行，怕授人以柄”①，却并未因此止笔停墨。当然他寓惠时期的诗、词创作“难见以他为代表的‘大江东去’的气势磅礴的豪放词，其词的情调明显呈现出婉约的一面”。此时期苏东坡的写作，多是“寻酒中乐，浇失意愁”②，只是一种发泄积郁的苦闷与愤懑的方式，无人可诉自然转向笔墨倾诉，在或激扬或婉约的文字中痛并快乐着，一吐胸中不快，去除心中淤积，心理压力也就得以减轻。

### （三）助人术

做好事，既可以给他人带来快乐，也使自己高层次的需要得到满足。贬谪惠州的苏东坡已没有实权，但他利用其影响力尽其所能，积极为老百姓做好事做善事。他关注民间疾苦，为惠州发展出谋划策，力促建造惠及后世的惠州东新桥、西新桥、苏堤和广州自来水工程的建设；他曾向博罗县令建议就溪水筑塘，利用水力作碓磨，又建议推广秧马机，减轻农民劳动负担；建议收拾枯骨，建造丛冢；1096年，

① 林广华．从苏东坡寓惠期间的书信看其寓惠心态［J］．惠州学院学报，2007（2）

② 陶原珂．苏轼居惠词的情调．首届东江文化全国学术研讨会论文集［C］．广州：暨南大学出版社，2010

博罗大火，县城被毁，苏轼建议当地政府要通令各级官员，维持市场货源，不准趁机强征民力民物，弹压一切趁火打劫的贼寇行为，否则“害民又甚于火灾”；见当地缺医少药，许多百姓常因瘴疾而死，他就用自己的医学知识设法施医散药、救死扶伤。苏东坡为民造福，在做善事中忘记了个人的得失荣辱，同时也赢得惠州人的爱戴和尊重。

**（四）转移术**

按照生理心理学家巴甫洛夫的学说①，注意的神经生理机制是大脑皮层某一部位产生优势兴奋中心的同时，其周围便处于抑制状态。当然，优势中心是随着一定的主客观条件而转移的。因此，要摆脱不良情绪的纠缠，必须设法用一种积极的情绪进行取代，使兴奋中心转移到积极的行动上，这样，不良的情绪便处于抑制状态，进而被取代、被淹没。

“心烦手不闲，手忙心怡然。”苏东坡在贬放中，心虽然烦闷，但却没有无所事事，整日沉浸在哀怨悲戚之中，反而事必躬亲，进而发展出耕地、烹调的爱好。贬惠期间，他酿造出“万家春”酒，改造和创造出多种菜肴，如东坡肉、东坡鲫鱼、东坡羹、东坡豆腐等，这些菜品至今还被人们津津乐道，有些被发展成为当地传统菜色。劳动的忙碌使之无暇顾及陈年痛事，他的心情也随之舒解了。

**（五）放松术**

现代生理心理学认为，松弛运动有调整大脑皮层和内脏器官的功能，特别是调整自主神经系统的功能，是消除焦虑、摆脱压抑最有效的办法之一。现代科学研究发现②，在松弛运动中导入冥想，可以提高领悟力，增加自己对心理活动的控制。苏轼受禅宗思想影响，经常静坐、冥想。禅宗认为，意守丹田时，人们的注意力集中，思考便会产生不同的效果，对于事情的观点有所改变，也能以超然的心态对待过去，比平时更客观、公正地审视自己，从而使洞察力更为深刻、敏

---

① ［美］B. B. 波果斯洛夫斯基等．魏庆安等译．普通心理学［M］．北京：人民教育出版社，1981. 153 ~ 154

② 李蔚．心理健康与教育［M］．太原：山西教育出版社，2004. 221

锐。这种冥想的过程使记忆净化为对身心无害的记忆，并清醒地识别出困扰自己的情感所在，从而有效地摆脱消极情绪的困扰。苏东坡经常练瑜伽、练气功，觉得练后脚步轻快、目面有光、神清气爽。当年苏东坡的放松术现在已发展成为应付现代社会应激的一种简单而有效的方法。

苏东坡贬逐惠州的生活和心态可用一副对联来概括：上联是“烦但不闲着”，下联是“痛并快乐着”，横批是“压弹成功”。苏东坡之所以压弹成功，有社会环境的因素：处在北宋这个儒、道、佛三家思想融通，政治文化相对开明的时代，拥有良好的社会支持系统；更重要的是他个人的主观因素：能把儒、道、佛三家思想融通合一，善用社会资源，适合生存的人格特征，高超的处世智慧与心理调控能力。因此，“压弹高手”苏东坡虽遭困厄而未曾迷失，阅尽沧桑而常态依然，始终保持着矫健不屈的生命力和独立的精神人格，最终超越人生。

# 参考文献

1. 王以仁．教师心理卫生［M］．北京：中国轻工业出版社，1999

2. ［美］赖斯．压力与健康［M］．石林等译．北京：中国轻工业出版社，1999

3. 刘维良．教师心理卫生［M］．北京：知识产权出版社，1999

4. 张大均．教育心理学［M］．北京：人民教育出版社，2003

5. 张玲等．心理健康研究与指导［M］．北京：教育科学出版社，2001

6. 姚立新．教师压力管理［M］．杭州：浙江大学出版社，2005

7. ［英］艾森克．心理学——一条整合的途径（下册）［M］．闫巩固译．上海：华东师范大学出版社，2000

8. 贾晓波．心理健康教育与教师心理素质［M］．北京：中国和平出版社，2000

9. 傅道春．教师的成长与发展［M］．北京：教育科学出版社，2001

10. 方方．教师心理健康研究［M］．北京：人民教育出版社，2003

11. 姚本先．学校心理健康教育导论［M］．北京：中国科技大学出版社，2002

12. ［美］Merrill F. Raber 等．驾驭压力保持心理健康［M］．天津：南开大学出版社，2002

13. 黄巍．教育管理学［M］．广州：广东高等教育出版社，2002

14. 伍新春．教师职业倦怠预防［M］．北京：中国轻工业出版社，2008

15. 许燕，王芳．教师健康人格促进［M］．北京：中国轻工业出版社，2008

16. 吴增强，沈之菲．教师生涯中的心理成长［M］．上海：上海科技教育出版社，2008

17. 金忠明．走出教师职业倦怠的误区［M］．上海：华东师范大学出版社，2008

18. 俞国良，宋振韶．现代教师心理健康教育［M］．北京：教育科技出版社，2008

19. 李虹．教师工作压力管理［M］．北京：中国轻工业出版社，2008

20. 章志光．社会心理学［M］．北京：人民教育出版社，2001

21. 赵国秋．心理压力与应对策略［M］．杭州：浙江大学出版社，2006

22. ［美］维克托·弗鲁姆．工作与激励［M］．北京：人民出版社，1964

23. 瞿保奎．教育学文集·教师［M］．北京：人民教育出版社，1991

24. 王斌华．发展性教师评价制度［M］．上海：华东师范大学出版社，1998

25. Brian Luke Seaward. 压力管理策略［M］．许燕等译．北京：中国轻工业出版社，2008

26. ［美］Joanne C. Wachter，Clare Carhart. 教师时间管理策略［M］．张迪帆译．北京：中国轻工出版社，2009

27. 刘勇．教师团体心理辅导［M］．北京：科学出版社，2008

28. 寇冬泉，张大均．教师职业生涯高原现象的心理学阐释［J］．中国教育学刊，2006（4）

29. 刘荣．教师职业压力与健康状况研究述评［J］．首都师范大学学报（社科版），2004（4）

30. 徐长江．工作压力系统研究：机制、应付与管理［J］．浙江师范大学学报（社会科学版），1999（5）

31. 徐富明等. 教师职业压力与应对策略研究［J］. 中小学学校管理，2003（1）

32. 邵光华. 关于我国青年教师压力情况的初步研究［J］. 教育学，2003（1）

33. 陈明丽，许明. 国外关于教师职业压力的研究［J］. 福建师范大学学报（社哲版），2000（3）

34. 张建卫. 论工作压力与自我调控［J］. 心理学，2003（5）

35. 盖乃诚. 中小学教师职业紧张状况与对策分析［J］. 当代教育科学，2003（17）

36. 刘笑梅. 幼儿园教师心理压力状况调查及对策［J］. 中小学心理健康教育，2007（7）、（8）

37. 刘亭，陈朴等. 幼儿园教师心理健康与社会支持的相关研究［J］. 中小学心理健康教育，2007（7）、（8）

38. 陈小异，孙雪梅，史滋福，王洲林. 粤川渝三省市幼儿园教师心理健康状况与对策研究［J］. 学前教育研究，2007（6）

39. 张勇. 中小学教师工作压力管理策略［J］. 现代中小学教育，2002（3）

40. 陈德云. 教师压力：来源分析与应对策略［D］. 华东师范大学硕士学位论文，2004

41. 杨阿丽. 中等职业学校教师职业压力研究［J］. 沈阳师范大学学报，2005（5）

42. 赵立芹，张海燕. 教师压力成因分析［J］. 外国教育研究，2004（2）

43. 杨玉春. 中小学教师待遇问题调研报告［J］. 当代教育科学，2009（5）

44. 徐静，任顺元. 探讨教师的社会地位［J］. 现代教育论丛，2009（1）

45. 卢长娥. 幼儿园教师工作压力现状及其与心理健康的关系探讨［J］. 学前教育研究，2006（7）、（8）

46. 靳岳宾等. 幼儿园教师与中小学教师主要工作压力事件及应

付方式之比较［J］．学前教育研究，2006（7）、（8）

47. 陆珠玲．幼儿园教师生存状况调查研究［J］．广东教育学院学报，2001（5）

48. 李生兰．幼儿园教师工作压力调查研究［J］．山东教育（幼教版），2000（5）

49. 冯晓霞．从幼儿园教师压力感受看幼儿园管理［J］．早期教育，2004（7）

50. 关少化．焦虑：幼儿园教师职业倦怠管窥［J］．学前教育研究，2004（2）

51. 束从敏等．幼儿园教师职业生活质量的研究［J］．中国教育学刊，2004（2）

52. 杨宁．幼儿园教师焦虑水平及影响因素研究［J］．教育导刊，2004（10）

53. 国家统计局［EB/OL］. http：//www. stats. gov. cn/tjsjl nd-sj12006/indexch. htm

54. 徐静．教师流失的现状与原因［J］．现代教育论丛，2008（3）

55. 粟洪武．论社会学视野中的教师职业地位［J］．陕西师范大学学报（哲社版），2002（3）

56. 杨风寿，施巍巍．社会管理理论的若干问题探讨［J］．哈尔滨学院学报，2009（3）

57. 彭小英，方平．教师压力应对策略的研究述评［J］．教育理论与实践，2006（5）

58. 陈振明等．政府社会管理职能的概念辨析——《"政府社会管理"课题的研究报告》之一、二、三、四［J］．东南学术，2005（4）

59. 饶淑园．教师压力管理原则探析［J］．教育科学，2010（3）

60. 饶淑园．教师职业压力的影响因素及内在心理机制［J］．教育学术月刊，2010（8）

61. 饶淑园．珠三角地区中小学教师职业压力与管理研究［J］．教育导刊，2009（7）

62. 饶淑园，王红椿．珠三角地区幼儿园教师职业压力调查［J］. 教学与管理，2009（2）

63. 饶淑园．缓解教师压力的柔性管理策略［J］．中小学心理健康教育，2009（9）

64. 饶淑园．论幼儿园教师的角色与专业化发展［J］．现代教育论丛，2005（6）

65. 饶淑园．中小学教师职业压力研究状况综述［J］．教育导刊，2007（3）

66. 饶淑园．对一例中学教师职业压力的个案研究［J］．中小学心理健康教育，2008（9）

67. 饶淑园．幼儿园教师职业能力结构的理论构想［J］．江西师范大学学报，2002（4）

68. 饶淑园．国外教师职业技能研究和训练状况概述［J］．外国教育研究，1998（3）

69. 《教育学》人大复印资料题目索引 98. 8《教育文摘周刊》98. 10 摘要

70. 饶淑园．跨世纪初中教师能力质素结构浅析［J］．现代中小学教育，1997（4）

71. 人大复印资料《中小学教育》题目索引 97. 9

72. 饶淑园．珠三角地区幼儿园教师的压力与管理策略研究［J］. 幼儿教育，2009（6）

73. 饶淑园．苏东坡贬惠时期的压弹机制研究［J］．广西社会科学，2010（6）

74. Kyriacou，C. & Sutcliffe，J. Teacher Stress：Prevalence，Sources and Symtoms［J］，*British Journal of Educational Psychology*，1978（48）：159 – 167

75. Michael Huberman. Burnout in Teaching Careers［J］，*European Education*，1993，25（3）：47 – 69

76. Borg, Mark G. Occupational Stress in British Educational Settings: A Review [J], *Educational Psychology*, 1990 (10): 2

77. Ross, J. A. Strategies for Enhancing Teachers' Beliefes in Their Effectiveness: Research on a School Improvement Hypothesis [J], *Teachers College Record*, 1995, 97

78. Janyne Griffith, Andrew Steptoe, Mark Gropley. An Investigation of Coping Strategies Associated with Job Stress in Teachers [J], *Brithish Journal of Educational Psychology*, 1999, 69: 517-532

# 后记

我对压力及其管理的兴趣始于自己的亲身经历。2004年元旦过后，我被任命为惠州学院艺术教育系的党总支副书记，作为系里唯一的书记，党务工作、学生工作、工会工作是分内的事，同时还兼教育科学部的主任，在以后两年时间里，学校还没有给系里配备学生政治思想工作的辅导员。从一个一直从事教学、科研工作的单一教师角色一下转换成“双肩挑”的行政干部、教师等多重角色，我感受到从未有过的压力与重负。特别是学生工作，由于没有辅导员，几乎要我事必躬亲。到了下半年，新生入学教育、贷款、评优评奖、催款、学生入党教育、心理健康教育……这一系列工作压得我喘不过气来。曾经有一段时间，我一到办公室，看到一沓沓的文件、一系列要开的会、一堆堆要处理的事情，就觉得心跳加快，呼吸急速，脑袋有要炸裂的感觉。开始我还以为自己是得了心脏病，去医院开了中药进行调理。等吃到第九服还没有效果时，直觉提醒我：我处于亚健康状态，工作压力已经使我的精神处于崩溃边缘。从事心理学、心理健康教育教学多年的我马上作出决定——隔离工作环境。当时正逢“心理健康教育工作培训班”在海南举行，我决定参加。四天的培训我是“每况愈上”，第四天已基本恢复正常。接下来就是三天的“环岛游”，十二月的海南还“秋高气爽”，欣赏着热带风光，心情一片晴朗。最后，我是在三亚坐飞机离开海南的，上飞机前还有一段时间，我独自一人静静地漫步或坐在亚龙湾的海滩上，梳理着自己的思维与情感，和几个我最想念的人通了电话，任眼泪在脸上流淌……赤脚踩着细沙，听着海浪轻轻拍岸的声音，观赏着蓝天、白云、碧波、浪花和远处的帆船，任早上温柔的海风迎面吹拂，享受着阳光的沐浴，感到一身的轻松和舒坦！星期一来到办公室，神清气爽，春风满面，同事都说我像换了个人似的。这时我深刻地理解了外企的高管或一些

IT 行业人员每年要被强迫带薪“休养”的原因。自身的经历使我对“职业压力及其调节（管理）”产生了浓厚兴趣。于是在 2005 年，在华南师范大学读硕士期间，我开始潜心研究“职业压力”问题，就自己的专业背景和知识经验，我锁定“中小学幼儿园教师职业压力与管理”范围，并把它作为学位论文选题。我的选择基于两个情结：一是我的父母一辈子从事中小学教育工作，都是有过 30 多年教龄的中小学教师。自小，我就经常在晚上睡了一觉醒来的时候看见父母还在灯光下备课、改作业的背影；直到现在我还经常浮想起开饭时间到了父母才匆匆忙忙赶回家来做饭或吃饭的情景。我是在校园中长大的，我亲身感受到教师们的不易：艰辛与清贫、压力与无奈。我想为他们做些什么，而我又能为他们做些什么呢？我在思考、在等待机会。二是我大学是学“学前教育”专业的，大学期间的专业思想教育把我的脑袋洗得很彻底，曾雄心勃勃想在这行干点儿事情。即使近十年由于各种原因，我已转向心理学和心理健康教育的教学与科研，以及客串行政事务，很少涉足“学前教育”，但是大学毕业后的十年与幼儿园教师的接触，以及她们对我的支持、尊重和期待，一直让我难以忘怀。我又想起大三下学期在华南师范大学附属幼儿园实习一个月瘦了十几斤的往事来。我也想为她们做点儿力所能及的事情。为此，我要了却这段“情缘”。

2006 年我申报的广东省教育科学“十一五”规划课题“珠三角地区中小学教师职业压力与管理研究”在 2007 年 7 月作为重点项目被批准立项。这六年来，我在理论上对教师职业压力问题作了较为系统的探讨，并对惠州、东莞、深圳、广州、中山等珠三角地区的 50 多间中小学和 30 多间幼儿园的近 2 000 名教师做过问卷调查，并访问了 30 多位教师、校长和园长，深入了解他们的压力现状，力求反映他们的心声，完成了 10 多篇调查报告和研究论文。经过几年的研究，我对教师压力与管理这一领域的问题有了一定的思考，慢慢形成了一定的理论框架体系，并有一种要把它构建出来的冲动。于是，经过一年多的努力，我终于把它垒成一间“小屋”。由于教师压力管理在我国是一门比较新的学科，加之本人研究水平有限，它还只是被修成间瓦房，略显粗糙，而且由于时间关系，还欠“装修”，但我还是愿意把它呈现出来，和广大读者共同探讨，热忱期待广大读者赐教。

本书是在前人的肩膀上搭建的，书中引用了大量前人的研究成果，在此向原作者表示感谢。

本书的编写虽然是一个人完成，但它也凝聚了课题组全体人员的集体智慧。戴健林教授为本课题的研究作过具体的指导，调研报告的数据统计及其数据原理解释主要由王红椿博士帮助完成，其他课题组成员赵卫新、许炯、钟小川等参与了调查和研究。在本书完成之际，对所有参与研究的课题组成员和参与调查的许多无名的中小学校长、幼儿园园长、中小学幼儿园教师表示感谢，是你们的参与和合作，才使课题和本书得以完成。同时，在研究的过程中，中山大学教育科学研究所所长、博士生导师黄崴教授对本书提出了宝贵的意见，并亲自为本书作序，在此表示衷心的感谢！

本书得到惠州学院出版基金的资助和惠州市财政局的科研基金资助，在此表示真诚的谢意。还要感谢暨南大学出版社，感谢吕肖剑老师。

希望本书能对广大中小学幼儿园教师解压、缓压和抗压提供帮助，祝他们身心健康，轻松快乐每一天！

饶淑园

2010 年 7 月 16 日